HEYNE

Christiane Habermalz, geboren 1968, ist Journalistin. Sie arbeitet als Korrespondentin für Kultur und Bildungspolitik im Hauptstadtstudio des Deutschlandfunks. Gemeinsam mit anderen JournalistInnen betreibt sie das Online-Magazin »Die Flugbegleiter – Ihre Korrespondenten aus der Vogelwelt«, das als Teil der Journalisten-Genossenschaft Riffreporter unter anderem mit dem Grimme Online Award ausgezeichnet wurde. Christiane Habermalz lebt mit Mann und Tochter in Berlin.

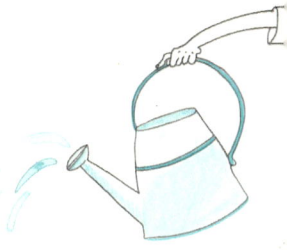

CHRISTIANE HABERMALZ

ANSTIFTUNG
ZUM GÄRTNERISCHEN
UNGEHORSAM

Bekenntnisse einer
Guerillagärtnerin

Mit Illustrationen von Inka Hagen

WILHELM HEYNE VERLAG
MÜNCHEN

Penguin Random House Verlagsgruppe FSC® N001967

5. Auflage
Originalausgabe Mai/2020

Copyright © 2020 by Wilhelm Heyne Verlag, München,
in der Penguin Random House Verlagsgruppe GmbH,
Neumarkter Straße 28, 81673 München
produktsicherheit@penguinrandomhouse.de
(Vorstehende Angaben sind zugleich
Pflichtinformationen nach GPSR)

Illustrationen: Inka Hagen, www.inkahagen.de
Redaktion: Kerstin Lücker
Umschlaggestaltung: Nele Schütz Design
unter Verwendung von Illustrationen von Inka Hagen
Satz: Satzwerk Huber, Germering
Druck: CPI books GmbH, Leck
Printed in the EU
ISBN: 978-3-453-60547-3

www.heyne.de

Inhalt

KAPITEL 1

DUNKLE GESTALT IN DER NACHT

Wäre dieses Buch ein Film, er würde so beginnen: Ein unbekannter Ort an einem frühen Sonntagmorgen in Berlin Prenzlauer Berg. Es dämmert schon leicht, die Straßen sind menschenleer. Eine leere Tram zuckelt vorbei, das Quietschen ihrer Räder unterbricht für kurze Zeit die Stille. Eine dunkle Gestalt schleicht um die Ecke, die Kapuze tief ins Gesicht gezogen, auf der Schulter trägt sie einen länglichen Gegenstand, die linke Hand umklammert einen Plastikeimer. Sie weiß: Die Stunde zwischen fünf und sechs Uhr am Tag des Herrn ist in diesem Viertel die beste Zeit für kriminelle Aktivitäten. Die dauerpartyfeiernden Jugendlichen liegen endlich in ihren Betten, nachdem sie sich noch einmal in die Blumenrabatten übergeben haben. Die Wochenendväter mit den Kleinkindern und den Brotdosen voller Bioapfelschnitze sind noch nicht auf dem Weg zum Spielplatz. Höchstens ein Hundebesitzer auf einem frühen Gassigang könnte das Vorhaben stören. Doch niemand ist zu sehen. Die Gestalt blickt sich um, lehnt den

Gegenstand an einen Pfeiler. Kamerazoom: Ein Spaten! Dann schwingt sie sich über einen Maschendrahtzaun auf ein unbebautes Grundstück. Mit dem Fuß kickt sie Bierdosen und Plastiktüten zur Seite, nimmt den Spaten und gräbt ein Loch in den Boden. Sucht sie etwas? Eine zuvor dort versteckte Diebesbeute? Will sie etwas vergraben, eine Tatwaffe vielleicht? Deutlich ist zu sehen, dass sie sich im Erdreich zu schaffen macht. Dann holt sie etwas aus dem Eimer hervor: Etwas Grünes, das sie sorgfältig in den Boden drückt. Ein kleines Plastikschildchen fällt heraus. Großaufnahme auf die Beschriftung: »Gemeine Wegwarte. Cichorium intybus« steht darauf. Erst jetzt fällt auf, dass sie auch einen Rucksack dabeihat. Sie öffnet ihn und entnimmt ihm zwei Plastikflaschen. Den flüssigen Inhalt schüttet sie über die Pflanzen. Dann drückt sie mit dem Fuß noch einmal die Erde an, packt ihren Kram zusammen, überwindet den Zaun erneut und verschwindet in der Dunkelheit. Schnitt.

Um es kurz zu machen: Die dunkle Gestalt bin ich. Anfang 50, Journalistin, eine durch und durch bürgerliche Existenz, beim Bepflanzen meines Kiezes mit insektenfreundlichen Unkräutern. Gerade hatte ich die Gemeine Wegwarte als meine neue Lieblingsblume entdeckt. Eine erstaunliche Pflanze, noch dazu kapriziös, sie tut, was sie will. Obwohl sie viel Nektar und Pollen führt und damit Insekten aller Art einen reich gedeckten Tisch bietet, öffnet sie ihre prinzessinnenaugenblauen Blüten nur zwischen 6 Uhr und 12 Uhr vormittags. An Regentagen hat sie manchmal gar nicht geöffnet. In dieser Dienstleistungsmentalität ähnelt sie Berliner Busfahrern, die heranlaufenden Fahrgästen bei schlechtem Wetter mit besonders großer Freude die Hydrauliktüren vor der Nase schließen. Frühere Generationen rösteten sie und machten Muckefuck daraus, ihr landwirtschaftlicher Anbau wurde unter Friedrich dem Großen sogar gefördert. Wenn man sie lässt, wächst die Wegwarte an jedem Wegrand. Sie ist anspruchslos, braucht wenig außer Sand, Sonne und ihre Ruhe. Doch leider werden die Straßenränder fast überall gemäht, sodass man sie immer seltener sieht. Deswegen verbreite ich die Wegwarte, wo ich kann. Ich schummele sie in städtische Blumenkästen mit langweiligen Stiefmütterchen und Primeln. Ich säe sie an Straßen aus und auf Brachen. Ich habe eine geheime Mission. Die Wegwarte soll wieder an den Wegrändern blühen, wo sie jahrhundertelang stand und als verwunschene Prinzessin Wandersburschen schöne Augen machte, so erzählt es zumindest eine von zahlreichen Legenden, die sich um sie ranken. Und mit ihr sollen auch die anderen entrechteten und getretenen Wildpflanzen dieses Landes zurückkehren. Selbstverständlich ist es verboten, die städtischen Grünanlagen und Brachen nach eigenem Gutdünken zu begrünen. Doch ich tue ja nichts anderes, als das, was die Natur von selbst erledigen würde, wenn man sie nur ließe: Ich pflanze Unkraut. Es ist ein winziger Akt des Widerstands. Meine ganz persönliche

Auflehnung gegen das Artensterben. Gegen die zunehmende Verarmung und Monotonisierung unserer Umwelt, in der kaum ein Fleckchen Erde noch unbestellt, ungenutzt, ungestaltet bleibt. Und in der für Wildnis kein Platz mehr ist. In der die Insekten sterben.

Ich muss zugeben, dass mir meine eigenen Aktivitäten in den vergangenen Monaten manchmal sehr merkwürdig vorkommen. Zuweilen kann ich nicht vermeiden, mir dabei selbst über die Schulter zu schauen, als wäre ich mein eigener Kameramann in einem schrägen deutschen Vorabendfilm. Mir ist bewusst, dass es für zufällige Beobachter höchst seltsam anmuten muss, wenn ich zwischen Straßenbahnschienen hocke und Erde harke oder Löcher in Verkehrsinseln grabe. Obwohl ich Wert darauf lege, möglichst wenig gesehen zu werden, habe ich doch immer wieder ungewollte Zuschauer. Unseren Kiez-Penner zum Beispiel, der sich auf seiner Bank durch mein Hantieren im Park in seiner postalkoholischen Ruhe gestört fühlte. Und der mir finster mit den Blicken folgte, als ich an einem Morgen mehrmals mit der Gießkanne an ihm vorbeilief. Beim dritten Mal brüllte er: »Taboulé! You remind me of my motherfucking sister!« Er ist eigentlich friedlich, hat aber in letzter Zeit die unangenehme Eigenschaft entwickelt, stundenlang und sehr laut unflätige Beleidigungen in die Gegend zu schreien. Gern auch nachts und immer auf Englisch. Im Prenzlauer Berg sind selbst die Penner international. Wegen seiner Leibesfülle, dem langen Bart und seiner Ähnlichkeit mit dem unsterblichen Harry Rowohlt nennen wir ihn »Harry«. Meistens versteht man ihn kaum. Vielleicht hat er auch etwas anderes gebrüllt als »Taboulé«. Warum sollte er einen arabischen Petersiliensalat anrufen? Aber wer weiß schon, was in ihm vorgeht.

Ich bin keine geborene Unruhestifterin. Tatsächlich kann ich noch nicht mal Schwarzfahren. Als ich einmal als Kind aus Versehen einen Lolli mitgehen ließ, konnte ich tagelang nicht schlafen. Ich hatte ihn mir im Laden in die Tasche gesteckt und vergessen, ihn auf das Laufband zu legen, als meine Mutter an der Kasse bezahlte. Als ich zu Hause mein »Raubgut« entdeckte, brach ich in Tränen aus. Die Vorstellung, etwas Verbotenes getan zu haben, war mir unerträglich. In meiner Jugend sah ich es zwar eigentlich als meine politische Pflicht an, kapitalistische Ausbeuterunternehmen wie Supermärkte und Kaufhäuser zu schädigen und durch aktives Entwenden zur gesellschaftlichen Umverteilung beizutragen. In der Praxis war ich jedoch nie in der Lage, auch nur ein Stück Butter zu klauen. Dass ich dennoch schließlich meinen inneren Schweinehund überwand und illegalen Aktivitäten nachging, hatte damit zu tun, dass ich das Gefühl hatte, dass es so nicht mehr weitergehen konnte. Natürlich mache ich mir keine Illusion darüber, dass ein paar Wegwarten mehr oder weniger den ökologischen Kollaps aufhalten oder eine verfehlte Umweltpolitik korrigieren könnten. Aber ich kann auch nicht nichts tun. Und ich machte bald die Erfahrung, dass Natur zwar schnell zerstört ist, aber dass sie auch, wenn man ihr nur ein wenig Raum lässt, bereitwillig wieder zurückkehrt.

Mein geheimes Leben im Ökountergrund begann vor etwa drei Jahren. Kurz zuvor war eine Studie des Entomologischen Vereins Krefeld erschienen, wonach die Biomasse der Fluginsekten in den letzten 27 Jahren um mehr als 75 Prozent zurückgegangen ist. Die Zeitungen brachten dazu erst nur eine kleine Notiz, kurz darauf schon ganze Seiten. Die Zahl traf mich wie ein Schock. Natürlich wusste ich, dass es schlecht steht um die Natur und die Artenvielfalt. Doch dieser dramatische Rückgang war wie ein Schlag in die Magengrube. Je länger ich die Artikel las, desto trauriger wurde ich, ja es trieb mir fast die Tränen in die Augen. Dabei bestätigte die Studie der ehrenamtlichen Insektenforscher nur schwarz auf weiß, was jeder Mensch, der seine sieben Sinne beisammen hat, ohnehin schon längst bemerkt hatte: dass die Insekten verschwinden. Und mit ihnen die Vögel, Eidechsen, Frösche und Fledermäuse, die sich von ihnen ernähren.

Ich erinnerte mich an viele prägende Momente aus meiner Kindheit: wenn wir durch den Garten rannten und mit jedem Schritt rechts und links die Grashüpfer vor uns davonsprangen. Liefen wir im Freibad barfuß über die Liegewiesen, warnten uns unsere Eltern, auf Bienen und Hummeln zu achten, die überall im Klee saßen. Heute braucht sich deswegen kaum noch jemand zu sorgen. Natürlich gibt es noch vereinzelte Hummeln und vor allem Honigbienen, aber sie sind längst nicht mehr so präsent, und das laute Summen und Brummen einer Sommerwiese, wenn wir uns nach dem Picknicken ins Gras legten und in den Himmel schauten, erscheint mir wie ein Sound vergangener Zeiten. Oft hatte ich als Kind an Straßenlaternen gestanden und die Nachtfalter und Motten beobachtet, die um das Licht tanzten und im kollektiven Selbstmord an den Glühbirnen verbrutzelten. Sie taten mir leid, und ich überlegte mir damals, wie man sie schützen könnte: mit engmaschigen Drahtkörben um die Leuchtkörper? Mit durchsichtigen Kunststoffhauben? Heute fliegt kaum noch etwas im Lichtkegel der Laternen. Wir können an Sommerabenden stundenlang in hellerleuchteten Räumen mit weit geöffneten Balkontüren sitzen, ohne dass auch nur ein Falter hereinfliegt. »Männer umschwärmen mich wie Motten das Licht, und wenn sie verbrennen, ja, dafür kann ich nicht?« Das Bild aus der berühmten Strophe von Marlene Dietrich dürften Jugendliche heute kaum noch verstehen – zumindest nicht aus eigener Anschauung. Motten kennen sie nur noch aus dem Kleiderschrank. Seit jenem Tag, an dem ich in der Zeitung zum ersten Mal über die Krefelder Studie las, wurde mir der Mangel überall schmerzlich bewusst. Wann hatte ich zuletzt einen anderen Schmetterling gesehen als den unverwüstlichen Kohlweißling? Wo waren sie hin, all die Käfer meiner Kindheit? Ich fing an, jede vorbeifliegende Hummel mit besorgten Blicken zu verfolgen. Würde sie auch genügend Nahrung finden? Selbst lästige Stubenfliegen sah ich nun mit anderen Augen. Früher hatte ich sie mit der Zeitung erschlagen, jetzt beförderte ich sie sorgsam nach draußen: Flieg, Vogelfutter, flieg! Als ich anfing, auch Mücken im Schlafzimmer mit dem Aquarienkescher einzufangen, um ihr Leben zu schonen, begann meine Familie, mich für wunderlich zu halten.

Dabei war das erst der Anfang. Ich machte mir ernstlich Sorgen um die Kohlmeisen und Mauersegler meiner Umgebung, die Rotkehlchen und das Pärchen Klappergrasmücken, das in dem kleinen Park vor unserem Haus brütete – würden sie ihre Jungen überhaupt noch groß bekommen ohne Insekten? Ich begann, meine Umgebung systematisch nach insektenfeindlichen Strukturen zu scannen. Und wurde überall fündig. Gärten und Parks, städtische Grünanlagen und Beete bieten fast überall das gleiche trostlose Bild: Pflegeleichtes Einheitsgrün, garniert mit nutzlosen Zierblumen. Aus der Sicht von Käfern und Wanzen, Bienen und Schmetterlingen ist hier Schmalhans Küchenmeister.

Um das gleich klarzustellen: Die Hauptursache für das Insektensterben liegt in der intensiven Landwirtschaft. Sie lässt keinen Raum mehr für die Natur. Ein einziger deutscher Apfel wird von der Blüte bis zur Ernte im Schnitt 21 Mal mit Insektiziden, Herbiziden und Fungiziden gespritzt, Weintrauben bekommen 22, Kartoffeln zwölf Pestizidduschen ab. Dass angesichts der Giftmengen, die seit Jahrzehnten in die Landschaft gekippt werden, überhaupt noch Insekten leben, ist fast ein Wunder. Doch damit nicht genug: Kunstdünger und Gülle aus der Massentierhaltung, die auf Äckern und Feldern entsorgt werden, fließen in Flüsse und Bäche und ins Grundwasser und führen zu einer dauerhaften Überdüngung der Landschaft, selbst weitab von Agrarflächen. Das Überangebot an Nährstoffen hat zur Folge, dass wenige wachstumsstarke Pflanzenarten alles andere überwuchern. Das Ergebnis ist eine große Artenverarmung auf dem Land. Langfristig kann nur eine andere Agrarpolitik etwas an dieser verheerenden Entwicklung verändern. Eine Einsicht, die in großen Teilen der Bevölkerung längst angekommen ist. Leider noch nicht in der Politik, die Forschern zufolge seit Jahrzehnten von der Lobby der Agrarindustrie, dem Deutschen Bauernverband, den Düngemittel- und Agrochemieunternehmen sowie den Raiffeisenbanken und der Ernährungswirtschaft gelenkt wird. Wissenschaftler der Universität Bremen haben in einer neuen Studie 560 personelle und institutionelle Verflechtungen zwischen der Politik und diversen Brancheninstitutionen der Agrarindustrie aufgedeckt. Ich sage das an dieser Stelle so deutlich, weil ich auf jeden Fall den Eindruck vermeiden möchte, ich wolle diese Zustände mit ein paar Blümchen in der Stadt beschönigen oder gar den Verantwortlichen dieser Politik einen Vorwand zum »Weiter so« liefern, nach dem Motto: Geht doch, da blüht doch noch was, also kann es so schlimm ja nicht sein. Doch, es ist so schlimm. Aber ich kann trotzdem nicht aufhören, die Welt wenigstens im Kleinen gerechter und ökologischer machen zu wollen, und sei es nur auf meinem kleinen Acker. Und dem Acker der Nachbarn.

Vor ein paar Jahren besuchte ich das Trappenschutzprojekt in Brandenburg. Mit großem Aufwand werden im Havelländischen Luch und an zwei anderen Standorten die letzten deutschen Großtrappen vor dem Aussterben bewahrt: imposante, straußenähnliche Vögel, die während der Balz einen spektakulären Hochzeitstanz aufführen, in dessen Verlauf die Hähne förmlich explodieren. Sie kehren dabei in beeindruckender Akrobatik ihr Innerstes nach außen, verdrehen ihre Flügel und verwandeln sich in riesige, auf und ab stolzierende weiß-braune Federbälle. Dabei stoßen sie laute Pupsgeräusche aus. Man kann es nicht anders beschreiben, es klingt tatsächlich wie ein inniges, von Herzen kommendes Furzen. Während des ganzen Spektakels lungern die Hennen mit blasiertem Blick in Kleingruppen in der Nähe herum und tun so, als wären sie in keinster Weise interessiert. Früher kamen Großtrappen auf extensiv genutzten Äckern und Wiesen in ganz Ostdeutschland vor. Doch das ist lange vorbei. Durch Hege und Pflege und die Einzäunung der letzten Brutflächen ist es engagierten Wissenschaftlern und Naturschützern gelungen, die Zahl dieser unglaublichen Vögel bei zuletzt 305 Tieren zu stabilisieren. Der Satz einer Biologin, die das Projekt betreute, ist mir damals besonders in Erinnerung geblieben. Das größte Problem für die

Großtrappen in Deutschland, sagte sie mir, sei, dass die Küken auf den überdüngten Wiesen nicht mehr genügend Futter fänden. Sie verhungern schlicht. Trappen sind wie fast alle Acker- und Wiesenvögel Nestflüchter, sie verlassen kurz nach dem Schlupf zu Fuß das Nest und werden von der Mutter zur Futtersuche geführt. Die Jungen ernähren sich von kleinen Insekten. Doch davon finden sie nicht mehr genug. Überleben konnten sie in den letzten Jahren nur, weil in den Trappenbrutgebieten extra sogenannte »Trappenstreifen« eingerichtet wurden, in denen weder gedüngt wird

noch Pestizide zum Einsatz kommen – und weil am Havelländischen Luch mittlerweile auf über 2000 Hektar biologische Landwirtschaft stattfindet.

Doch die Zahlen der Krefelder Forscher zum Insektenschwund waren ja gerade deswegen so besorgniserregend, weil sie ihre Messungen zum größten Teil in Naturschutzgebieten durchgeführt hatten, in denen gar nicht gespritzt wurde. Offenbar gelangen die Gifte über Wind und Grundwasser von den angrenzenden Äckern in die Schutzgebiete. Vielleicht, denke ich heute, müssen die Trappenschützer bald dazu übergehen, Mehlwürmer auszustreuen, um ihre Küken satt zu kriegen. Von einer Zootierhaltung ist das dann nicht mehr weit entfernt.

Aber es ist eben nicht nur der Irrsinn einer fehlgeleiteten Agrarpolitik, der den Insekten das Leben schwer macht. Wir haben wahrlich ernst gemacht mit dem biblischen Auftrag, uns die Erde untertan zu machen. Wir haben ihn nicht nur beim Wort genommen, indem wir die natürlichen Ressourcen der Welt rücksichtslos zu unserem alleinigen Nutzen ausbeuten – nein, wir haben auch noch das wenige, was an ungenutzter Landschaft übrigblieb, einem irrwitzigen Aufräumwahn unterworfen. In den Ortschaften und Städten gibt es kaum noch einen Quadratmeter Erde, der nicht gestaltet, begradigt, optimiert wäre. Keine Kruschecken, keine Laubhaufen, keine Mäuerchen mit Ritzen. In den Grünanlagen dominieren die immer gleichen Sträucher und pflegeleichten Bodendecker. Ein deutscher Garten, das bedeutet in der Regel akkurat gemähte Rasenflächen und immergrüne Koniferen, so weit das Auge reicht, dazwischen höchstens ein paar sparsam bestückte Blumenrabatten. Zwar blüht es überall in der Stadt, vor allem im Mai und Juni, doch auf ein paar halb zertretenen Kleepflanzen am Wegesrand tummeln sich mehr Bienen als an einem ganzen Balkonkasten voller Geranien. Und spätestens ab Juli herrscht blütentechnisch tote Hose in den Siedlungen.

Dabei liegt im urbanen Raum eigentlich eine Chance für die Natur. Die Stadt ist das neue Land, heißt es. In dem Maße, in dem die Agrarlandschaft zunehmend zur öden, lebensfeindlichen Umgebung wird, gewinnen die Städte und Dörfer als Rückzugsräume für Wildtiere an Bedeutung. Nicht umsonst ziehen viele Imker mit ihren Völkern in die Städte, weil die Bienen auf dem Land nicht mehr genügend Blühpflanzen finden. Doch bei genauerer Betrachtung sieht es hier nicht viel besser aus. In den meisten Gärten herrscht eine noch größere Monokultur als auf dem Land. Alte Bauerngärten mit vielfältigen Strukturen, mit Obstbäumen, Blumen, blühenden Hecken aus Hundsrose, Schlehe oder Weißdorn sind eine Seltenheit geworden. Stattdessen herrscht in den Vorgärten der Siedlungen der Trend zur Einfalt. Die wohl meistverkaufte Gartenpflanze in Deutschland ist der Kirschlorbeer. Er steht in jedem zweiten Garten. Die beliebte immergrüne Pflanze stammt aus der Türkei und ist nicht nur hochgiftig in allen ihren Bestandteilen von der Wurzel bis zur Beere. Sie bietet auch Insekten keinerlei Nahrung. Ihre Blätter sind so dick und toxisch, dass sie selbst auf dem Kompost kaum verrotten. »Wer Kirschlorbeer pflanzt, kann auch gleich eine Betonmauer in seinen Garten setzen. Die ist sogar noch ökologischer, weil wenigstens Flechten und Moose an ihr wachsen«, schrieb einmal der Bremer NABU-Geschäftsführer Sönke Hofmann über den Siegeszug des Kirschlorbeers in Deutschland. Das brachte ihm viel Kritik von Gartenbesitzern ein, die darauf hinwiesen, dass doch Amseln die Beeren so gerne fressen. Stimmt. Doch die negativen Aspekte der Pflanze macht das bei Weitem nicht wett: Weder Raupen noch Käfer, weder Schmetterlinge noch Bienen können sich von ihr ernähren. Sie nimmt nur Platz weg, weil sie ökologisch wertvolle heimische Alternativen aus den Gärten verdrängt.

Als ich kürzlich meine Eltern in einer Kleinstadt südlich von Hannover besuchte, machten wir einen Spaziergang durch die in den letzten Jahren entstandenen großen Neubaugebiete. Viele Familien haben dort ihre Vorstellungen von einem Traumhaus verwirklicht. Ich konnte nicht anders, als die neu angelegten Gärten auf ihre Insektentauglichkeit zu prüfen. Das Ergebnis war ernüchternd. Wäre ich eine Hummel oder ein Schmetterling, ich wäre in Depression verfallen. Kurzgeschnittener englischer Rasen, dazu eine Hecke aus Kirschlorbeer oder Thuja. Ein Beet mit Gartenhortensien. Und im nächsten Garten das Gleiche. Mit jedem Schritt wurde es deutlicher: Dies war eine ökologische Wüstenei. Für Insekten gibt es hier nichts zu holen.

Thuja ist die zweite Lieblingspflanze deutscher Gartenbesitzer. Die immergrüne Zypressenpflanze wird auch Lebensbaum genannt, doch der Name trügt. Auf und von ihr lebt nichts, zumindest nicht in Mitteleuropa. Sie stammt aus China, und wenn es je Insekten gab, die sich von ihren giftigen Blättern ernähren konnten, dann sind sie in China geblieben. Thuja ist der zweite große Platzverschwender in unseren Gärten. Mehr ein Deko-Objekt denn eine Pflanze. Weil sie so viel Wasser benötigt, wurde sie in Österreich sogar zeitweise verboten. Ihrer Beliebtheit tut das keinen Abbruch.

Eine halbe Stunde lang liefen wir durch die Siedlung. Kirschlorbeer, Thuja, Hortensie. Und wieder von vorn: Kirschlorbeer, Thuja, Hortensie. Als gäbe es ein ungeschriebenes Gesetz, dass ein Garten nur aus diesen drei Pflanzenarten bestehen dürfe. Diese Gärten sehen ordentlicher aus als das Wohnzimmer meiner Schweizer Freunde. Zwischen den Terrassenplatten wächst kein Halm. Die Erde zwischen Thuja und Hortensien ist dick mit Rindenstückchen gemulcht, damit sich auch ja kein Blättchen Unkraut seinen Weg bahnen kann. In diesen immergrünen Gärten gibt es keine Jahreszeiten, keine sich verfärbenden Blätter, keine kahlen Äste, an die man im Winter ein Vogelhäuschen hängen könnte, keine hoffnungsvollen Knospen im Frühjahr. Doch noch schlimmer als die grenzenlose Monotonie war die Erkenntnis, dass viele Gärten noch nicht mal mehr grün, sondern grau waren. Gefühlt jeder dritte Garten um die Einfamilienhäuser herum war ein Schottergarten, in dem statt Erde und Rasen nur noch Steine ausgebracht wurden: Pflegeleicht, unkrautfrei, modern. Mir war klar: Hier bahnt sich nichts Gutes an. »Gärten des Grauens« schrieb der NABU später über diesen letzten Schrei in der deutschen Gartenkultur. Mit Natur hat das rein gar nichts mehr zu tun.

Aber ich selber machte ja alles richtig, tröstete ich mich. Seit Jahren pflanzte ich auf meinem Balkon nur Blumen, die im Gartencenter mit dem Etikett »bienenfreundlich« versehen waren. Und in einem Topf hatte ich eine Blühmischung für Wildbienen ausgesät. Ab und an ließ sich tatsächlich auch mal eine Biene oder Hummel bei mir blicken. Doch dann hatte ich ein Erweckungserlebnis der besonderen Art. Auf einer Verkehrsinsel entdeckte ich eine struppige Pflanze. Sie wuchs buchstäblich im Nichts. Trockener Sand, eine typische Stadtbrache zwischen weggeworfenen Coffee-To-Go-Bechern und Zigarettenkippen. Vor mir entfaltete sich ein wahres Blühwunder. Um uns herum toste der Berufsverkehr, doch an den über und über mit violetten und rosa Blüten besetzen, borstigen Stängeln balgten sich Hummeln und Bienen um die besten Plätze. Ich riss ein paar Blätter und Blüten ab und konsultierte zu Hause mein altes Pflanzenbestimmungsbuch »Was blüht denn da?«, ein äußerst nützliches Relikt vordigitaler Zeiten, das ich von meinem Vater geerbt habe. Nach einigem Blättern fand ich heraus, dass es sich um einen »Gemeinen Natternkopf« handelte. Wie kann es sein, fragte ich mich, dass ein borstiges Unkraut mir die Show stiehlt und so viel mehr Insekten anlockt als alle meine blühenden Zuchtsorten aus dem Gartencenter zusammen?

Nicht, dass ich nicht schon oft gehört hätte, dass Wildpflanzen gut für Bienen sind. Aber wie überlebenswichtig sie für Insekten insgesamt und die gesamte Artenvielfalt sind, wurde mir erst klar, als ich mich nach meinem Natternkopf-Schlüsselerlebnis intensiv mit dem Thema beschäftigte. Ich lernte: Heimische Wildpflanzen, die wir landläufig Unkraut nennen, sind nicht nur die wichtigsten Nektar- und Pollenlieferanten für Bienen, Schwebfliegen und Falter, sondern sie dienen auch den Raupen von Schmetterlingen, Käfern und zahlreichen anderen Insekten als Kinderstube und Nahrung. Sie sind der Garant für die Artenvielfalt.

Die in den Pflanzencentern verkauften Gartenblumen dagegen sind exotische Pflanzen, die aus anderen Gegenden der Welt nach Europa gebracht wurden, um hier als Zierpflanzen kultiviert und weiter gezüchtet zu werden. Sie sehen attraktiv aus, doch der Großteil der hiesigen Insekten ist nun mal nach Jahrtausenden der Evolution auf einheimische Pflanzen spezialisiert und kann nicht viel mit ihnen anfangen. Aber hatte ich nicht immer Hummeln und Bienen auf meinen Blumen gesehen? Ja, erfuhr ich, ein paar Generalisten gibt es immer, die auch mit Gartenblumen klarkommen. Gartenhummeln zum Beispiel und Kohlweißlinge. Deswegen gibt es sie ja auch noch relativ häufig. Doch die vielen anderen Arten, die auf wilde Malven, Kratzdisteln oder Wiesenschaumkraut stehen, Verzeihung: fliegen, haben hier wenig Freude. Hinzu kommt: Die meisten Zierpflanzensorten werden heutzutage als Hybride gezüchtet, das heißt, sie sind steril und produzieren gar keinen Nektar oder Pollen mehr. Der Deutschen liebste Blumen – Geranien, Fuchsien und Petunien – sind allesamt völlig wertlos für bestäubende Insekten. Ebenso Gartenhortensien, Stiefmütterchen, Primeln, Chrysanthemen, Flieder, Tulpen, Zuchtrosen – die Liste ließe sich endlos verlängern. All diese Blumen sind auf möglichst große Blütenblätter gezüchtet, die Nektarien sind verkümmert. Gibt es doch noch Reste von Nektar in ihnen, ist dieser in gefüllten oder hochgezüchteten Blüten so tief verborgen, dass die Tiere ihn mit ihren Rüsseln nicht erreichen können.

»Das ist wie bei Hunden und den Zuchtrassen,«, erklärte mir der Münchner Wildbienenexperte und Biologe Andreas Fleischmann. »Das sind ja oft gar keine richtigen Hunde mehr. Keiner davon würde in der Natur überleben. So ist es auch mit diesen Zierpflanzen.«

»Das heißt, aus der Sicht einer Biene sind das alles nur Fakeblumen?«, fragte ich.

»So kann man das ausdrücken. Für bestäubende Insekten ist es ein ständiger Betrug«, antwortete er. »Nehmen Sie eine gefüllte Dahlie. Die sieht nach Blüte aus, riecht wie eine Blüte, ist aber keine. Die Wildbienen oder Schwebfliegen fliegen sie an, verbrauchen Energie, und werden wieder und wieder enttäuscht. Das ist, als würden Sie einem Hungernden ständig ein Foto von einem Schweinebraten vor die Nase halten!«

»Und ungefüllte Sorten?«

»Das ist besser. Da finden Insekten vielleicht wenigstens etwas Nektar. Aber nur, wenn die Pflanzen, wie gesagt, keine Hybride sind«, erklärte Fleischmann. »Als Futterpflanzen für Raupen von Schmetterlingen taugen sie dann allerdings immer noch nicht. Weil die sehr stark auf bestimmte heimische Pflanzen spezialisiert sind. Und dann wundern sich die Leute, wenn sie immer weniger Schmetterlinge in ihren Gärten haben. Oder nehmen Sie die Forsythie. Die ist sehr beliebt, weil sie im Frühjahr schon so früh blüht. Doch Forsythien sind ökologisch komplett nutzlos. Kein Pollen, kein Nektar. Da frisst nichts dran, da legt niemand seine Eier dran ab. Könnte aus Insektensicht auch aus Plastik sein.«

Ich dachte sofort an meine Eltern, die eine üppig blühende Forsythie im Garten haben. Ich hatte sie immer sehr gemocht, weil sie bereits im Februar einen ersten Hauch von Frühling verbreitete. Aber jetzt fiel mir auf, dass ich tatsächlich noch nie eine Biene an den Blüten gesehen hatte.

»Was könnte man denn stattdessen pflanzen?«, fragte ich.

»Wenn Sie etwas haben wollen, was schon früh im Jahr blüht, dann nehmen Sie eine Weide. Eine Salweide zum Beispiel. Da haben Sie im März wunderschöne Kätzchen. Die sind eine ganz wichtige erste Nahrungsquelle für Bestäuber im Frühjahr. Eine Salweide ist Lebensraum für allein 120 verschiedene Schmetterlingsarten.«

Hundertzwanzig zu null. Der Vergleich war bestechend. Und mein Superunkraut Natternkopf?

»Der wird nicht so gerne gefressen, weil er so struppig ist«, erklärte Fleischmann. »Aber für Bestäuberinsekten ist er der Renner. Und einige sind sogar auf ihn angewiesen. Wie die Natternkopf-Mauerbiene.«

Meine Wunderpflanze hatte sogar eine eigene Biene!

»Wussten Sie, dass Natternkopfpollen blau ist?« fragte er zum Abschied.

Sind schon viele Bestäuberinsekten wählerisch bei der Wahl der Blütenpflanzen, deren Nektar sie saugen oder deren Pollen sie sammeln, dann sind es die Insekten, die sich von den Blättern, Stängeln oder Wurzeln der Pflanzen ernähren, erst recht. Manche haben Glück, wie das Tagpfauenauge, dessen Raupen ausschließlich Brennnesseln fressen. Denn Brennnesseln lieben nährstoffreiche Böden und verbreiten sich in unserer künstlich überdüngten Landschaft immer mehr. Die Raupen des hübschen Aurorafalters aber fressen nur Wiesenschaumkraut, zur allergrößten Not nagen sie vielleicht auch mal an einer Knoblauchrauke. Der Wiesenknopf-Ameisenbläuling legt seine Eier nur am Großen Wiesenknopf ab. Die Spezialisierung ist das Ergebnis eines jahrtausendealten Wettlaufes der Evolution. Die Pflanzen entwickeln Abwehrstrategien gegen ihre Fressfeinde: Dornen, dicke Blätter, Borsten und Haare oder chemische Abwehrstoffe wie abschreckende Gerüche oder Blattgifte. Eine so aufgerüstete Pflanze ist für eine Zeitlang im Vorteil, weil sie weniger gefressen wird und sich in Ruhe ausbreiten kann. Doch nach einiger Zeit gelingt es immer einzelnen Insektenarten über eine Mutation

eine Methode zu finden, mit der die Pflanzenabwehr geknackt werden kann. Sie und ihre Nachkommen werden immun gegen das jeweilige Gift, und kommen so in den Genuss, völlig frei von Konkurrenz fressen zu können. Manchmal geht die Anpassung so weit, dass sie, wie die Raupen eines Schmetterlings namens Jakobskrautbär, die giftigen Alkaloide ihrer Futterpflanze in ihrem Körper einlagern und so selber für Vögel giftig werden. Auf diese Weise sind auch sie vor ihren Feinden besser geschützt. Je spezialisierter eine Art, desto gefährdeter ist sie, wenn ihre Futterpflanze auf einmal wegfällt. Eine andere Pflanze als das Jakobsgreiskraut würde eine Jakobskrautbärenraupe niemals fressen. Nur über ihre Leiche.

Die Formel ist einfach. Insekten brauchen einheimische Pflanzen zum Überleben. Doch heimische Wildpflanzen, landläufig Unkraut genannt, werden weder auf deutschen Äckern noch in deutschen Gärten geduldet. Sie werden überall vom Menschen ausgerissen, abgemäht und vergiftet. Ich bin immer wieder beeindruckt davon, wieviel Energie dafür aufgewendet wird, selbst dort, wo die Ausmerzung noch nicht einmal wirtschaftlichen Nutzen verspricht. Vor Kurzem besuchte ich Freunde in Templin, einem Städtchen in der Uckermark, etwa 100 Kilometer nördlich von Berlin. Auf meinem Weg fuhr ich durch zahlreiche kleine brandenburgische Dörfer. Überall stieß ich auf Rentner, die in der sengenden Sonne die wunderbar mit blühendem Rainfarn, wilder Möhre und Wegwarte bewachsenen Straßenränder golfrasenkurz mähten. Schließlich muss ja alles ordentlich aussehen. Wo es so einfach und so unendlich viel schöner und sinnvoller wäre, es nicht zu tun. Und stattdessen zu Hause vor dem Fernseher zu sitzen, ein Pläuschchen mit den Nachbarn zu halten oder mit den Enkeln zu spielen. Blühende Straßenränder sehen nicht nur fantastisch aus, sie machen auch viel weniger Arbeit. Und sie bieten Lebensraum für zahlreiche Insekten.

Noch in den kleinsten Ritzen wird mit viel Aufwand und Kosten jeder Wildwuchs ausgemerzt. Abzulesen ist das am Verbrauch des Unkrautvernichters Glyphosat. Pro Jahr werden bis zu 10.000 Tonnen davon verspritzt. Glyphosat lässt auf den behandelten Flächen alle dort wachsenden Pflanzen absterben. In der Landwirtschaft wird es mehrmals im Jahr auf die Äcker gesprüht: Nach der Ernte, um sich das Unterpflügen der Stoppeln zu ersparen, und, obwohl das eigentlich der »guten landwirtschaftlichen Praxis« widerspricht, über lange Zeit auch vor der Ernte. Weil es weniger Arbeit macht, ein totes Feld abzuernten als ein lebendes. Dass das Unkrautgift auf den Feldfrüchten verblieb und in großem Maßstab auf unseren Tellern landete, darüber wurde in der Öffentlichkeit kaum gesprochen. Mittlerweile ist die Vorerntespritzung nur noch eingeschränkt zugelassen. Das Herbizid wird nicht nur von der Weltgesundheitsorganisation WHO als wahrscheinlich krebserregend für den

Menschen eingestuft, sondern es hat auch verheerende Folgen für die Artenvielfalt. Es zerstört die wichtigen Bodenbakterien. Und die vielen Spritzungen der Felder mit Glyphosat, oft bis direkt an die Wege und Fließgewässer heran, vernichten die Nahrungsgrundlage der Insekten. Und so kommt es, dass die meisten der klassischen Ackerunkräuter mittlerweile auf der roten Liste der vom Aussterben bedrohten Arten stehen.

Doch viele Tonnen Glyphosat werden auch in privaten Gärten eingesetzt, damit nur ja kein verbotenes Grün auf Beeten, zwischen Terrassenplatten und in Gehwegritzen wächst. Manche Gartenbesitzer dürften vielleicht noch nicht einmal wissen, dass sich hinter Produkten wie »Roundup Turbo Plus« oder »Dr. Stähler Unkrautfrei« »Plantex« oder »Klick&Go Total Unkrautfrei« Glyphosat verbirgt. Proteste der Umweltverbände haben zwar bewirkt, dass viele Bau- und Gartenmärkte glyphosathaltige Produkte inzwischen aus ihrem Sortiment genommen haben. Allerdings sind über 40 der Mittel immer noch frei im Internet erhältlich. In Frankreich ist Glyphosat im Haus- und Gartenbereich bereits seit Jahren verboten, in Deutschland unterliegt es strengen Anwendungsvorschriften, deren

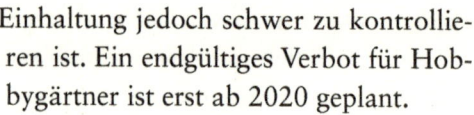

Einhaltung jedoch schwer zu kontrollieren ist. Ein endgültiges Verbot für Hobbygärtner ist erst ab 2020 geplant.

Dabei ist die Natur so genügsam. Sobald sich ihr der kleinste Lebensraum bietet, kommt sie zurück. Im Haus der Bundespressekonferenz, in dem ich als Radiojournalistin arbeite, gibt es hoch oben im sechsten Stock einen umlaufenden Balkon. Es ist ein hässlicher Neubau aus den 90er-Jahren, die Brüstung und der Boden des schmalen Balkons sind mit Steinplatten verkleidet. Doch in den nur millimeterbreiten Spalten dazwischen haben sich in einem Frühjahr, in dem der Hausmeisterservice nachlässig war, sofort Unkräuter angesiedelt. Ich habe sie gezählt und kam auf 17 unterschiedliche Arten, einige blühten bereits. Und tatsächlich fanden sich auch in dieser Höhe inmitten der Steinwüste des Regierungsviertels Insekten ein. Ameisen krabbelten über die Brüstung, eine Springspinne jagte auf den Platten und kleine Schwebfliegen umschwirrten die Blüten. Noch nicht das tobende Leben, aber doch ein Biotop. Leider wurde der Umlauf kurze Zeit später gesäubert, sodass ich die Entwicklung des Ritzenlebensraums nicht weiterverfolgen konnte.

Ich fühlte mich wissenschaftlich bestätigt, als ich kurze Zeit später noch einmal mit Fleischmann sprach. Es ging um Flächenverbrauch in Deutschland. Viele Wildbienenarten, erklärte er, bauen ihre Nester im Boden – und dafür genügt ihnen oft schon eine sandige Fuge. Doch selbst die werden rar, klagte er. Mit jeder Shoppingmall, jedem Einkaufszentrum, das entsteht, werde noch einmal die fünffache Fläche zusätzlich für

Parkplätze versiegelt. Dabei ließe sich schon mit kleinen Veränderungen etwas bewirken.

»Wenn die Flächen nicht asphaltiert, sondern mit Steinen gepflastert oder geschottert würden, dann würden auf diesen Flächen schon 20 Prozent mehr Tiere leben können als in einem Maisfeld«, sagte er. Was viel über die Vitalität von Ritzen aussagt. Und noch mehr über die Lebensfeindlichkeit von Maismonokulturen.

Dann stellte ich Andreas Fleischmann, dem Fachmann für Ritzen und Minilebensräume, eine Frage, die mich beschäftigte: Macht es Sinn, das Insektensterben auf kleinstem Raum zu bekämpfen? Zum Beispiel, um eine völlig aus der Luft gegriffene, ungefähre Größe zu nennen, auf sechs Quadratmetern in der Stadt? »Unbedingt«, antwortete er. »Schon die kleinste Fläche macht einen Unterschied! Und wenn es nur ein Trittstein ist!«

»Was ist ein Trittstein?« fragte ich. Nicht laut, denn ich wollte mir keine Blöße geben. Während wir weiter über Wildbienen sprachen, googelte ich nebenbei und fand:

Trittsteinbiotop m, *stepping stone habitat*, in Kulturlandschaften künstlich angelegtes, inselartiges Überbrückungselement für Organismenarten, deren Stammhabitate weiter als ihre maximale Migrationsweite voneinander entfernt sind. Trittsteinbiotope fördern Genfluss zwischen räumlich getrennten Populationen und ermöglichen Rückbesiedlungen und Neubesiedlungen von Lebensräumen. Dabei kann es sich um linienförmige (Hecken, Baumreihen, Böschun-

gen), flächenhafte (Feldgehölze, Baum- und Gebüsch-
gruppen, Kleingewässer) oder punktförmige Land-
schaftselemente (Einzelbäume) handeln.

(Quelle: https://www.spektrum.de/lexikon/biologie/trittsteinbiotop/
67728, abgerufen am 31.1.2020)

»Sind Trittsteine so etwas wie Überlebensinseln für Insekten in schlechten Zeiten?«, fragte ich nach.

»Ja, und sie sind sehr, sehr wichtig. Und sei es nur für
ein paar Jahre, damit die Larven sich dort entwickeln
können und die Art sich von dort aus wieder ausbreiten
und neue Lebensräume besiedeln kann, wenn es wieder
besser wird,« antwortete Fleischmann. Gerade Wildbienen, sagte er, seien ausgesprochene Pioniere und näh-
men dankbar jede Überlebensoase an.

Ich hatte genug gehört. Mein Entschluss war gefasst.
Mit entschlossener Miene trat ich auf meinen Balkon.
Längst hatte ich alles geranien- und petunienartige aus
meinem direkten häuslichen Umfeld verbannt. Doch
jetzt ging es auch meiner Schwarzäugigen Susanne an
den Kragen. Sie stammt, wie ich Wikipedia entnahm,
aus Südafrika. Hinfort mit dir! Der Platz auf dem Balkon ist zu kostbar für dich. Weichen mussten auch
Schneeflockenblume und Elfensporn, beide kommen
ebenfalls aus dem südlichen Afrika.

Die schon mehrere Jahre alte Klematis, eine Zucht-
form, entging meiner Vendetta. Ich brachte es einfach
nicht übers Herz, sie auch in die Biotonne zu werfen.

»Ich werde Trittsteine schaffen«, verkündete ich beim Abendessen meiner Familie. Mein Feldzug hatte begonnen. Ich wollte nicht nur insektenfreundlich gärtnern, ich wollte gärtnern *für* Insekten. Und dafür musste ich, das war mir nun klar, Unkraut pflanzen. Und keine Petunie dieser Welt würde mich davon abhalten.

KAPITEL 2

VOGELFUTTER

An dieser Stelle muss ich einräumen: Mein Interesse an Insekten und Spinnentieren ist eigentlich nur mittelbar. Ich sehe sie in erster Linie als Vogelfutter. Denn meine Liebe gehört den Vögeln. Als Radiojournalistin habe ich meistens mit Kultur und Politik zu tun. Doch wann immer ich die Gelegenheit dazu hatte, habe ich sie genutzt und klammheimlich Vogelthemen ins Programm geschmuggelt. In der Redaktion galt ich deswegen lange als leicht verschroben, aber immerhin wurde ich als »Sachverständige« gerufen, wenn sich mal ein Mauersegler oder ein junger Spatz durchs Fenster in ein Büro verirrt hatte. Später tat ich mich mit vogelbegeisterten Kolleginnen und Kollegen aus anderen Medien zusammen, und wir gründeten neben unserer eigentlichen Arbeit ein vogeljournalistisches Onlinemagazin mit dem sinnigen Titel »Die Flugbegleiter – Ihre Korrespondenten aus der Vogelwelt«.

Meine Geschwister teilen meine Vogelleidenschaft. Wann immer ich mit ihnen zusammentreffe, erzählen wir uns zuerst, welche Vögel wir in letzter Zeit gesehen haben – und fragen erst danach, wie es denn den Kindern so geht. In Bezug auf Insekten pflegten wir eine nüchtern-pragmatische Einstellung: Sie stellten für uns vor allem proteinreiche Nahrung für die Jungenaufzucht dar.

Na gut, im Rückblick stimmt das nicht ganz. Schon immer empfand ich auch eine Faszination für die Sechs- und Achtbeiner, die meinen Weg kreuzten, für ihre Anpassungsfähigkeit, für die Art und Weise, wie sie es schaffen, in der Natur ihre Nische zu finden und besetzt zu halten. Und ich bewunderte ihre Schönheit und Perfektion. Vor Kurzem wurde eine neue Spinnenart entdeckt und wegen ihrer schwarzweißen Färbung und ihrer vier großen, schwarzen Augen, die an Sonnenbrillen erinnern, nach dem Modedesigner Karl Lagerfeld benannt: Jotus karllagerfeldi. Auch Spinnenforscher haben Humor. Die Großaufnahme dieser Spinne, wie sie einen aus ihren vier Augen mit lässiger Coolness anblickt, könnte ich stundenlang betrachten. Sie erinnert mich an Zaphod Beeblebrox aus »Per Anhalter durch die Galaxis«, der sich neben einem zweiten Kopf zwei zusätzliche Arme anschaffte, weil das im Alltag und auch beim Sex praktische Vorteile hatte. Die »Trilogie in fünf Bänden« von Douglas Adams ist seit Generationen unsere Familienbibel. Obwohl kaum Vögel darin vorkommen, dafür aber ein Insekt: Der gefräßige Plapperkäfer auf dem Planeten Traal. Ein

Ungetüm mit großen Giftzähnen, das mit Vorliebe Touristen verspeist. Dem man aber entkommen kann, indem man sich ein Handtuch über das Gesicht wirft, weil es dem Irrglauben anhängt: Wenn du es nicht siehst, kann es dich auch nicht sehen.

Insekten, jedenfalls große, haben für mich immer auch einen gewissen Gruseleffekt gehabt. Als Kinder lebten wir bei Osnabrück in der Nähe eines kleinen Baches, in dem meine Geschwister und ich regelmäßig mit Keschern Stichlinge fingen. Wir entwickelten auch ein gewisses Geschick darin, sie mit der Hand zu fangen. Dazu musste man seine Hände zu einer Schale formen und sie sehr, sehr langsam auf die Fische zubewegen, die reglos, wie in Schockstarre, unter den Wasserpflanzen standen. Und dann ganz schnell, bevor sie die Gefahr registrierten, zuschnappen, die Hände schließen und die zappelnden Stichlinge in den vorbereiteten Wassereimer werfen. Einmal bewegte es sich sehr heftig zwischen meinen gekrümmten Handflächen. Erfreut hob ich vorsichtig die Finger und lugte hinein. Und bekam den Schreck meines Lebens. In meinen Händen wand sich ein Ungeheuer. Ein zehn Zentimeter langes, wurmartiges und durchsichtiges Tier mit riesigen, klauenartigen Beißwerkzeugen und langen behaarten Beinen. Ich schrie auf und schleuderte das Vieh in hohem Bogen weit von mir, stieß dabei den Eimer mit den Stichlingen um.

»Was ist los?« fragte mein Bruder entgeistert.

»Ich hatte ein Monster in der Hand!« heulte ich.

Zu Hause stellte sich heraus: Es war die Larve eines Gelbrandkäfers gewesen. Sie leben jahrelang als Schrecken der Bäche im Wasser, bis sie sich zu ebenfalls räuberischen Käfern entwickeln. Mit ihren Zangen können sie Kaulquappen, kleine Fische und sogar Molche packen und zerstückeln. Ich war angeekelt und fasziniert zugleich. Und genoss den Neid meines Bruders, dass ich das Tier gefangen hatte und nicht er. Später machten wir eine Mutprobe daraus: Immer, wenn wir eine Gelbrandkäferlarve im Kescher hatten, wetteten wir, wer sich länger traute, sie in der geschlossenen Faust zu halten. Das kraftvolle Zappeln des Insekts kann ich noch heute fühlen. Wir zogen wenig später um in eine Kleinstadt in der Nähe von Hannover. Auch dort gab es Bäche, doch die Flurbereinigung inklusive Gewässerbegradigung hatte schon ganze Arbeit geleistet. Ich habe nie wieder eine Gelbrandkäferlarve oder einen Gelbrandkäfer gesehen.

Aber trotz meiner ausgeprägten Freude an außergewöhnlichen Insekten-Charakteren: Mein Herz gehört von Kindheit an den Vögeln. Ihnen bin ich schon als Zehnjährige in der öden Feldmark bei Hannover stundenlang mit dem Fernglas hinterhergelaufen. Ihretwegen habe ich in meiner Jugend so manchen potenziellen Verehrer verloren, weil ich mich bei Schäferstunden im Freien mehr für die singende Goldammer im Hintergrund interessierte als für die Avancen schüchterner Jungs. Später lernte ich dazu und unterdrückte den Impuls, laut »Oh, hörst du die Nachtigall?« auszurufen, wenn es gerade um ganz andere Dinge ging. Dass ich diese liebesschädliche Marotte in den Griff bekam, brachte mir, um es biologisch auszudrücken, gewisse Vorteile bei der Partnersuche und ermöglichte mir die Fortpflanzung. So wurde meine Tochter Frida geboren. Meine Liebe zu Vögeln konnte ich an sie allerdings nicht weitergeben – obwohl ich keine Mühen scheute, sie bei Spaziergängen damit zu malträtieren. Meine pädagogisch motivierten, lauten Begeisterungsrufe beim Anblick von Rotkehlchen oder Buchfinken ließen sie zeitlebens kalt. Immerhin hatte sie irgendwann Mitleid mit mir. Zum Geburtstag schenkte sie mir einen Gutschein, der es mir erlaubte, ihr zehn Vogelstimmen beizubringen. Ich war gerührt. Man nimmt, was man kriegt.

Wofür Frida dagegen durchaus Begeisterung entwickelte, waren Insekten. Schon als Kleinkind beherrschte sie perfekt den »Pinzettengriff«: Mit Daumen und Zeigefinger pickte sie präzise und angstfrei Asseln, Spinnen und Kartoffelkäfer auf, um sie in eigens von ihr mit Tannenzapfen und Grashalmen möblierte Einmachgläser und Eimer zu bugsieren. Später wurde sie professioneller und hielt alle möglichen Sechsbeiner in Terrarien. Legendär war ihre Mistkäferhaltung auf dem Balkon, die sie als Sechsjährige anlegte. Sie hatte die Tiere auf einem Waldspaziergang (mit Pinzettengriff) gesammelt und in ihrer Anoraktasche mit nach Hause gebracht. Monatelang gruben die Käfer in einem mit Erde gefüllten, umfunktionierten Aquarium ihre Gänge, von Frida artgerecht gefüttert mit den Exkrementen unserer Kat-

zen, die sie aus dem Katzenklo klaubte. Das Experiment fand ein Ende, als wir in den Sommerferien einen Wohnungstausch mit einer französischen Familie vereinbarten. Unsere Tauschpartner hatten sich zwar bereit erklärt, unsere Katzen zu versorgen, doch Fridas Mistkäferzucht wollte ich ihnen dann doch nicht zumuten. Ich war schon dabei, im Onlinelexikon nachzuschlagen, was Mistkäfer und Katzenkot auf Französisch hieß, um für unsere Gäste eine Pflegeanleitung zu schreiben, als mir mittendrin klar wurde, was ich da eigentlich gerade tat. Ich legte den Stift beiseite. Frida musste die Käfer im Garten freilassen – unter Tränen. Wahrscheinlich haben sie dort die erste wildlebende Population der Art im Prenzlauer Berg gegründet. Und wenn sie nicht gestorben sind, dann graben sie noch heute.

Insekten spielten also, ob nun mittelbar oder unmittelbar, immer eine Rolle in unserem Familienleben. Jetzt wurden sie zu meiner Mission. Es ging ums Ganze.

Denn was sich mir sofort als Befürchtung aufdrängte, als die Krefelder Entomologen ihre verheerenden Zahlen veröffentlichten, wurde bald darauf durch Veröffentlichungen von Langzeitstudien mehrerer europäischer Vogelschutzorganisationen klar bestätigt: Dass auch die Vögel verschwinden. In Zahlen ausgedrückt: Heute leben 421 Millionen Vögel weniger in Europa als vor 30 Jahren. Das bedeutet, dass wir seit 1985 ein Drittel der Vögel unseres Kontinents verloren haben. Mit dem Vogelfutter sterben auch die Vögel. Wir haben keine Zeit mehr zu verlieren.

KAPITEL 3

EIN KÖNIGINNENREICH
AUF SECHS QUADRATMETERN

Ich wohne in einem Mehrfamilienhaus mitten im Zentrum Berlins. Unsere Wohnung liegt im ersten Stock und ich habe das Glück, nicht nur einen Balkon zu besitzen, sondern auch, weil mein Gatte im Erdgeschoss ein Atelier eingerichtet hat, ein handtuchgroßes Stück Garten mein Eigen nennen zu dürfen.

Lieber hätte ich 1000 Quadratmeter. Ich habe immer davon geträumt, einen adligen Waldbesitzer zu heiraten. Aus rein materiellem Interesse natürlich. Ich wollte Wald und Wiesen *haben*, nur um sie zu besitzen, wie ein ostelbischer Landjunker. Mit dem Unterschied freilich, dass ich mein Land sich selbst überlassen würde. Damit die Natur sich wieder in Ruhe ausbreiten kann. Es wurde nichts daraus, stattdessen bekam ich einen grundbesitzlosen Bildhauer, der sich deutlich mehr für urbanes Leben, Cafés und Kneipen interessierte als für unberührte Natur. Wir sind seit 17 Jahren glücklich verheiratet.

»Mülltrennung heißt für mich, dass ich mich von meinem Müll trenne«, lautet einer seiner Standardsprüche, mit dem er sich regelmäßig über den Sortiereifer der Deutschen, auch meinen, lustig macht. Empört weise ich seine defätistische Haltung zurück.

»Wer so denkt, leistet den Vertretern der ökologischen Raubbau betreibenden Wachstumsökonomie Vorschub und will nur seine Komfortzone nicht verlassen!«, antworte ich dann. So oder so ähnlich.

»Das wird hinterher sowieso wieder alles zusammengeschmissen«, sagt er jedes Mal, wenn ich noch die Klopapierrolle aus dem Restmüll fische und in den Papiermüll beförderte. Natürlich hatte ich lange Zeit selber meine Zweifel, aber die rang ich entschlossen nieder. Wie recht er leider hat, erfuhr ich erst vor ein paar Monaten, als ich für einen Radiobericht die Recyclingquoten von deutschem Verpackungsmüll recherchierte. Lange wurde behauptet, unser Plastikmüll werde zu 50 Prozent »verwertet«. Doch unter »Verwertung« fällt absurderweise auch Verbrennen. Und, noch irrsinniger, der Export ins Ausland. Die Organisation Gaia (Global Alliance for Incinerator Alternatives) hat aufgedeckt, dass deutscher Wohlstandsmüll zu großen Teilen in Malaysia, Indonesien oder Thailand auf illegalen Mülldeponien und im Ozean landet. Deutsche Behörden haken ihn dann als »recycelt« ab. Selbstverständlich gebe ich ungern zu, dass mein Mann mit irgendetwas recht hat. Und ich hole immer noch die Klorollen aus dem Restmüll. Ich kann nicht anders. Es ist mir in die DNA gebrannt.

Ich habe also keinen Wald, dafür sechs Quadratmeter Garten, der noch dazu ständig mit Steinstaub bemehlt und mit ausrangierten Figurenresten zugemüllt ist. Doch hier habe ich schon vor Jahren einen Pflaumenbaum gepflanzt. Er ist mein ganzer Stolz, den ich mit Hingabe hege und pflege: mein Schatz. Und echt Bio. Jedes Jahr ernte ich Pflaumen für mindestens drei Kuchenbleche. Leider ist der Standort für ihn nicht der beste. Unser Innenhof ist recht dunkel, der Baum kränkelt, und jedes Frühjahr wird er von einer Blattlausinvasion heimgesucht, die ihm fast den Garaus macht.

Wir haben das Haus vor über zehn Jahren zusammen mit über 20 Familien als Bauprojekt errichtet. Deswegen gibt es oben auf dem Dach noch eine Gemeinschaftsdachterrasse für alle Hausbewohner. Sie gehört natürlich nicht mir, sondern allen gemeinsam und wird vor allem von unseren Hausjugendlichen zum Partyfeiern genutzt. Doch jedes Jahr veranstalten wir einen Subbotnik. »Aktion Grüne Hölle« nennen wir die Nachbarschaftsaktion, bei der wir an einem Wochenende im Frühjahr vertrocknetes Gestrüpp und alte Bierflaschen entsorgen und in die Kübel neue Erde und Pflanzen einsetzten. Die Aktion Grüne Hölle würde ich sicher kapern und für meine neue Mission instrumenta-

44

lisieren können. Ich überschlug im Geiste: sechs Quadratmeter Schattenbeet mit Pflaumenbaum im Erdgeschoss. Ein mäßig besonnter Balkon im ersten Stock. Und eine heiße und trockene Dachterrasse, die mir zu einem Zwanzigstel gehört. Meine künftige Aktionsfläche zur Rettung der Insekten war also nicht groß – und eindeutig eher vertikal als horizontal. Ich hatte hochkant mehr Platz zur Verfügung als in der Fläche. Das ist typisch für die Stadt – aber darin liegt ja auch eine ökologische Chance. Wildbienen etwa machen keinen Unterschied zwischen einem Hochhaus und einem Berg. Ein begrünter Balkon im sechsten Stock ist für sie wie eine Almwiese, auf die sie hinauffliegen.

Wir haben schon vor Jahren bei uns unten im Beet einen Blauregen eingepflanzt. Jetzt, nach über zehn Jahren, ist er über sechs Stockwerke hinweg von Balkon zu Balkon geklettert und verwandelt jedes Frühjahr das ganze Haus in einen blauen Blütenwasserfall. Im nächsten Jahr wird er das Dach erreichen. Wir liebten unseren Blauregen, doch war er auch gut für Insekten? Recherchen ergaben, dass er aus China stammt. Von heimisch also keine Rede.

»Wir müssen den Blauregen kappen«, sagte ich zu meinem Bildhauer, noch ganz im blinden Vernichtungswahn.

»Du spinnst!« antwortete er, zu meiner großen Erleichterung. Ich recherchierte noch ein bisschen und fand, dass die Blüten Nektar und Pollen tragen und vor allem von Hummeln genutzt werden. Von einigen Imkern wird er sogar als Bienenweide empfohlen. Gott sei Dank. Er war erst mal rehabilitiert.

Ich rief trotzdem noch einmal Andreas Fleischmann an.

»Wie schlimm ist Blauregen?« fragte ich ihn. Er lachte. »Rufen Sie mich jetzt wegen jeder Pflanze einzeln an?«

Und noch etwas schrieb ich auf meine Habenliste: Auf dem Dach unseres Hauses wurde ein Gründach angelegt. Das war, vor zwölf Jahren, als das Haus gebaut wurde, ein heller Moment unserer Architekten, und wir hatten es auf einer der Bauprojektversammlungen so beschlossen. Doch die meisten unserer Nachbarn, ich eingeschlossen, wussten lange gar nicht mehr, dass es überhaupt existierte. Um es zu sehen, muss man mit einer Leiter von der Dachterrasse aus noch eine Etage höher auf das Flachdach klettern. Dann ist man jedoch überrascht, wie groß und grün die Fläche ist, die sich hier oben auftut. Sie war mit typischen Gründachgewächsen wie Fetthenne und Mauerpfeffer bewachsen, die allerdings, nach zehn Jahren mangelhafter Pflege, auch schon große Lücken aufwiesen. Aber immerhin. Auch hier ließ sich vielleicht noch etwas machen.

Ich trat sofort in Aktion. Auf meinen sechs Quadratmetern machte ich mich zunächst daran zu bestimmen, was sich an Unkraut in meinem Garten schon von selber angesiedelt hatte oder was ich in den vergangenen Jahren immer mal so gepflanzt hatte. Ich fand: Gundermann, Minze, Vogelmiere, Schöllkraut, Sauerklee,

Rotklee, Brennnessel, Ackerschöterich, Walderdbeere, Giersch, Habichtskraut, rote und blaue Taubnessel und Gänseblümchen. Darauf, dachte ich, lässt sich doch aufbauen. Ich ließ eine Brennnesselecke stehen, in der Hoffnung, dass sich dort Raupen von Tagpfauenauge, C-Falter oder Admiral einfinden würden. Alles Nichteuropäische landete gnadenlos in der Biotonne. Ich kaufte Storchschnabel, Astern und Wilden Dost (Oregano) und füllte damit erst einmal die Lücken. Den Gundermann hatte ich bislang immer ausgerissen, vor allem, weil er von meinem Beet aus wild in den Gemeinschaftsrasen hineinwuchs. Erst jetzt fiel mir auf, dass die hübschen lila Blüten regelmäßig von Hummeln besucht werden. Von nun an ließ ich ihm freien Lauf ins Gemeingrün. Es war meine erste grenzüberschreitende Handlung: Jede Kriminellenkarriere fängt klein an.

Auf dem Balkon ließ ich meine Kräutertöpfe, Rosmarin, Thymian und Schnittlauch, zur Blüte kommen. Früher hatte ich sie nach alter Hausfrauenregel immer vorher abgeschnitten, damit sie ihr Aroma nicht verlieren. Die blühenden Kräuter sahen nicht nur wunderschön aus, sondern erfreuten sich auch großer Beliebtheit bei Bienen und Hummeln. Als Gewürzkraut ließen sie sich trotzdem noch verwenden: Eine Win-win-Situation für Hausfrau und Bestäuber. In einem Kübel säte ich eine bunte Wildblumenmischung aus.

Doch wie weiter? Noch immer klafften Lücken, die meine Vernichtungsaktion hinterlassen hatte. Die Gartencenter, das merkte ich schnell, geben nicht viel her an heimischen Wildpflanzen. Außer Katzenminze und Storchschnabel gab es da nichts im Sortiment, außerdem hatte ich gelesen, dass fast alle der dort verkauften Pflanzen in den Großgärtnereien, in denen sie als Massenware herangezogen werden, mit Pestiziden behandelt werden. Anfangs hatte ich noch versucht, meine Wunderpflanze Natternkopf auszugraben, um sie in mein Beet umzupflanzen. Doch ich scheiterte an der bis zu zwei Meter tiefen Pfahlwurzel, die es der Pflanze ermöglicht, auch an extrem trockenen Standorten zu gedeihen. Und eigentlich wollte ich ja auch *neuen* Lebensraum für Insekten schaffen. Viele Wildpflanzen stehen zudem unter Naturschutz.

Nein, ich musste eine andere Quelle finden. Saatgut von allerlei Wildpflanzen, das fand ich bald heraus, lässt sich im Internet beziehen. Aber natürlich war ich ungeduldig. Viele der Unkräuter blühen erst im zweiten Jahr nach der Aussaat. Pflanzen zu kaufen, würde schneller gehen, aber ist auch teurer. Ich entdeckte, dass es spezielle Gärtnereien gibt, die sich auf den biologischen Anbau von Wildpflanzen spezialisiert haben. Leider sind sie fast alle in Süd- und Westdeutschland angesiedelt, in Berlin und Umland gibt es keine einzige. Doch es ist möglich, sich Pflanzen per Post schicken zu lassen. Das kam mir zwar absurd vor, doch dann fand ich im Onlineshop einer hessischen Kräuter- und Wildstaudengärtnerei ein Angebot, bei dem ich nicht nein sagen konnte: Gemeine Natternköpfe. Ich war entzückt. Kleine Pflänzchen der Größe »L3«, versandfertig in drei Wochen. Ich bestellte sofort zehn Stück. Außerdem Drachenkopf, Frühlingsplatterbse, Hornklee, Akelei, Schafgarbe, verschiedene Arten von Glockenblumen und wilde Möhre. Letztere ist eine Wildform unserer Mohrrübe, ein wunderbarer Doldenblütler, der häufig an Straßenrändern wächst. Ich hatte die schöne Pflanze schon immer gemocht, jetzt las ich, dass sie noch dazu ein wahrer Insektenmagnet ist. Vor allem Fliegen und Käfer lieben sie, aber auch Wildbienen, Wanzen und Feldwespen ernähren sich von ihr. Das Möhrenkraut ist zudem die Leibspeise der Raupen des Schwalbenschwanzes. Die Pflanze lockt Insekten mit einem Trick an. In der Mitte der großen, sich aus unzähligen kleinen weißen Blüten zusammensetzenden Dolde befindet sich eine winzige schwarze Scheinblüte. Bestäubende Insekten halten sie im Vorbeiflug für ein Insekt, das sich bereits am Nektar gütlich tut. Nach dem gleichen Prinzip, nach dem wir lieber ein Restaurant auswählen, in dem schon jemand sitzt, lockt der vermeintliche Gast weitere Blütenbesucher an. Was am Ende beiden zum Vorteil gereicht. Die Wurzeln der wilden Möhre duften stark nach Karotte und sind auch essbar, allerdings nicht dick und rot, sondern dünn und weiß. Abends rollen sich ihre Blüten zu dekorativen, an Vogelnester erinnernden Gebilden zusammen. Nur zu gerne wollte ich diese schöne Wildpflanze in meinem Garten haben!

Am Ende hatte ich 30 Pflanzen auf meiner Liste. Ich klickte auf »zahlungspflichtig bestellen« und freute mich wie eine Schneekönigin.

Die Pflanzen kamen in einem riesigen Karton voller nassem Stroh und aufgeweichtem Zeitungspapier. Als ich die Natternköpfe auspackte und auf die zerquetschten, unansehnlichen Blätter starrte, glaubte ich nicht, dass daraus je wieder etwas Lebendes werden würde. Geschweige denn ein Blüh- und Insektenwunder wie ich es draußen gesehen hatte. Ich pflanzte sie dennoch im Garten ein. Fünf bei mir, fünf bei den Nachbarn. Überhaupt begann ich, die Grenzen meines Anwesens immer großzügiger auszulegen. Denn meine sechs Quadratmeter waren schnell erschöpft, meine Augen waren eindeutig größer gewesen als mein Beet. Unauffällig pflanzte ich dort noch ein Blümchen ins Nachbarbeet, setzte hier noch ein paar Setzlinge in den Gemeinschaftsgarten. Auf dem Balkon bestückte ich Töpfe mit Berglauch, Lerchensporn und Glockenblume. Und natürlich hängte ich ein Insektenhotel auf. Es war ein Fertighaus aus dem Baumarkt, bezugsfertig und provisionsfrei. Alles, was mindestens sechs Beine hatte, sollte mir willkommen sein.

Der Erfolg meiner Maßnahmen war durchwachsen. Der Hausmeister fegte eine meiner liebevoll angelegten Kruschecken wieder zusammen. Die kleinen, transportzerzausten Natternköpfe wuchsen zwar tatsächlich an. Doch im Juli, als mein Vergleichsexemplar auf der Verkehrsinsel seine blauen Blütenarme schon wieder in voller Pracht in die Luft streckte, umschwärmt wie ein Prediger, der seine Anhänger willkommen heißt, krepelten die Pflanzen bei mir noch schwächlich vor sich hin. Bei ihrer verzweifelten Suche nach Licht waren sie zu Kriechpflanzen geworden. Als dann doch ein paar winzige Blüten erschienen, waren sie so im Gras versteckt, dass sie wahrscheinlich keine Biene je gefunden hat. Im Nachbarbeet sah es nicht besser aus. Nach ein paar Wochen waren die Pflanzen ganz verschwunden. Auch wilde Möhre, Hornklee und Schafgarbe musste ich mit der Lupe suchen zwischen dem alles überwuchernden Gundermann und der Brennnessel, die keinesfalls gewillt war, in der ihr zugewiesenen Ecke zu bleiben. Es bringt wenig, lernte ich, Wiesenpflanzen in dunkle Gartenbeete zu pflanzen: Fehlendes Licht und der falsche Boden lassen sich auch durch viel Liebe und Zuwendung nicht wettmachen. Und die Wohnungen meines Fertighotels erwiesen sich leider als schwer vermietbar. Bis zum Herbst waren gerade mal drei Löcher besetzt.

Dafür hatten Akelei, Platterbse und Glockenblume, die auch mit weniger Sonne klarkommen, im Frühjahr wunderbar geblüht, der gelbe Lerchensporn und die blauen Kugeln des Lauchs machten sich auf dem Balkon breit und blühten bis in den September hinein. Die Besucher ließen nicht auf sich warten. Ich zählte Schwebfliegen in allen Größen, Honig-, Pelz- und Blattschneiderbienen, drei verschiedene Hummelarten, die um die Blüten brummten und mit Vorliebe in den großen Glockenblumen verschwanden. Auch ein paar Schmetterlinge tänzelten vorbei. Die Katzenminze im Garten war eine Pracht in blau, die zahlreiche Bienen und Hummeln anlockte – jedenfalls bis sie von unseren Katzen entdeckt und plattgeliebt wurde. Der Duft muss wie eine Droge für sie sein. Sie wälzten sich mit solcher Inbrunst darin, dass der daneben wachsende Storchschnabel gleich mit geplättet wurde. Entnervt versuchte ich die kläglichen Reste zu schützen, indem ich einen Minimaschendrahtzaun um die Pflanze baute. Doch wahre Liebe kennt keine Hindernisse. Nach ein paar Tagen hatten die Katzen das Gatter eingerissen und der Minze in ihrem Wahn den Rest gegeben. Ich fragte mich, welchen evolutionären Vorteil eine Lebensform davon hat, einen Duft auszustoßen, der dazu führt, dass sie sofort unweigerlich von Katzen niedergemacht wird.

KAPITEL 4

Die TIERLIBAUM-REVOLUTION

Bis hierher war meine Insektengärtnerei noch in einigermaßen bürgerlichen Bahnen verlaufen. Das änderte sich, als im Herbst meine Schwester aus der Schweiz zu Besuch kam. Sie ist eigentlich Architektin, aber interessiert sich sehr für Wildpflanzen. In Aarau, wo sie mit ihrer Familie wohnt, ist sie Mitglied in einem Verein für naturnahe Gärten. Meine Schwester und ich fuhren raus ins Grüne. Natürlich nahmen wir die Ferngläser mit, wie wir das seit unserer Kinderzeit tun. Die Familie blieb zu Hause. »Ihr bleibt ja eh nur wieder an jedem piependen Busch stehen«, sagte der Bildhauer.

Aber diesmal achteten wir mehr auf die Pflanzen als auf die Vögel. Wir beugten uns über Unkräuter, bestimmten, beratschlagten. Ich berichtete ihr von meiner neuen Mission.

Sie erzählte mir, dass mein neuer persönlicher Feind, der Kirschlorbeer, in der Schweiz sogar auf der schwarzen Liste der invasiven Pflanzen stehe. Das sind Neophyten, also von Menschen eingeführte oder eingeschleppte

Pflanzen, die der Umwelt oder der menschlichen Gesundheit schaden – entweder weil sie giftig sind, oder weil sie sich stark ausbreiten und die einheimische Flora verdrängen. Auf den kleinasiatischen Kirschlorbeer trifft beides zu. Er verwildert schnell – auch, weil seine Beeren durch Vögel verbreitet werden – und weil weggeworfene Gartenpflanzen leicht wieder austreiben können. Die Empfehlung des Schweizer Bundesamtes für Naturschutz zur Bekämpfung der invasiven Pflanze lautet daher: »Verbrennen!«

Ich musste lachen bei der Vorstellung, wie Schweizer Beamte und folgsame Schweizer Bürger mit Flammenwerfern durch die Kleingärten laufen, um Kirschlorbeerbüsche abzufackeln. Wir kamen auf die Forsythie im Garten unserer Eltern zu sprechen. »Die stehen in der Schweiz leider auch in jedem zweiten Garten«, schimpfte meine Schwester. Sie zeigt auf einen großen Strauch am Wegrand, an dem noch ein paar hübsche, orangerot verfärbte Blätter hingen. »Dabei könnte man so gut stattdessen einfach den hier pflanzen!«

Bei dem Strauch handelte es sich, wie sie mir erklärte, um eine Kornelkirsche. Ein heimisches Hartriegelgewächs, das im Frühjahr ähnlich wie die Forsythie schon sehr früh, ab Februar, goldgelb blühe. »Das ist eine ganz wichtige Nahrungsquelle für die ersten Wildbienen und Käfer im Jahr. Aus den Früchten kann man lecker Marmelade kochen. Und bei den Vögeln sind sie auch sehr beliebt!« Insgesamt würden sich so viele Tiere von der Kornelkirsche ernähren, sagte meine Schwester, dass sie in der Schweiz auch »Tierlibaum« genannt werde.

Tierlibaum! Ich war wie elektrisiert. Schon der Name war Verheißung!

»Wo kriegt man die?« fragte ich meine Schwester.

»Wahrscheinlich in jedem besseren Gartenmarkt.«

Am nächsten Samstag klemmte ich mich ans Telefon und telefonierte die Baumschulen meiner Umgebung ab. Bald fand ich einen Betrieb, der zwar nicht wusste, was Tierlibäume sind, »aber Kornellkürschen, die hamwa da. Wurzelnackt, een Meter, zwee Meter, wat wollnse haben?«

Ich sagte, er solle mir zehn Ein-Meter-Sträucher zurücklegen und fuhr sofort los. Glücklich kehrte ich mit meiner kostbaren Fracht im Kofferraum heim – und hatte alsbald ein Problem. Ich ließ meinen Blick über meine spärlichen Ländereien schweifen. Unmöglich konnte ich meine sechs Quadratmeter mit Tierlibäumen zupflanzen. Schließlich setzte ich eine Pflanze in einen großen Topf und stellte ihn in den Hof. Zwei schenkte ich meiner Nachbarin für ihre Datsche. Die anderen platzierte ich erst einmal in Eimer mit Wasser, damit die Wurzeln nicht austrockneten. Viel Zeit blieb mir nicht, denn bald würden sie anfangen zu gammeln. Am nächsten Tag, einem Sonntag, stellte ich den Wecker auf sechs Uhr. Mein Bildhauer blinzelte mir verschlafen hinterher, als ich Gartenhandschuhe und eine Schippe in einen Rucksack stopfte, einen Spaten schulterte, die Wohnung verließ und in der Dämmerung verschwand.

Die ersten drei Tierlibäume pflanzte ich in den kleinen Park gegenüber unserem Haus. Es war eine Plackerei. Der Boden war steinhart und trocken. Als ich endlich drei Löcher hatte, die einigermaßen groß genug waren, schaffte ich die Pflanzen und Gartenerde mit einer Schubkarre herbei. Ich musste mich beeilen, denn die ersten Sonntagsväter tauchten schon mit ihren Kindern auf dem Spielplatz auf. Ein kleiner Junge blieb mit seiner Plastikschaufel neben mir stehen und wollte mitgraben. Zu meinem Glück fing in diesem Moment Harry wieder an, zu krakeelen. Er lag noch in seinem Schlafsack, hatte aber bereits eine verspiegelte Sonnenbrille aufgesetzt. »Hey you funny slut, motherfucking horseshit, look at that kid! Oh, you remind me of my sister!«

»Kai-Emil, komm jetzt!« rief der Vater.

Ich buddelte weiter. Um halb acht hatte ich die drei Kornelkirschen eingepflanzt. Es war schon spät, die Straßen füllten sich und ich hatte Hunger. Aber jetzt wollte ich nicht aufhören. Ich packte die restlichen Sträucher in meinen Kofferraum, schmiss Spaten und Gartenerde dazu, fuhr zum nächsten großen Park und pflanzte sie dort ein. Jogger liefen an mir vorbei, drehten ihre Runde, kamen wieder. Keiner hielt an, keiner stellte eine Frage. Ich hätte auch meine tote Schwiegermutter vergraben können. Immerhin, dachte

ich, die vielbeklagte Gleichgültigkeit der Großstädter verschafft mir eine gewisse Handlungsfreiheit.

Es war halb zehn, als ich zurückkam, dreckig und erschöpft, aber im Hochgefühl derjenigen, die eine gute Tat vollbracht haben, von der die Nachwelt nie erfahren würde. Mein Leben im Ökountergrund hatte begonnen! Ich stellte mir vor, wie meine Tierlibäume im nächsten Frühjahr goldgelb blühen und Horden von Insekten Speis und Trank bieten würden. Die Familie machte gerade Frühstück. Ich griff mir einen Joghurt. »Zum Geburtstag wünsche ich mir eine Spitzhacke!«, sagte ich.

Es war der Anfang meiner Aktivistenzeit. Viele Dinge hatte ich in meinem Eifer nicht bedacht. Zum Beispiel, dass die jungen Büsche in der ersten Zeit regelmäßig gegossen werden müssen, um anzuwachsen. Mehrmals lief ich den Weg zum Park gegenüber hin und zurück, mit einer schweren Gießkanne in jeder Hand. Harry saß friedlich auf seiner Bank und kaute an einem Brötchen. Er trug jetzt einen Pullover und feste Schnürstiefel. Harry ist gut ausgerüstet, er hat immer einen Einkaufswagen neben sich stehen, aus dem er je nach Bedarf erstaunliche Dinge ziehen kann. Er hortet auch Lebensmittel, ich weiß nicht, ob er einkaufen geht oder ihm jemand etwas zusteckt. Bewegen tut er sich nämlich nicht viel. Er hat einen megamäßigen Bauch, den er im Sommer fast immer nackt und braungebrannt über der Gürtellinie trägt, sodass man die vielen Tattoos sehen kann, mit denen er bedeckt ist. Misstrauisch blickte ich mich nach ihm um, in sicherer Erwartung, angeschrien zu werden, aber er sagte kein Wort. Ich goss meine Bäumchen und verdrückte mich.

Aber was sollte ich mit den anderen Sträuchern machen? Ihr Standort lag etwa 700 Meter entfernt. »Könnt ihr mir Gießen helfen?«, fragte ich Frida und den Bildhauer. Gemeinsam luden wir drei volle Gießkannen und mehrere mit Wasser gefüllte Flaschen ins Auto und fuhren zum Park. Jetzt bedauerte ich, dass ich beim Pflanzen nicht darauf geachtet hatte, dass die Stellen näher an der Straße lagen. Mir war wichtiger gewesen, möglichst nicht gesehen zu werden. Und Stellen zu finden, wo der Boden nicht so verdammt hart war. »Da hast du dir ja tolle Standorte für deine Blümchen ausgesucht«, stichelte mein Bildhauer. Aber immerhin fand ich sie alle noch wieder. Ich beschloss, mir einen Plan des Viertels zu machen, auf dem ich alle meine klandestinen Pflanzaktionen eintragen wollte. Und ich musste mir eine Gießstrategie überlegen. Das Auto war wenig hilfreich, da ich damit nicht in den Park hineinkam. In der nächsten Woche nach der Arbeit machte ich den Weg noch zweimal mit dem Fahrrad, mit zwei Gießkannen rechts und links am Lenker und einer hinten im Fahrradkorb. Als ich ankam, war die hintere Kanne halb leer, dafür mein Hintern sehr nass. Das Berliner Kopfsteinpflaster lässt grüßen. Es war das erste Mal, dass meine anfängliche Euphorie kippte und mir die völlige Absurdität meines Tuns in aller Klarheit vor Augen stand. Später sollten noch viele solcher Momente folgen. Was hatte es für einen Sinn, hier heimlich ein paar Büsche zu pflanzen, während zur gleichen Zeit anderswo in Deutschland und in aller Welt riesige Flächen an Wald gerodet und Natur zerstört werden? In meinem Ohr hörte ich die leise, spöttische Stimme des Bildhauers: »Es gibt kein richtiges Leben im Falschen!« oder, noch schlimmer, weil kaum zu widerlegen: »Der Klimawandel vernichtet wahrscheinlich mehr Arten, als es alle menschengemachte Umweltzerstörung vorher geschafft hat. Und du pflanzt Unkraut?«

Niedergedrückt wässerte ich die Tierlibäume, die mir auf einmal sehr klein und sehr dürr vorkamen. Ich fühlte mich zunehmend unwohl damit, mit meinen Gießkannen in der Öffentlichkeit herumzufuhrwerken. Ich brauchte etwas anderes, das nicht so auffällig war und aus dem das Wasser beim Transport nicht so herausschwappte. Die Erleuchtung kam mir erst im Sommer, als es so heiß wurde, dass meine Sträucher zu vertrocknen drohten. Im Outdoorladen kaufte ich mir eine simple Campingdusche: Ein einfacher schwarzer Plastiksack mit einem kurzen Schlauch und einer Brause daran. Sie fasste 20 Liter. Die konnte ich ohne Probleme im Fahrradkorb transportieren oder im Rucksack dabeihaben und elegant, aus der Hüfte heraus, meine Pflänzchen wässern.

Seit der Tierlibaum-Aktion ging ich mit anderen Augen durch das Viertel. Ständig scannte ich das Gelände nach geeigneten Pflanz- oder Aussaatstellen. Dort ein unbebautes Grundstück, hier eine ungepflegte Grünfläche, dort eine Straßenecke zwischen Bäumen, die noch nicht zu sehr zum Hundeklo geworden war. Im Winter steckte ich 500 Zwiebeln von Krokussen und Schneeglöckchen in die Erde: nur Wildsorten, die von selber verwildern, auch sie sind wichtige Nahrungsquellen für die ersten fliegenden Insekten. Ich versenkte die kleinen Zwiebeln in Blumenrabatten, in Beeten, unter Straßenbäumen, in den aufgestellten Blumenkübeln vor den Straßencafés, in Parks und in Vorgärten. Ich wählte nur Stellen aus, die einen gewissen Verwahrlosungsgrad aufwiesen, also lange nicht mehr gepflegt worden waren. Das sind in Berlin Gott sei Dank viele. Arm, aber sexy: Was das angeht, ist die Stadt ein gutes Pflaster für geheime Insektengärtnerei. Leider weiß man nie, ob in der nächsten Saison dann doch mal eine Gartenkolonne kommt und jahrelange mühselige Guerillaarbeit zunichte macht. Im Park vor unserem Haus gab es im hinteren Teil, um den sich jahrelang kein Mensch gekümmert hatte, eine wunderbar sonnige Stelle an einer Mauer. Ich entsorgte den herumliegenden Müll, jätete Melde und Beifuß, lockerte mit einer Harke den Boden, setzte wilde Krokusse und säte Wildstauden für Schmetterlinge aus. Als ich im nächsten Frühling wieder vorbeischaute, musste ich feststellen, dass ausgerechnet in diesem Winter das Grünflächenamt alles umgegraben und in säuberlichen Reihen bodendeckendes Immergrün und Stechpalme gepflanzt hatte. Kurz blitzte die Schweizer Flammenwerfer-Vision in meinem Kopf auf. Doch ich begnügte mich damit, ein paar der Stechpalmen wütend mit den Füßen zu zertrampeln. Ich war zwar vielleicht jetzt eine revolutionäre Zelle, jedoch nicht – noch nicht jedenfalls – militant.

Auch meine ersten Aussaatversuche mit einer Wildblumenmischung an einer Straßenecke waren zunächst nicht sehr erfolgreich. Ich hatte übersehen, dass an dieser Stelle eine Abkürzung zur Straßenbahnhaltestelle verlief, und nach kurzer Zeit war das junge keimende Leben plattgetrampelt. An einer anderen Stelle war die freie Fläche, die ich im Frühjahr ausgewählt hatte, bereits im Juni so dicht mit Brennnesseln und Beifuß überwachsen, dass ich noch nicht mal mehr sicher war, ob ich dort wirklich etwas ausgesät hatte.

Das waren kleine Misserfolge, die mich nur noch mehr anspornten, es im nächsten Jahr besser zu machen. Und während ich herumprobierte, wurde mir klar, dass ich die Dinge systematischer angehen musste. Und dass ein Guerillagärtner vor allem eins braucht: Geduld. Das heißt: klug vorausschauen, planen, seine Waffen schärfen, Manifeste schreiben und dabei das revolutionäre Ziel fest im Blick haben. Und er muss, wie jeder andere Gärtner auch, in Vegetationszyklen denken und schlicht wissen: Welche Pflanze wächst wo? Braucht sie Schatten oder Licht, welche Bodenansprüche hat sie? Wann ist der beste Zeitpunkt für die Aussaat? Und in meinem Fall auch noch: Welche Insekten brauchen was zu ihrem Glück?

Mein Balkon wurde zur Experimentierwiese. Ich machte die Erfahrung, dass sich eigentlich fast alle

Wildpflanzen wunderbar in Töpfen kultivieren lassen – auch wenn das zunächst wie ein Widerspruch klingt. Doch besser gepflegte Wildnis im Kübel als gar keine Wildnis. Ich fand heraus, dass die meisten Pflanzen zudem besser keimten, wenn ich sie bereits im Herbst aussäte, statt im Frühjahr. In den meisten Fällen genügt ganz normale Gartenerde, doch manchmal mixte ich den Pflanzen auch genau das zusammen, was sie liebten: Für Strandflieder klaute ich Sand aus dem Sandkasten gegenüber, kalkliebende Astern bekamen eine paar Handvoll Steinstaub aus dem Atelier des Bildhauers mit auf den Weg. Sogar Sumpfpflanzen wie Blutweiderich gediehen, indem ich sie samt Topf in einen Eimer mit Wasser stellte. Einmal gepflanzt, sind Wildpflanzenstauden für faule Städter mit Balkon die Idealbesetzung, denn sie brauchen außer Wasser wenig Pflege, kaum Dünger und kommen in der Regel mit Trockenheit viel besser klar als Zierpflanzen. Außerdem überleben sie ohne Probleme den Winter. Noch dazu samen sie sich von selber weiter aus, sodass sich mit den Jahren in den Töpfen wunderbare Überraschungsmischungen ergeben. In einem Topf mit Berglauch taucht plötzlich Karthäusernelke auf, im Kübel mit Frühblüher-Blumenzwiebeln Rotklee und wilder Dost. Früher musste ich den Balkon jedes Frühjahr neu bepflanzen: Das hieß, alte Erde und erfrorene Pflanzen raus, neue Erde rein, dann in den Baumarkt fahren und viel Geld für teure Topfpflanzen ausgeben, die im nächsten Winter wieder abstarben. Jetzt warte ich im Frühjahr einfach ab, was sich in den Töpfen so tut. Und freue mich über alles, was wächst oder auf wundersame Weise neu hinzugekommen ist. Nur die Töpfe werden immer mehr, weil ich immer neue Pflanzen ausprobiere. Überzählige Sämlinge setze ich, sobald sie groß genug sind, um in die Stadt. An Straßenränder, in Parks, in Ritzen. Mögen sie dort ein neues Eigenleben beginnen.

Nur der Natternkopf weigerte sich stur, sich in enge Kübel pressen zu lassen. Lange versuchte ich vergeblich, es ihm recht zu machen, mit verschiedenen Standorten und liebevoll zurechtgemischter Erde. Doch nichts genügte ihm. Ich war fast gekränkt.

Schließlich wächst er doch in der Natur an jedem kargen Wegrand! Am Ende machte ich schließlich kurzen Prozess, nach dem Motto: Du willst Ödnis? Dann kriegst du Ödnis! Ich kippte ein paar Eimer Sand und Kies in eine alte Plastikwanne und stellte das Ganze auf die Dachterrasse. Dort pflanzte ich meine Mininatternköpfe ein und strafte sie mit Nichtachtung. Und siehe da: Innerhalb kürzester Zeit explodierten die Pflanzen förmlich vor Leben. Schon nach wenigen Wochen hatten sich die kleinen Blattrosetten in das üppig blühende Insektenwunder verwandelt, das ich von der Verkehrsinsel her kannte. Schon bald war die alte Plastikwanne umschwärmter Mittelpunkt unserer Terrasse. Endlich! Ich notierte: Der Natternkopf ist kompromisslos. Er ist auf trockene, sonnige Magerstandorte programmiert, und nur dort fühlt er sich wohl. Er braucht kaum Beachtung und nur etwas Wasser. Zu viele Nährstoffe mag er nicht. In unserer überdüngten Agrarlandschaft hat er daher immer schlechtere Karten. So wie ihm geht es leider vielen anderen typischen Trockenrasenpflanzen auch, die früher als Allerweltspflanzen überall vorkamen und nun zunehmend verschwinden. Und mit ihnen auch die Insekten, die auf genau sie spezialisiert sind.

Ich hatte also meinen Natternkopf. Sogar mehrere, denn natürlich stellte ich noch weitere Kieseimer auf das Dach. Nun hieß es für mich warten. Würde auch die Natternkopf-Mauerbiene kommen?

Meine zehn absoluten
Lieblingsinsektenpflanzen
für den Balkon

1. **Berglauch.** Die Pflanze wächst eigentlich in höheren Berglagen und ist sehr anspruchslos. Nur zu dunkel sollte es nicht sein. Auf dem Balkon sind die wunderschönen blauen Kugeln ein echter Hingucker und ein Hit für Wildbienen und Hummeln.

2. **Gelber Lerchensporn.** Der mag es auch gerne etwas dunkler. Wenn er einen ausreichend großen Topf bekommt, macht er sich schnell breit und blüht das ganze Jahr hindurch bis in den Oktober hinein. Ich mag ihn, weil er so hübsche gefiederte Blätter hat, die auch im Winter lange grün bleiben. Er wird vor allem von Hummeln bestäubt.

3. **Ähriger Ehrenpreis.** Blüht in lilafarbenen langen Rispen und kommt mit fast jedem Standort klar, auch im Schatten, dann blüht er allerdings weniger üppig, und seine Blütenfarbe ist blasser. Schneidet man ihn nach der ersten Blüte im Juli zurück, blüht er im Spätsommer noch ein zweites Mal. Beliebt bei Wildbienen, Hummeln und Schwebfliegen.

4. **Hornklee.** Er liebt ein sonniges Plätzchen, doch dann blüht er üppig bis in den Herbst hinein. Passt

auch sehr gut als gelbe Polsterpflanze in Hängeampeln und in Kästen vor dem Fenster. Es gibt kaum einen Bestäuber, der an einer Hornkleeblüte vorbeifliegen kann. Sehr wichtig für viele Wildbienenarten.

5. **Wiesen-Witwenblume.** Diese Blume lässt sich ganz einfach aussäen, dann blüht sie allerdings erst im zweiten Jahr. Eigentlich liebt sie wie der Natternkopf magere Standorte, aber bei mir kommt sie auch mit ganz normaler Gartenerde klar. In der Natur wird diese wunderhübsche zartlila blühende Pflanze leider immer seltener, dabei wird sie gebraucht. Nicht nur die Knautien-Sandbiene, auch andere Schmetterlinge, Bienen, Schwebfliegen und Hummeln lieben sie. Kleine Schmalbienen kuscheln sich manchmal förmlich in sie hinein. Auch Feldwespen habe ich schon an ihr gesehen.

6. **Alpensteinquendel.** Niedrige, violett blühende, wilde Thymianart, die dichte Polster bildet und von Mai bis in den späten Herbst hinein blüht, wenn man die verwelkten Blüten abzupft. Wenn nicht, eigentlich auch. Eignet sich auch gut für Hängeampeln. Ist sehr beliebt bei Wildbienen, Schmetterlingen und Hummeln.

7. **Färberkamille.** Lässt sich gut in Töpfen aussäen, am besten im Frühjahr ab März an einem sonnigen

Platz. Eine leuchtend gelb blühende Kamillenart, die sich gut mit anderen sonnenliebenden Arten wie Berglauch und Taubenkropfleimkraut kombinieren lässt.

8. **Steppensalbei**. Eine lila Pracht für den Sommer, blüht im Herbst ein zweites Mal, wenn man ihn nach der ersten Blüte zurückschneidet. Er setzt sich im Gemeinschaftstopf rabiat gegen andere Arten durch. Hummeln, Schwebfliegen, Schmetterlinge und Wildbienen stehen auf ihn.

9. **Karthäusernelke**. Zartes rosa blühendes Pflänzchen, absolut anspruchslos, sie kommt sogar damit klar, wenn man komplett vergisst, sie zu gießen. Für sie findet sich noch in jedem Topf ein Plätzchen, allerdings hat sie es gerne sonnig. Einmal etabliert, sät sie sich jedes Jahr von selber wieder aus. Sie ist sehr beliebt bei Schmetterlingen.

10. **Aufrechte Waldrebe**. Eine wilde Clematisart, die aber nicht klettert. In einem großen Kübel macht sie sich wunderbar und blüht in dichten weißen Sternen vom Juni bis in den August hinein. Sie kann über einen Meter hoch werden und verträgt auch Schatten ohne Probleme.

KAPITEL 5

VON SAMENTÜTEN,
AGA-KRÖTEN UND EINEM BRIEFFREUND

In dem Maße, indem ich mit meinen klandestinen Aktivitäten expandierte, stellte sich die Frage, woher ich meinen Stoff bekommen sollte, mit einer ganz anderen Dringlichkeit. Dass das Bestellen von Jungpflanzen über Wildpflanzengärtnereien auf die Dauer zu teuer sein würde, war klar. Saatgut ist billiger, doch welches, und woher nehmen? Zu Beginn meiner Mission hatte ich noch in Gartencentern alle möglichen Tüten mit fertigen bienenfreundlichen Blühwiesen-Samenmischungen gekauft. Ich hatte sie in Blumenkübeln auf Balkon und Dachterrasse ausgesät, und sie gediehen prächtig: Eine farbenfrohe Augenweide, die bis in den Herbst hinein blühte. Und ja, auch Bienen waren da. Aber weniger, als ich gedacht hatte. Mir wurde schnell klar, dass es sich bei den Blumen nicht um heimische Sorten handeln konnte. Ratlos stand ich vor den Saatgutregalen im Gartencenter mit blumigen Namen wie »Schmetterlingsschmaus« und »Hummelmagnet«. Auf den Tüten waren blühende Sommerwiesen in leuchtenden Farben und glückliche Bienen abgebildet. Doch was genau drin ist, war nicht ersichtlich. Aus einer Tüte mit der Aufschrift »Wildblumenwiese«, die mir Freunde mitgebracht hatten, wuchs zwar rasch eine bunte »wilde« Mischung heran, doch vieles in Farbvarianten, die ich so jedenfalls in der Natur noch nie gesehen hatte. Rosa Kornblumen zum Beispiel. Oder orangefarbener Mohn. Über meine Blumenerkennungs-App auf dem Smartphone, die ich mir inzwischen doch zugelegt hatte, identifizierte ich ihn als Kalifornischen Kappenmohn. Die Bienen auf meinem Balkon störte das zwar erst einmal nicht. Aber für meine Guerilla-Gardening-Aktivitäten war ich vorsichtig. Ich wollte ja keine neue Aga-Kröten-Katastrophe auslösen. 110 Exemplare dieser fußballgroßen Riesenkröten waren 1935 von australischen Zuckerrohrplantagenbesitzern aus Venezuela nach Queensland importiert worden. Dort sollten sie schädliche Käfer und ihre Larven fressen, die die Ernten bedrohten. Eine blöde Idee, wie sich bald herausstellte. Die Kröten wurden zu einer Art gefräßigem Plapperkäfer von Traal. Sie vermehrten sich sofort explosionsartig, denn anders als in ihrer südamerikanischen Heimat hatten sie in Australien keine natürlichen Feinde. Und sie verschlingen alles, was ihnen vor das Maul kommt, bis hin zu kleinen Beuteltieren und Kaninchen. Einzig die Zuckerrohrkäfer, Ironie der Geschichte, mögen sie nicht. Sie sind selber so giftig, dass jedes Tier, das auch nur den Versuch macht, sie zu fressen, elend vor die

Hunde geht. Das ging vor allem zu Lasten der australischen Krokodile. Naturschützer befürchten nun, dass diese aussterben könnten, weil sie immer wieder versuchen, Aga-Kröten zu verschlingen. Um 70 Prozent ist ihr Bestand schon geschrumpft.

»Das ist Darwinismus im Alltag!« sagte mein Bildhauer, als ich ihm davon erzählte. »Wenn sie zu blöd sind, um zu kapieren, dass man die Kröten nicht fressen kann, dann setzen sie sich in der Evolution eben nicht durch.«

»Wie sollen sie das Gelernte anwenden, wenn jedes Krokodil, dass diese Erfahrung macht, stirbt?«, fragte ich zurück.

Gegen die Kröte ist im wahrsten Sinne des Wortes kein Kraut gewachsen. Nicht, dass ich befürchtete, Kalifornischer Kappenmohn könnte seine heimischen Klatschmohnverwandten verschlingen. Ohnehin ist die Natur um uns herum längst in einer Weise globalisiert, die die meisten Leute kaum für möglich halten würden, darauf werde ich später noch genauer eingehen. Doch wenn ich schon breitwürfig Saatgut in der Gegend verstreute, wollte ich doch sicher sein, dass ich damit keinen Schaden anrichtete.

Ich recherchierte und stieß auf eine Studie des Botanischen Vereins Bochum. Die beiden Biologen Corinne Buch und Armin Jagel wollten ebenfalls genau wissen, was es mit all den bunten Samentütchen auf sich hat. Sie säten den Inhalt von diversen marktüblichen bienenfreundlichen Blühmischungen aus und schauten dann, was da so wuchs. Das Ergebnis, schreiben die Wissenschaftler, war ernüchternd. In fast jedem Tütchen mit der Aufschrift »Wildblumen« fanden sie fast ausschließlich nichtheimische Arten, die man auch ganz normal separat im Sommerblumen-Sortiment kaufen kann. Offenbar sind die kommerziellen Samenproduzenten einfach auf den neuen Hype aufgesprungen und betreiben lukrative Resteverwertung im Namen des Bienenschutzes. Eine der wenigen heimischen Arten, die in fast jeder »Bienenmischung« drin ist, ist die Kornblume, allerdings in allen Zuchtfarbvarianten von Rosa bis Weiß und Blau. Andere regelmäßig enthaltene Vertreter sind die Zierliche Kornrade aus der Türkei, der Garten-Fuchsschwanz aus Südamerika, die Garten-Ringelblume, von der man nicht weiß, woher sie eigentlich mal kam, das Färber-Mädchenauge aus Nordamerika, die dreifarbige Winde aus dem Mittelmeerraum und das Marokko-Leinkraut aus Marokko. Wildblumen, gewiss, aber irgendwo anders auf der Welt. Von heimisch keine Spur. »Vermutlich wurden vor allem Arten ausgewählt, die sich effektiv vermehren und deren Samen sich kostengünstig herstellen lassen«, vermuten die Wissenschaftler. Oder die Hersteller vermarkten einfach auf diese Weise Überschüsse aus sonstigen Produktionen.

Auf dem Balkon stellt das kein größeres Problem dar. Was aber passiert, wenn diese Blumen in der Natur ausgesät werden? Wahrscheinlich erst mal wenig, weil es sich bei fast allen Blumen um einjährige Sorten handelt, noch dazu um exotische Pflanzen, die den ersten

Frost sowieso nicht überstehen. Das allein reichte schon aus, damit sie sich für mich disqualifizierten. Ich wollte ja keine bunten Blümchen verbreiten, selbst wenn sie kurzfristig sogar Nektar und Pollen für Insekten bereitstellen, sondern ich wollte Natur zurückbringen, und zwar dauerhaft. Doch einige Arten der Mischung könnten auch als Samen den Winter überdauern und dann im nächsten Jahr aufs Neue keimen. Und wenn sie gute Bedingungen vorfinden, geht das so fort, bis sie irgendwann verwildern. Welche Folgen hätte das? Zumindest nicht unbedingt nur gute. Der Botanische Verein Bochum jedenfalls warnt in seinem Fazit davor, in blindem Aktionismus Wildblumenmischungen aus dem Gartencenter in die Gegend zu streuen. »Im schlimmsten Szenario könnte sich eine der Arten als invasiv herausstellen und heimische Arten verdrängen«, schreiben die Autoren der Studie. Also doch, da lugt sie um die Ecke, die Aga-Kröte.

Die Aga-Kröte der heimischen Pflanzenwelt ist übrigens der Riesen-Bärenklau. Er stammt aus dem Kaukasus und wurde in Deutschland unter anderem von Imkern als Bienenweide in der Natur ausgesät. Es handelt sich um einen Doldenblütler, der über drei Meter hoch wird. Er ist in allen seinen Teilen so giftig, dass er schon bei Berührung schwere Hautausschläge und Verbrennungen bewirkt. Der Bärenklau fühlt sich äußerst wohl bei uns und breitet sich ungehindert aus, wo er günstige Bedingungen findet – und das ist fast überall, denn er liebt nährstoffreiche, gut gedüngte Böden, wie sie die intensive Landwirtschaft im ganzen Land produziert. Er bildet schnell riesige Bestände, die man kaum bekämpfen kann. Zum Kummer der Imker stellte sich heraus, dass die Honigbienen sich doch nicht sonderlich für ihn interessieren. Doch da war das Kind schon in den Brunnen gefallen. Jetzt steht das Riesengewächs überall in Europa auf den schwarzen Listen der invasiven Arten. Zeitungsartikel berichten Horrorgeschichten von kleinen Mädchen, die Blumen pflücken wollten und mit schweren Hautverätzungen nach Hause kamen. Der Bärenklau ist der neue Staatsfeind Nummer eins. Nur wie man ihn wieder los wird, weiß kein Mensch. Auch wenn es einzelne Biologen gibt, die für den Riesen-Bärenklau Partei ergreifen und sagen, so schlimm sei er nun auch wieder nicht – ich fühle mich durch ihn und seinesgleichen dennoch in meiner Sorge bestätigt. Unser Heimatminister Horst Seehofer hätte seine helle Freude an mir: Bei mir kommt nur Heimisches in die Tüte. Es gibt noch größere Puristen als mich, die sogar darauf bestehen, dass es nur regionales Saatgut sein soll, damit sich die heimischen Unterarten genetisch nicht vermischen. Doch das erscheint mir dann doch übertrieben. Denn in der Natur, stelle ich schnell fest, ist längst auch nicht mehr alles so, wie es mal war. Der Klimawandel verschiebt die natürlichen Verbreitungsgrenzen. Und so manches urdeutsche Kraut entpuppt sich überraschend als längst gut integrierter Einwanderer.

Doch wenn die Wildblumenmischungen aus den Gartencentern nicht taugten, wie kam ich dann an Saatgut von wirklich heimischen Unkräutern? Einige Wildpflanzengärtnereien bieten auch Saatgut an. Hier bestellte ich einiges, vor allem von Pflanzen, die unter Naturschutz stehen oder die ich sonst nur schwer finden würde. Ansonsten aber bietet ja die Natur alles, was ich brauche. Bloß, wie sammelt man Samen? Und wann ist der richtige Zeitpunkt für Ernte und Aussaat?

Seit einiger Zeit habe ich einen Brieffreund aus Pforzheim. Er hat in der Zeitung einen Artikel gelesen, den ich über meine Ökoguerillatätigkeit geschrieben hatte. Seitdem schreibt er mir regelmäßig und schickt mir selbstgesammelte Samen von Wildpflanzen in kunstvoll gefalteten Papierschiffchen. Er ist 86 Jahre alt, pensionierter Apotheker und Lebensmittelchemiker. Und er liebt die heimische Pflanzenwelt, die er auch in seinem Garten hegt und pflegt. Seine ersten Briefe an mich waren noch handschriftlich verfasst. Doch bald stiegen wir auf Mail um. Seine botanischen Kenntnisse habe er noch von seinem Vater gelernt, schrieb er mir, der auch Apotheker gewesen war, und den er im Krieg auf seinen Dienstfahrten begleiten durfte. Damals spielte die Natur noch eine große Rolle in der Pharmazie. Als Apothekerpraktikant musste er ein Herbarium mit 100 Heilpflanzen anlegen. »Ich brachte 250 zusammen, was sich halt so fand.« Der Satz versetzte mir einen Stich, denn heutzutage wäre das nicht mehr so einfach. Nach vielen

Kräutern, die damals häufig waren, müsste man heute lange suchen.

Mein Brieffreund erinnert mich an meinen Vater. Er und seine Geschwister kennen sich auch ziemlich gut aus in der Natur. Sie kennen viele Pflanzen noch aus ihrer Kindheit, mit all ihren schönen alten deutschen Namen, von Frauenmantel bis zu Knabenkraut. Sie haben es von ihrem Großvater gelernt, der ein botanisch interessierter Dorflehrer gewesen war und ihnen auf Spaziergängen viel beigebracht hat. In der Nachkriegszeit mussten sie als Kinder oft in den Wald, um Brennholz oder Bucheckern zu sammeln. Die wurden dann zum Bäcker gebracht, der daraus Brot und Kuchen für die Familie backte. Auf den Wiesen wurde damals Sauerampfer und Melde gesammelt, die zu Hause zu Spinat oder Salat verarbeitet wurde. Die heimische Tier- und Pflanzenwelt wurde noch selbstverständlich in der Schule im Biologieunterricht durchgenommen. Heute kennt kaum noch ein Kind mehr Pflanzenarten als Gänseblümchen und Brennnesseln. Bei den Vögeln sieht es genauso dürftig aus. Bayerische Gymnasiasten können im Schnitt nur fünf Singvogelarten richtig benennen, das hat die Ludwig-Maximilians-Universität München in einem Test an 2000 Schülern herausgefunden. Viele der Oberschüler konnten gerade mal Amsel, Rotkehlchen und Blaumeise auseinanderhalten, danach war es vorbei mit der Vogelkenntnis. Zwei Drittel der Kids erkannten noch nicht einmal einen Spatzen. Ich finde solche Befunde in hohem Maße beunruhigend. Wie kann man etwas schützen und wertschätzen, das man gar nicht kennt? Ein Drittel der Vögel sind in den vergangenen Jahrzehnten aus unseren Wiesen, Feldern, Gärten und Wäldern verschwunden, doch die meisten Menschen werden nie erfahren, was für ein Schatz ihnen da genommen wurde.

Mein Brieffreund wurde mein Mentor. Regelmäßig schickt er mir seine liebevoll gefalteten und handbeschrifteten Samenschiffchen aus Papier: Von Lerchensporn, weißer Lichtnelke, Gundermann, wilder Malve, Ysop, Gänseblümchen, Löwenmaul und Braunelle. Und vielem mehr.

»Auf einer Grüninsel in der Nachbarschaft habe ich versucht, den Natternkopf zu beernten. Das war eine stachelige Angelegenheit. Sendung von Samen folgt in den nächsten Tagen.«, schrieb er mir zum Beispiel. Kurz darauf hatte ich wieder einen Umschlag im Briefkasten. Er gibt mir auch wertvolle Tipps zum selber sammeln. Mit meinen illegalen Guerillaaktivitäten hat er offenbar keine Probleme. Früher habe er für Nestle gearbeitet, schrieb er mir, »heute beutet Nestle Trinkwasservorkommen der ganzen Welt aus und entzieht damit der ansässigen Bevölkerung diese wichtige Lebensgrundlage.« Ich konstatierte: Ein gewisses revolutionäres Potenzial ist bei ihm vorhanden. Als ich ihm von meiner Samenbombenproduktion berichtete, die ich zu Weihnachten gestartet hatte, zuckte er nicht mit der Wimper. In jenem Jahr bekam jeder aus meinem persönlichen Umfeld, ob er wollte oder nicht, eine weihnachtlich dekorierte Tüte mit Samenbomben geschenkt. Ich hatte sie nach einem Spezialrezept im Ofen gebacken und jeweils mit einer Kurzgebrauchsanweisung versehen, die aufführte, ab welchem Monat und auf welchem Untergrund die Bombenanschläge aufs Gemeingrün verübt werden sollten. Er reagierte, indem er mir in seinem nächsten Brief »noch etwas Selbstgesammeltes zur Beschäftigung Ihrer Freunde und Verwandten« beilegte.

Wenn ich jetzt an den Wochenenden ins Berliner Umland fahre oder auf Pressereisen unterwegs bin, stopfe ich mir bei jeder Gelegenheit die Taschen mit Unkrautsamen voll. Die Wildpflanzen, die ich auf meinem Balkon gepflanzt habe, werden ebenfalls regelmäßig beerntet. So steigt mein Fundus stetig an. Andere sammeln Briefmarken, ich sammele Unkrautsamen. Überall in der Wohnung liegen beschriftete Butterbrotpapiertütchen herum. Anfangs habe ich noch versucht, Papierschiffchen zu falten wie mein Brieffreund, aber ich bin gescheitert. Wenn ich zur besten Aussaatzeit im Herbst oder Frühjahr mit dem Fahrrad zur Arbeit fahre, habe ich in meiner Mikrofontasche immer ein paar Samentüten und einen alten Löffel dabei. Komme ich auf dem Weg zu einer Pressekonferenz oder zu einem Interviewtermin an einer geeigneten Stelle vorbei, verbuddele ich schnell ein paar Samen. Einmal wurde ich dabei vom Sicherheitspersonal des Auswärtigen Amtes beobachtet. Ich hatte gerade ein Interview mit dem Abteilungsleiter für Auswärtige Kulturpolitik geführt und entdeckte beim Verlassen des Ministeriums, gegenüber vom Eingang zwischen zwei Bänken, ein hübsches Plätzchen.

Ohne groß nachzudenken, holte ich Löffel und Tüte aus meiner Tasche und fing an zu graben. Auf einmal wurde mir von hinten auf die Schulter getippt. »Dürften wir erfahren, was Sie da tun?«, fragte drohend eine Männerstimme. Als ich mich umdrehte, standen zwei mit Maschinengewehren bewaffnete Bundespolizisten vor mir.

»Ich pflanze Unkraut,« sagte ich verschüchtert.

»Ach ja?«, knurrte der Sicherheitsbeamte. »Darf ich mal sehen?«

Ich zeigte ihm meine Butterbrottüten mit Samen und stammelte Unzusammenhängendes von Bienen und Hummeln. Und kramte zum Beweis meiner Harmlosigkeit meinen Presseausweis hervor. Die beiden sahen mich an wie eine Geisteskranke. Zumindest hielten sie mich offenbar nicht mehr für gefährlich. Ich durfte gehen. Lieber irre als terrorverdächtig, dachte ich und packte schnell meine Sachen zusammen. Als ich mit dem Fahrrad davonradelte, fühlte ich mich wie eine Partisanin, der es gelungen war, sich in letzter Sekunde dem Zugriff der Obrigkeit zu entziehen.

Seitdem achte ich darauf, keine Erdarbeiten in der Nähe von Ministerien, Banken oder Hochsicherheitstrakten von Gefängnissen durchzuführen. Auch beim Bombenwerfen bin ich professioneller geworden. Beim Samenbombenbacken produziere ich jetzt immer unterschiedliche Sorten Gebäck: Schattenbomben, Trockenrasenbomben, Baumscheibenbomben, Gartenbomben, Parkplatzbomben. Letztere bestehen aus Pionierpflanzen, die sich auch in Fugen und Ritzen wohlfühlen. Denn auch die Ritzen will ich nicht kampflos dem Feind überlassen. Ich will ein Stachel sein im Ordnungsfimmel der Menschheit. Je mehr sie dem letzten Grün in Fugen und Spalten zu Leibe rückt, desto mehr Ritzenleben werde ich zum Durchbruch verhelfen. Auch wenn nicht aus allem etwas wächst, ein paar Körnchen meiner Saat gehen immer auf. Mir gefällt die Vorstellung, dass ich in winzigen Dosen, peu à peu, das Gesicht der Stadt verändere. Auch, wenn es außer mir vielleicht niemandem auffällt.

9 TIPPS ZUM SAMENKLAU IN DER NATUR

1. Nur bei trockenem Wetter sammeln.
2. Immer nur ein paar Samen mitnehmen. Den Rest stehen lassen, damit sich die Pflanze auch vor Ort aussamen kann.
3. Grundsätzlich gilt: Samen sind dann reif, wenn die Pflanze sie von selber hergibt. Verblühte Blüten abzwacken reicht nicht, erst abwarten, bis sie so trocken sind, dass die Samen von selber herausrieseln. Gute Sammelmonate sind August und September.
4. Immer erst bestimmen, um welche Pflanze es sich handelt. Und dann unbedingt gleich notieren! Nach dem Spaziergang hat man garantiert vergessen, welcher Samen woher stammte.
5. Trocken und luftig gelagerte Samen halten in der Regel mehrere Jahre.
6. Bester Aussaattermin für die meisten Wildblumen ist der Herbst, am besten: September bis Oktober. Denn viele Arten brauchen Frost als Keimhilfe. Andere keimen auch ohne Kälteschock noch im Herbst und bilden kleine Rosetten, aus denen dann im nächsten Jahr die Pflanze mit Blüten wächst. Aber auch im Frühjahr lassen sich viele Wildblumen noch aussäen. Dann kann es aber sein, dass sie erst im darauffolgenden Jahr blühen.

7. Auf Licht-/Dunkelkeimer achten. Dunkelkeimer mögen es, wenn sie mit Erde bedeckt sind. Lichtkeimer logischerweise nicht. Auskunft darüber gibt das Internet. Oder auch nicht. Dann hilft nur ein bewanderter Brieffreund.

8. Beim Aussäen auf Standortansprüche der Pflanzen achten. Keine Trockenrasenpflanzen unter dunkle Büsche, keine Sumpfpflanzen auf die Liegewiese.

9. Nach der Aussaat regelmäßig feucht halten. Auf dem Balkon: Gießen. In der Natur: Auf Regen warten, beziehungsweise die Aussaat mit dem Wetterbericht abstimmen. Und dann hoffen, dass die Vorhersage auch eintritt.

KAPITEL 6

VON HEIMISCHEN BLÜMCHEN UND FREMDEN INVASOREN: DIE ZUWANDERUNGSDEBATTE IN DER BOTANIK

Wer sich mit einheimischen Wildpflanzen beschäftigt, kommt irgendwann zwangläufig zu der Frage: Was bedeutet eigentlich »heimisch«? Und wer sind die fremden Invasoren, die unsere deutsche Pflanzenwelt überrollen? Ich stieß schnell darauf, dass es darüber in der Botanik eine heftige Debatte gibt. Da gibt es die ganz Bösen: aggressive fremde Arten, die sich unkontrolliert ausbreiten. Die wirtschaftlichen Schaden anrichten oder eine Gefahr für die menschliche Gesundheit darstellen. Siehe Riesen-Bärenklau. Oder die durchsetzungsstärker sind als die heimische Natur und schwächere Arten verdrängen. Wie das sehr hübsche rosablühende Indische Springkraut. Es überwuchert in rasendem Tempo ganze Areale, vor allem an Ufern und feuchten Standorten. Nicht nur dass es sich unterirdisch über Wurzelausläufer verbreitet, jede Pflanze produziert auch noch bis zu

4000 Samen im Jahr, die sich über den Wind weit verbreiten. Im kargen Himalaya, wo die Pflanze herkommt, ist das eine sinnvolle Überlebensstrategie. Hier ist es der reine Überfluss – und verschafft ihr gegenüber den heimischen Pflanzen einen Riesenvorsprung. Genau wie die praktische Tatsache, dass es seine natürlichen Fressfeinde im Himalaya zurückgelassen hat. Wo das Springkraut sich breit macht, wächst nicht mehr viel anderes.

Oder die Kanadische Goldrute. In und um Berlin hat sie ganze Landstriche in blühende Landschaften verwandelt. Allerdings nicht ganz so, wie es Helmut Kohl einst versprach. Die dekorative Pflanze wurde zur Zeit des Dreißigjährigen Krieges als Gartenpflanze nach Europa gebracht, richtig populär wurde sie aber erst im 19. Jahrhundert. Heute wächst sie überall. Sie bildet dichte unterirdische Ausläufer, die weite Areale in reine Goldrutenmonokulturen umwandeln. Sie fühlt sich hier sehr wohl: Kein Wunder, in ihrer nordamerikanischen Heimat gibt es zahllose Tiere, die an ihr nagen. Hier in Deutschland dagegen kein einziges.

Oder der Götterbaum. Er ist mein ganz persönlicher Feind. Die grünen Bäume mit den langen gefingerten Blattwedeln breiten sich derzeit in rasantem Tempo in ganz Berlin aus. Keine Brache ist zu klein oder zu staubig, als dass er dort nicht Wurzeln schlagen könnte. Auch er kam einst als Zierpflanze nach Europa, ursprünglich stammt er aus China und Vietnam. Der Baum breitet sich über Samen aus und wächst vier Meter im Jahr. Der Klimawandel begünstigt die Art, vor allem in den aufgeheizten Städten geht es ihr ausgezeichnet. Geht es so weiter wie bisher, werden in ein paar Jahren nur noch Götterbäume auf Verkehrsinseln und am Wegrand wachsen.

Und noch ein Beispiel für eine Invasion, die sogar auf Rädern daherkommt: Am Rand der Autobahnen und Bundesstraßen lässt sich seit ein paar Jahren ein gelb blühendes Kraut bewundern, das im Spätsommer kilometerlange blühende Säume an den Straßen bildet. Bei jeder längeren Autofahrt fielen sie mir auf. Irgendwann wollte ich wissen, um was für eine Blume es sich handelte und bestimmte sie. »Schmalblättriges Greiskraut« heißt das Blümchen. Es stammt aus Südafrika und wurde wahrscheinlich mit Importschafwolle eingeschleppt, die mit Schiffen nach Europa gebracht wurde. Zu Beginn wuchs es daher nur in der Nähe von Häfen. Doch seit den 70er-Jahren befindet es sich in Deutschland im wahrsten Sinne des Wortes auf der Überholspur. Seine Samen haften an den Fahrzeugen und Reifen und werden über den Fahrtwind immer weiter getragen. Die Ausbreitung erfolgt von Nordwest nach Südost. An der A2 von Hannover nach Berlin fährt man im Herbst durch dichte gelbe Blütensäume. Und nicht nur dort. In den letzten 30 Jahren hat es sich entlang von Autobahnen und Eisenbahnstrecken bis nach Bayern ausgebreitet. Und natürlich ist auch das Schmalblättrige Greiskraut giftig und wird weder vom Weidevieh noch von Schmetterlingsraupen oder Larven von Käfern gefressen. Hier wird sein Vormarsch von Botanikern zunächst noch misstrauisch beobachtet, doch in der gestrengen Schweiz zählt es bereits zu den invasiven Arten, die bekämpft werden.

Zu Beginn meiner Aktivistenzeit war ich noch sehr puristisch. Ich hatte nicht nur Geranien, Kirschlorbeer und Thuja, sondern auch den Pflanzeninvasoren den Kampf angesagt. Immer wieder riss ich Goldruten am Wegrand aus oder trampelte zumindest ostentativ auf ihnen herum, oft unter den missbilligenden Blicken der Passanten: »Mama, guck mal, die Frau da macht die Blumen kaputt!« Doch bald wurde ich altersmilde. Erstens, weil es sowieso unmöglich ist, gegen die Invasoren vorzugehen. Beim Götterbaum zum Beispiel ist das Abschneiden oder Fällen sogar kontraproduktiv: Wird er gekappt, treibt er erst recht neu aus und ist dann gar nicht mehr zu stoppen, will man nicht die Schweizer Flammenwerfer-Idee aufgreifen. Zum anderen aber auch, weil ich lernte, dass sich der Schaden der meisten Zuwanderer doch in Grenzen hält. Es gibt zwar die Hardliner unter den Naturschutzaktivisten, die jede fremde Pflanze als Bedrohung der heimatlichen Naturlandschaft sehen und mit Wurzel und Stiel ausrotten wollen. Fremdlinge raus! Wir wollen unseren natürlichen deutschen Urzustand wiederhaben! Doch wie immer sind die Dinge komplizierter als man denkt. Denn viele Pflanzen, die heute als heimisch gelten, waren vor gar nicht so langer Zeit auch einmal fremd. Oder würde irgendjemand auf die Idee kommen, dass die Rosskastanie oder das von romantischen Volksliedern so schön besungene Veilchen keine urdeutschen Gewächse sind? Sind sie nicht. Sie wurden eingebürgert. Die Rosskastanie, die aus Südosteuropa stammt, im 17. Jahrhundert, das Veilchen kam wahrscheinlich mit den Römern, die es bereits in Gärten anbauten. Andere Arten, darunter viele bekannte Ackerunkräuter wie der Klatschmohn und die Kornblume, wurden erst mit der aufkommenden Landwirtschaft, also vor vielen Tausend Jahren, in Deutschland heimisch. Die Wissenschaftler nennen diese Pflanzen »Archäophyten«. Woher sie eigentlich ursprünglich kamen, ist nicht immer bekannt, wahrscheinlich stammen sie aus den Regionen, in denen sich auch der Ackerbau zuerst entwickelt hat, aus dem Nahen Osten, und wurden von dort mit dem Saatgut bis nach Europa verbreitet.

Allerdings ist das alles nicht zu vergleichen mit dem ökologischen Urknall, der durch die Entdeckung Amerikas ausgelöst wurde. Seit 1492, und in noch größerem Maßstab nach der Erfindung der schnellen Ozeandampfer, wurde die seit 65 Millionen Jahren mehr oder weniger lokal vor sich hin wachsende Flora der Welt einmal von den Füßen auf den Kopf gestellt. Die Europäer standen staunend vor dem Pflanzenreichtum der Neuen Welt. Es wurden nicht nur Kulturpflanzen wie Bananen, Tomaten, Kartoffeln oder Mais nach Europa

gebracht, sondern auch zahllose Zierpflanzen auf die Schiffe geladen und zunächst in exotischen Gärten und Orangerien angebaut. Von dort machten sie sich mit der Zeit davon und »verwilderten« erfolgreich. Und umgekehrt brachten die europäischen Einwanderer massenhaft europäische Pflanzen und Tiere mit in die Neue Welt. Und sei es nur aus nostalgischen Gründen, damit sie sich in der neuen Heimat nicht so fremd fühlten. So ließen Emigranten um 1850 herum Haussperzen im New Yorker Central Park frei, weil sie das vertraute Tschilpen vermissten. Heute tschilpen sie in der ganzen Welt, von Kanada über Feuerland bis nach Australien. Das Gleiche geschah mit dem Star. Ein deutschstämmiger Pharmazeut namens Eugene Schieffelin hatte sich in den Kopf gesetzt, sämtliche europäischen Vogelarten in Amerika einzuführen, die in den Werken von William Shakespeare vorkommen. So auch den Star, 1890 setzte er eine Handvoll der Vögel ebenfalls im Central Park aus. Heute ist der europäische Star mit 200 Millionen Brutpaaren die häufigste Vogelart in den USA. Vielleicht zum Glück, denn in ihrer europäischen Heimat sind sie mittlerweile durch die intensive Landwirtschaft stark zurückgegangen. Allein in Deutschland verschwanden in den letzten Jahren 2,6 Millionen Brutpaare, das ist ein Schwund um 42 Prozent. Weltweit aber muss man

sich um die Stare, Mr. Eugene Schieffelin sei Dank, nicht sorgen. Auch wenn es natürlich sehr traurig wäre, wenn wir diese Art bei uns hier, wo sie eigentlich ihre Stammheimat hat, nicht mehr sehen könnten.

In Deutschland haben sich seit 1492, dem Jahr, in dem Kolumbus in Mittelamerika landete, etwa 350 neue Pflanzenarten fest in der Natur etabliert. Sie werden »Neophyten« genannt. Und wie das so ist mit Immigranten: Über 90 Prozent der Zuwanderer haben sich friedlich ins Ökosystem integriert, nur wenige machen Probleme. Das häufigste Unkraut in meinem Garten, das Kleinblütige Knopfkraut, ist ein zartes Pflänzchen mit winzigen weißen Blüten. Es stammt ursprünglich aus Südamerika. Hierzulande wird es aber auch Franzosenkraut genannt, weil es zur Zeit der Ankunft der napoleonischen Truppen zum ersten Mal massenhaft in deutschen Gärten auftauchte. Mit den französischen Soldaten hatte es jedoch wenig zu tun, es war vielmehr Ende des 18. Jahrhunderts nach Europa gebracht und in Botanischen Gärten, auch in Preußen, kultiviert worden. Von dort aus wurde es weitergegeben an Pfarr- und Bauerngärten. Es ist hoch vitamin- und eisenhaltig und schmeckt sehr gut als Salat oder Spinat. Dass man am Anfang dennoch nicht gut auf den botanischen Eindringling zu sprechen war, kann man daran ablesen, dass man seine Ausbreitung dem Feind, den Franzosen zuschrieb. In Frankreich heißt die Pflanze übrigens »Russenkraut«.

Das zweithäufigste Unkraut in meinem Garten: der Feinstrahl. Er wird auch Einjähriges Berufkraut genannt, ein Kraut mit margeritenähnlichen Blüten mit sehr feinen weißen Blütenblättern um eine gelbe Mitte. Es kommt aus Nordamerika und hat längst die halbe Welt von Europa bis Korea besiedelt. Ich lasse es wachsen. Es ist nicht gerade der Burner für Insekten, aber manchmal sehe ich Schwebfliegen und Kohlweißlinge daran.

An der Frage, wie nützlich oder schädlich diese »Neophyten« für Insekten sind, scheiden sich die Geister. Der Riss geht sogar durch Familien, wie bei uns. Ich streite mich regelmäßig mit meiner Schwester über den Schmetterlingsflieder. Ich habe einen in meinem Minigarten, meine Schwester hat ihren rausgerissen. Die Schweiz, die wie gesagt in der Botanik besonders fremdenfeindlich agiert, hat den Strauch aus Ostasien mit den duftenden lila oder weißen Blütenkerzen auf den Index gesetzt. Er gilt dort als invasive Art, die von Schüler- und Pfadfindergruppen in mehr oder weniger freiwilligen Gemeinwohlaktionen in Feld und Flur ausgerissen wird. Aber auch hierzulande ist er umstritten. Der Strauch breitet sich vor allem an wärmeren Standorten sehr schnell aus und steht unter dem Verdacht, andere Arten zu verdrängen. Allerdings ist er sehr beliebt bei Hummeln und bei Schmetterlingen – zu beliebt, sagen manche Naturschützer. Die Blüten würden wie eine Droge auf die Falter wirken, sodass sie, völlig zugedröhnt, zur leichten Beute für Vögel werden.

Nicht, dass ich da grundsätzlich etwas dagegen hätte.

»Ist doch gut«, sage ich zu meiner Schwester, »darum geht's mir doch!«

»Sehr lustig.« Sie verdreht die Augen. »Das Problem ist, dass da nur die häufigen Arten drangehen, um die man sich ohnehin nicht sorgen muss. Als Futterpflanze für ihre Raupen taugt er aber nicht, weil die Blätter nicht gefressen werden. Also wenn du Vogelfutter mehren willst, pflanz lieber was, was den Schmetterlingen auch für ihre Fortpflanzung nützt.«

Ich mag aber meinen Schmetterlingsflieder. Einmal hatte ich sogar einen Schwalbenschwanz und mehrere Sommer hintereinander seltene Keulhornwespen als Blütenbesucher. Das sind sehr imposante, hübsche Wespen, die trotz ihrer Größe harmlos sind und sich nur von Pollen und Nektar ernähren. Auch »Mistbienen« habe ich schon an ihm gesehen: Große Schwebfliegen, deren Larven sich in Jauchegruben entwickeln. Sie ähneln kleinen U-Booten, die in der Kloake nach Luft schnappen, indem sie durch eine Art Strohhalm atmen. Aus welcher Jauchegrube sie mitten in Berlin gekrochen sind, ist mir ein Rätsel und ich will es auch lieber gar nicht wissen. Auf jeden Fall haben sie den Weg zu meinem Schmetterlingsstrauch gefunden, und ich habe mich darüber gefreut.

Der Schmetterlingsstrauchstreit zwischen mir und meiner Schwester ist die typische Neophytendiskussion. Überwiegt der ökologische Schaden den Nutzen oder umgekehrt? Ich beschloss, Ingo Kowarik zum Schiedsrichter zu machen, er ist der ultimative Zuwanderungsexperte unter den Ökologen. Kein pflanzlicher oder tierischer Eindringling, der nicht von ihm auf Leib und Seele auf mögliche schädliche (oder auch positive) Nebenwirkungen für das Ökosystem untersucht worden wäre. Er hat ein Standardwerk darüber geschrieben mit dem Titel »Biologische Invasionen«, das fast 500 Seiten dick ist.

»Es stimmt, Schmetterlingsflieder sind für viele Arten attraktiv«, sagte er. »Er nützt allerdings tatsächlich leider nicht den Spezialisten unter den Insekten. Aber die Frage ist doch, ob es überhaupt möglich ist, diese spezialisierten Arten in der Stadt zu etablieren. Dann ist es doch besser, wenigstens etwas für die Generalisten zu tun!«, riet er.

Häufige Arten wie Kohlweißling oder die Gartenhummel seien in der Lage, sich anzupassen. Sie akzeptieren viele verschiedene Pflanzen und Blütenformen als Futterpflanzen und haben auch kein Problem mit den wilden Neubürgern. Selbst mit vielen Gartenpflanzen kommen sie zurecht. Aber viele andere Insektenarten, ob sie nun Nektar sammeln oder die Blätter fressen, sind da eben wählerischer. Und in der Regel können sie nicht einfach auf die Neophyten »umsteigen«, wenn ihre heimischen Futterpflanzen nicht mehr da sind. Doch es gebe auch Hoffnung, erklärte Kowarik. »Untersuchungen haben gezeigt, dass einige spezialisierte Arten in Notzeiten doch auf Neophyten umschwenken, jedenfalls dann, wenn die neuen Pflanzen mit ihren eigentlichen Futterpflanzen eng verwandt sind, also zum Beispiel ähnliche Blütenformen haben. Da können Neophyten auch wieder eine Chance sein!«

»Also kann ich meinen Schmetterlingsflieder behalten?«, fragte ich.

»Naja, wenn man die Wahl hat, ist heimisch immer besser,« antwortete er. »Aber man muss auch nicht gegen Schmetterlingsflieder zu Felde ziehen.«

Der Migrationsexperte Kowarik ist erstaunlich tolerant. Die ganze Aufregung um invasive Arten hält er für überzogen. Das Schwarz-Weiß-Denken zwischen fremden und einheimischen Pflanzen lasse sich aus ökologischer Sicht nicht aufrechterhalten, lautet sein Fazit. Denn unter den einheimischen Pflanzen gebe es schließlich auch Arten, die durch den Wind bestäubt werden und daher für Biene und Co. uninteressant seien. Selbst für die bösen Invasoren, die Kanadische Goldrute und das Indische Springkraut, findet Kowarik freundliche Worte. Denn beide Arten würden noch spät im Jahr Nektar bieten, wenn sonst kaum noch etwas blüht. In einer idealen Welt, in der die natürliche Artenvielfalt noch intakt wäre, sagte er, würden im Herbst noch zahlreiche Wildkräuter blühen. Doch die Realität sehe leider anders aus. In der verarmten Natur der Städte und Dörfer können da die Neophyten, die sich vor allem an den Stellen ausbreiten, die ohnehin von Menschen schon stark verändert wurden, als Blütenersatz hilfreich sein.

»Aber doch wieder nur für die häufigen Arten!«, entgegnete ich.

»Ja, aber besser, als wenn die auch verhungern, weil es gar keine Blüten mehr gibt,« antwortete Kowarik.

Selbst gegenüber den Plagegeistern von Götterbäumen rät Kowarik zu Gelassenheit. In einigen Jahren, prophezeite er, könnten sie die Stadtbäume der Zukunft sein. Denn während heimische Baumarten wegen des Klimawandels immer mehr Probleme bekommen, erträgt der Götterbaum Hitze und Trockenheit ausgezeichnet und filtert sogar Schadstoffe aus der Luft. Und seine Blüten bieten Nahrung für Bienen. Dass invasive Pflanzen zum Aussterben einer Art beitragen, hält er in Europa eher für unwahrscheinlich. »Die großen Umweltkatastrophen verursachen eingeschleppte Tiere und Pflanzen vor allem auf Inseln«, sagte Kowarik. Bei uns würden sie allenfalls in Naturschutzgebieten oder in besonders wertvollen Biotopen zum Problem, wo sie die natürliche Zusammensetzung der Arten verändern können. Dort solle man sie bekämpfen, denn dort könnten sie tatsächlich letzte Vorkommen von seltenen heimischen Pflanzen bedrohen.

»Und der Riesen-Bärenklau?«, fragte ich.

»Der ist sowieso nicht wieder wegzukriegen«, antwortete er. »Also sollte man sich darauf beschränken, dort gegen ihn vorzugehen, wo er konkret Probleme macht, etwa in der Nähe von Kindergärten. Und sich ansonsten mit ihm abfinden und sich ein wenig an seiner Schönheit erfreuen.«

Ich bin trotzdem froh, dass ich keinen Riesen-Bärenklau in meinem Garten habe. Aber ich bin großzügiger geworden. Goldruten in der Stadt lasse ich jetzt in Ruhe. Nur Götterbäume kann ich weiterhin auf den Tod nicht ausstehen. Vielleicht, weil sie mir persönlich Konkurrenz machen. Mit mir und dem Götterbaum ist es wie mit dem Hasen und dem Igel. Oft, wenn ich auf kleinen Brachflächen in der Stadt etwas aussäen möchte, war der Götterbaum wieder schneller als ich. Und ich weiß, auch wenn er jetzt erst einen Meter hoch ist, dann wird aus ihm in zwei Jahren ein zehn Meter hoher Baum geworden sein, dessen Samen die gesamte Umgebung beglücken. Er mag der Baum der Zukunft sein – ich hasse ihn aus tiefstem Herzen.

Die sieben gefürchtetsten
Pflanzeninvasoren

Auf der sogenannten »Unionsliste« der EU sind aktuell insgesamt 36 invasive Pflanzenarten aufgeführt, die mit ihrer Ausbreitung Lebensräume, Arten oder Ökosysteme beeinträchtigen und daher der biologischen Artenvielfalt schaden können. Danach sind jedoch bislang erst zehn in Deutschland zum Problem geworden. Das Bundesamt für Naturschutz bewertet die Invasivität der Arten ausführlicher und kommt auf eine längere Liste. Die folgenden sieben sind unter den Invasoren die gefürchtetsten:

1. **Götterbaum** (Ailanthus altissima)
   Der Baum, der bis zu 30 Meter hoch werden kann, wurde im 18. Jahrhundert zuerst von Jesuiten aus China als Zierpflanze nach Europa gebracht. Er ist vielleicht der schnellwüchsigste Baum der Welt, er verbreitet sich über Samen und Wurzelausläufer, die schnell ein dichtes Geflecht bilden. Eindämmen lässt er sich kaum, denn wird er abgesägt, bildet er um so mehr neue Triebe. In China wird er von 46 Insektenarten gefressen, in Deutschland gibt es nur zwei Nachtfalterarten, deren Raupen ihn als Futter akzeptieren: der Amerikanische Webebär und der Ailanthus-Spinner, beide selbst einge-

schleppte Arten. Der wärmeliebende Götterbaum breitet sich vor allem in Großstädten rasant aus, da sie wie Wärmeinseln funktionieren. Wien und Berlin sind die Hauptstädte des Götterbaums. In Wien versucht man, ihn zu bekämpfen, indem man ihn mit einem Pilz infiziert. Der Klimawandel kommt dem Götterbaum sehr entgegen. Angesichts sterbender Wälder halten ihn manche schon für den Baum der Zukunft.

2. **Wasserpest** (Elodea canadensis und Elodea nuttalii) Die Wasserpest ist bei Aquarianern beliebt und stammt aus Nordamerika, von wo sie zuerst in Botanischen Gärten in Europa eingeführt wurde. In Deutschland breitete sie sich in rasendem Tempo aus, nachdem sie im Jahr 1859 vom Berliner Botanischen Garten in nahegelegene Gewässer ausgesetzt wurde. Der Dichter Hermann Löns schrieb über die Folgen 1910: »Es erhob sich überall ein schreckliches Heulen und Zähneklappern, denn der Tag schien nicht mehr fern, da alle Binnengewässer Europas bis zum Rande mit dem Kraut gefüllt waren, sodass kein Schiff mehr fahren, kein Mensch mehr baden, keine Ente mehr gründeln und kein Fisch mehr schwimmen konnte.«
Ganz so schlimm wurde es dann doch nicht, die Bestände gingen irgendwann wieder zurück und fügten sich mehr oder weniger in die heimischen

Unterwasserökosysteme ein. Heute gibt es kaum noch ein europäisches Gewässer ohne sie. Wo die Wasserpest in großen Mengen wächst, verdrängt sie andere Wasserpflanzen und kann, wenn sie im Herbst in Massen abstirbt, Gewässern den Sauerstoff entziehen und zum Umkippen bringen. In jüngerer Zeit wurde die Art an vielen Orten ihrerseits durch eine andere nordamerikanische invasive Wasserpestart, die Schmalblättrige Wasserpest, verdrängt. So kann's kommen im Leben.

3. **Riesen-Bärenklau** (Heracleum mantegazzianum)
   Der Riesen-Bärenklau wird wegen seiner Größe auch Herkulesstaude genannt und wuchs ursprünglich im westlichen Kaukasus entlang von Flüssen, Bächen und Waldrändern. Nach Europa wurde er 1890 als Zierpflanze eingeführt und als Trachtpflanze für Honigbienen vielfach auch in der freien Landschaft ausgesät. Die Pflanze kann bis zu zwölf Jahre alt werden und produziert rund 20.000 Früchte mit Samen. Selbst auf fetten Weiden kann sie trotz Mahd und Walzen überleben. Der Saft des Riesen-Bärenklau verursacht schwere Entzündungen, wenn die Haut nach dem Kontakt dem Sonnenlicht ausgesetzt wird.

4. **Indisches Springkraut** (Impatiens glandulifera)
   Wird auch Drüsiges Springkraut genannt, seinen Namen Springkraut erhielt es, weil es seine Samen

bis zu sieben Meter weit schleudern kann. Dadurch kann aus einer einzigen Pflanze schon im nächsten Jahr ein kleiner Wald entstehen. Ursprünglich wuchs das Indische Springkraut nur in luftigen Höhen im Himalaya. Als »Bauernorchidee« ist es in Deutschland noch heute bei Gärtnern beliebt. Die rosafarbenen Blüten riechen nach Kokosnuss und werden von Bienen sehr gerne besucht. Die Art bildet vor allem an Ufern von Bächen und Seen schnell flächendeckende Bestände, gegen die kaum eine andere Pflanze noch eine Chance hat.

5. **Beifußblättrige Ambrosie** (Ambrosia artemisiifolia)

Beheimatet in der Prärie Nordamerikas, ist sie im 19. Jahrhundert mit Getreide, Klee und Ölsaat nach Europa eingeschleppt worden. Noch heute werden die Samen in Siedlungen vor allem mit Vogelfutter, an denen Ambrosiasamen kleben, an Futterhäuschen verbreitet. Die Samen können Jahrzehnte im Boden überdauern. Problematisch ist die Pflanze vor allem, weil ihr Pollen schwere Allergien auslösen kann.

6. **Japan-Knöterich** (Fallopia japonica)

Diese Staudenknöteriche aus Ostasien sind die Pest. Sie vermehren sich bei uns nicht über Samen, sondern über Wurzelausläufer. Unterirdisch bilden sie riesige Geflechte aus, mit denen sie sich im Boden verankern, das hat damit zu tun, dass sie in Japan vor allem an Vulkanhängen Fuß fassen mussten. Hier führt es dazu, dass sie über der Erde kaum noch zu entfernen sind. Schon kleinste Wurzelteile, mit Gartenabfällen, Erdtransporten oder über Flüsse verbreitet, lassen neue Pflanzen wachsen. Die Japan-Knöteriche bilden auf Brachen in Dörfern und Städten, in Parks und Gärten, vor allem aber an Hängen und Ufern meterhohe undurchdringliche Gestrüppwände, die alle anderen Pflanzen unter sich begraben. Ihre Wurzeln können Dämme und Uferbefestigungen zerstören. Eingeführt wurden sie ursprünglich als Zierpflanze, Gartenbesitzer sollten sie auf keinen Fall in ihren Garten pflanzen, auch wenn sie vereinzelt immer noch in Baumschulen angeboten werden.

7. **Lupine** (Lupinus polyphyllus)
   Sie stammt aus Amerika und besitzt die Eigenschaft, dass sie Stickstoff im Boden bindet und ihn so fruchtbarer macht. Dadurch kann sie auch auf kargen Böden wachsen. In der Natur ist das vor allem auf Magerwiesen schädlich, die ohnehin in unserer Agrarlandschaft immer seltener werden. Verwilderte Lupinen verdrängen so ökologisch wertvolle, geschützte Wildpflanzen wie Arnika, Knabenkraut, Trollblume und Türkenbundlilie von ihren letzten Standorten.

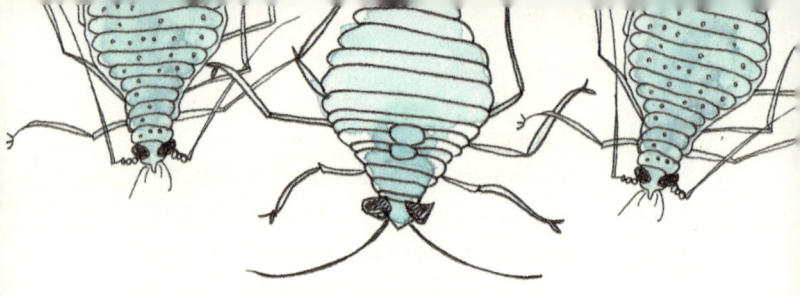

KAPITEL 7

BLATTLÄUSE SIND FREUNDE

Mein geliebter Pflaumenbaum, Stern meiner Tage, steht kurz vor der Blüte. Und wie jedes Jahr stellen sich pünktlich mit dem ersten Blattaustrieb die Blattläuse ein: Eine grüne Armada, die damit beginnt, meinem Baum das Leben auszusaugen. Nicht, dass ich nicht ein wenig mit ihnen teilen würde. Doch die Läuse übertragen noch dazu Viren, die die Blätter hässlich schrumpeln lassen und so auslaugen, dass sie am Ende braun werden und absterben. Gift kommt natürlich nicht in Frage. Ich muss es mit biologischer Schädlingsbekämpfung versuchen. Das Wort »Schädling« kommt mir jetzt nur noch zögerlich über die Lippen. Auch Blattläuse sind Freunde, versuche ich mir einzureden, sie produzieren Honigtau, an dem sich Ameisen, Schwebfliegen und Bienen laben können. Und angeblich werden sie auch von Vögeln, zum Beispiel von Kohl- und Blaumeisen gefressen. Allerdings habe ich noch nie eine einzige Meise gesehen, die an meinem Baum herumgepickt hätte, als ich sie wirklich gebraucht hätte. Kein Verlass auf die gefiederten Freunde.

Bei einem Nützlingsversand bestelle ich über das Internet die Aufräumkolonne. Larven von Florfliegen, Marienkäferlarven und Eier von kleinen Schlupfwespen. Jede von ihnen ist eine kleine Killermaschine. Eine Marienkäferlarve kann an einem einzigen Tag bis zu 150 Blattläuse vertilgen. Die erwachsenen Käfer schaffen immerhin noch 50. Die hübschen hellgrünen Florfliegen mit ihren elfengleichen, filigranen Flügeln ernähren sich nur von Tau und Nektar. Doch ihre Larven sind flinke kleine haarige Ungetüme mit großen Greifzangen, mit denen sie Blattläuse erst aufspießen und dann aussaugen. »Die Nützlinge erreichen ihren Einsatzort im gefräßigen L2-Stadium«, heißt es verheißungsvoll auf der Website. Richtige Horrorgestalten sind die winzigen Schlupfwespen. Sie sind nur wenige Millimeter groß. Doch die Weibchen legen in ihrer nur einwöchigen Lebenszeit ihre Eier in bis zu 200 Blattläuse. Die geschlüpften Larven fressen die Tiere von innen auf, bis die sich in lebende Mumien verwandeln. Bis schließlich aus einem kreisrunden Loch durch die Laushaut die erwachsene Schlupfwespe schlüpft und gleich wieder losfliegt, um für ihr mörderisches Spiel nach neuen Blattläusen zu suchen.

»Klingt ein bisschen nach Alien«, sagt mein Bildhauer, der ein großer Science-Fiction-Fan ist, als ich ihm davon erzähle.

»Was meinst du, woher Ridley Scott seine Inspiration hatte?«, frage ich zurück.

Ich lasse mich nicht beirren. Listig denke ich bei mir, wenn die Nützlinge ihre Killerarbeit erst verrichtet haben, können sie danach immer noch einem Vogel als Speise gereichen. Protein bleibt Protein und Undank ist der Welten Lohn.

Ich rufe beim Nützlingsversand an und frage, wie lange es dauert, bis die Tiere verschickt werden.

»Morgen werden sie verpackt, spätestens in zwei Tagen müssten sie bei Ihnen in der Post sein!«, beruhigt mich die Mitarbeiterin.

Doch DHL lässt sich Zeit. Nach einer Woche sind die Tiere immer noch nicht da. Besorgt betrachte ich meinen Pflaumenbaum, auf dem sich die Blattläuse prächtig entwickeln. Saftig und grün sitzen sie seelenruhig an den frischen jungen Trieben und verrichten ihr zerstörerisches Werk. Die ersten Blätter kräuseln sich bereits. Ich versuche meine innere Unruhe zu bekämpfen, indem ich mit Frida streite. Sie wird im Herbst 18, und ich will, dass sie ihren Führerschein macht.

»Wozu brauche ich den? Ich werde sowieso nie Auto fahren!«, erklärt sie.

»Mach ihn trotzdem, irgendwann bist du froh, dass du ihn hast«, antworte ich.

»In Berlin kann ich überall auch mit der Bahn hinkommen!«

»Du weißt doch noch gar nicht, was das Leben noch bringt!«, sage ich im altväterlichen Mutterton. »Vielleicht wirst du Landtierärztin und musst über die Dörfer zu den Bauern fahren. Oder du machst ein freiwilliges Jahr bei einer Naturschutzorganisation und machst Bestandserfassung der Brutvogelpopulationen auf einer

Nordseehallig. Und musst einmal pro Woche aufs Festland und mit dem Auto den Einkauf für einen Monat machen!«

»Mama! Ich mache bestimmt kein FÖJ am Arsch der Welt, um deine Vögel zu zählen!«

Was für eine verkehrte Welt, denke ich. Jetzt müssen schon Eltern ihre Kinder davon überzeugen, überhaupt den Führerschein zu machen. Ich bin in einer Kleinstadt aufgewachsen, und wir konnten es damals gar nicht abwarten, bis wir endlich 18 waren. Der Führerschein bedeutete: grenzenlose Freiheit und megamäßige Coolness, endlich Wegkönnen von zu Hause, mit Leuten abends in die Disco fahren und dabei mit geöffneten Fenstern laut Musik hören, nicht mehr stundenlang auf irgendwelche Busse warten müssen und dann durch dunkle Schrebergärten von der Bushaltestelle nach Hause laufen. Und, noch schlimmer und Inbegriff der Peinlichkeit, sich nicht mehr vom Vater von Partys abholen lassen müssen. Der Führerschein war das Freiticket raus aus dem Mief, hinein in die große weite Welt.

»Was ist mit Johanna oder Melissa?«, frage ich.

Frida zuckt die Achseln. »Glaub nicht, dass von meinen Leuten einer den Führerschein macht«, sagt Frida. »Was sollen wir damit? Autofahren ist eh scheiße für die Umwelt.«

Damit hat sie natürlich total recht. Trotzdem bin ich perplex. Wir alle wissen, dass es so ist. Aber haben wir deswegen aufs Autofahren verzichtet? Wir haben sogar zwei Autos, der Bildhauer und ich. Meins ist ein 22 Jahre alter Ford Fiesta und steht meistens rum. Man braucht tatsächlich kein Auto in Berlin, in der Regel fahre ich mit dem Fahrrad zur Arbeit. Beim Radio haben wir sogar Dienstfahrräder, mit denen wir zu den Pressekonferenzen radeln. Ich hätte mein Auto auch schon längst abgeschafft, wenn ich nicht gelesen hätte, dass das Verschrotten eines Autos eine schlechtere Umweltbilanz hat als das Behalten. Na gut, auch weil ich es wohl vermissen würde. Und außerdem, hatte ich mir über die letzten Jahre selbst versichert, kann Frida damit üben, wenn sie ihren Führerschein macht. Ein paar Beulen mehr oder weniger fallen bei dem nicht mehr auf.

Ich fahre mein letztes, schwergewichtiges Argument auf.

»Mädchen sollten schon allein deswegen selber fahren können, damit sie niemals von Männern abhängig sind!«, sage ich zu Frida. »Das hat was mit Emanzipation zu tun.«

Jetzt schaut sie mich erst recht verständnislos an. »Was hat die Zerstörung des Klimas mit Emanzipation zu tun?«

Sie hat recht. Etwas hat sich geändert. Wir Erwachsenen sind es, die in der verkehrten Welt leben. Haben es trotz aller zur Schau getragenen Sorge um die Umwelt immer noch nicht kapiert, was die Jugend längst weiß: Dass die Zukunft nicht dem Auto gehört. Wir hängen einer rückwärtsgewandten Technologie an.

»Du musst endlich dein Auto abschaffen!«, sage ich abends zu meinem Bildhauer. »Man braucht kein Auto in der Stadt. Du kannst genauso gut mit der Bahn zur Arbeit fahren.«

Er fährt einen großen alten französischen Diesel. Ein Auto, von dem er lange behauptet hatte, es sei mit einem 1-a-Feinstaubfilter ausgestattet. Das war vor der Dieselkrise. Und er hasst nichts so sehr wie Bahnfahren.

»Du vergisst, dass ich ein Anhänger des motorisierten Individualverkehrs bin«, sagt der Bildhauer. »Schaff du doch deine Schrottmühle ab, wenn du dein Ökogewissen beruhigen willst!«

»Meiner ist kein Diesel und verbraucht nur 6,5 Liter. Und du kannst ihn dann ja mitbenutzen.«

»Deine Kasperkiste?« Er lacht verächtlich. »Wie soll ich damit meine Steine transportieren?« In Wirklichkeit weiß ich, dass es ihm vor allem um seine Musik geht. Er hat im Laufe der Jahre Tausende von Songs auf den Bordcomputer gespielt, vor allem seine gesamte Sammlung von Led-Zeppelin-Platten. Sobald er ins Auto steigt, dröhnt nach kurzer Zeit der fette Sound von Robert Plant und Jimmy Page durch die geschlossenen Türen. Nur wenn wir mit in seinem Wagen sitzen, macht er etwas leiser, weil wir immer darüber klagen, dass wir Ohrenkrebs kriegen.

Nach zehn Tagen sind die Nützlinge immer noch nicht gekommen. Wenn ich meinen Pflaumenbaum sehe, auf dem die Blattläuse mittlerweile Partys veranstalten, schnürt sich mir der Magen zusammen. Es sind so viele, dass sie auf der Suche nach immer neuen Weidegründen in langen Prozessionen die Äste entlanglaufen: hoch und wieder runter und wieder hoch. Mir war gar nicht klar, dass Blattläuse so mobil sind – und so lange staksige Beine haben. Doch dann fiel mir ein, dass ich diese Beobachtung schon einmal gemacht habe, und dass sie mich damals genauso beeindruckt hatte. Vor Jahren sah ich einmal einem Marienkäfer dabei zu, wie er sich auf einem Blatt über eine Herde Blattläuse hermachte, die bis dahin wie Kühe auf der fetten Weide apathisch und traumverloren vor sich hin gesaugt hatten. Während der Käfer an einem Ende des Blattes über die ersten Läuse herfiel, kam auf einmal Bewegung in das andere Ende. Erstaunlich flink erhoben sich die Läuse und machten sich auf langen Stelzbeinen vom Acker.

Das ist aber auch das Einzige, was sie tun können. Denn in der Nahrungskette stehen die Blattläuse ganz weit unten. Auch kein schönes Schicksal. Es gehört zum Blattlausleben sozusagen dazu, gefressen zu werden. »Sie müssen sich das so vorstellen: Blattläuse sind die Leckerlis unter den Insekten. Prall und zart, noch dazu voll mit süßem Honigtau und von keinem harten Chitinpanzer umgeben, sondern weich wie ein saftiger Pfirsich. Da kann kaum ein Raubinsekt dran vorbeifliegen!«, hatte ein Biologe mal zu mir gesagt. Der Honigtau, den die Blattläuse ausscheiden, wird übrigens nicht nur von Ameisen geschätzt, die die Läuse bekanntlich beschützen und regelrecht melken, sondern auch von vielen anderen Insekten. Einige Wildbienenarten und Hummeln sammeln neben Pollen und Nektar auch Honigtau. Honigbienen verarbeiten ihn zu dunklem Waldhonig. Absurderweise trägt die Blattlaus damit vermutlich sogar ungewollt zum Insektensterben bei. Denn der Honigtau, das haben Forscher gerade untersucht, ist stark mit Pestiziden belastet. Die Läuse nehmen die Gifte auf, indem sie an gespritzten Pflanzen saugen. Da sie nicht sofort sterben, produzieren sie noch eine Weile vergifteten Honigtau, der dann von anderen Insekten aufgenommen wird. Am Ende sind nicht nur die Blattläuse tot, sondern dazu auch die Insekten, die von ihren Ausscheidungen genascht haben.

Endlich, nach zehn Tagen, ist das Päckchen da. Doch die Raubtiere sind nicht mehr in bester Verfassung. Die Schlupfwespen liegen tot neben ihren Blattlausmumien im Transportbehältnis. Von den Marienkäfer- und Florfliegenlarven sind nur noch ganz wenige da. Die sind dafür sehr, sehr dick. Ein Anruf beim Nützlingsversand ergibt, dass offenbar ein Fall von Kannibalismus vorliegt. Man werde umgehend neue Tiere schicken.

Ich setze die Überlebenden auf meinen Baum. Satt und zufrieden, verpuppen sie sich sofort, ohne auch nur eine einzige Blattlaus angerührt zu haben.

Ich tröste mich damit, dass sich neben den Blattläusen, die jetzt die Millionengrenze überschritten zu haben scheinen, als Folge meiner Insektengärtnerei zunehmend auch andere sechsbeinige Gäste in meinem Garten einfinden: außer sehr vielen Schwebfliegen auch Hummeln, Kohlweißlinge, Tagpfauenaugen, Distelfalter und einige Wildbienenarten. Und Wanzen, die ihre hübschen silbrigen Eier in einem meiner Balkonkästen ablegen. Sogar eine große grüne Libelle lässt sich blicken und umkreist minutenlang den Eimer, in dem ich für den Blutweiderich einen Sumpf imitiere. Allerdings erschien er ihr dann als Lebensraum wohl doch nicht geeignet. Gott sei Dank, denn Libellenlarven sind fast solche Unterwasseruntiere wie Geldbrandkäferlarven.

An einer Lilie (es ist meine einzige, die ich vor Jahren einmal gepflanzt habe) entdecke ich wunderhübsche rote Käfer mit schwarzen Beinen und Fühlern. Ich identifiziere sie nach einiger Recherche leicht als Lilienhähnchen. Als ich den Namen »Lilienhähnchen« im Internet eingebe, ploppen sofort diverse Fenster auf: »Lilienhähnchen – elf Tipps zur erfolgreichen Bekämpfung!« »Wie wird man Lilienhähnchen am effektivsten wieder los?« Und, weil Google ja bereits alles über mich weiß: »Lilienhähnchen – Tipps zur biologischen Bekämpfung!« Offenbar ist sich die Gartenwelt einig, dass sie schreckliche Schädlinge sind. Doch ich bin begeistert von meinen Käfern. Eine einzige Lilie in einem Sechs-Quadratmeter-Garten inmitten der Steinwüste Berlins und die Lilienhähnchen haben sie gefunden! Sie tun dies über ihren Geruchssinn. Mit Genugtuung lese ich, dass gezüchtete Hybriden häufiger befallen werden als Wildlilien. Eigentlich also Nützlinge, denke ich. Sie rächen die Natur und räumen in den aufgeräumten Gärten auf. Auch ihre Fortpflanzung ist sehr interessant. Ich hatte mich schon ein bisschen gewundert, warum meine Lilie immer ein bisschen schmutzig aussah. Die kleinen

Matschklümpchen an Stängeln und Blättern erwiesen sich bei genauerem Hinsehen als die Larven der Käfer, die sich zum Schutz gegen Vögel mit ihrem eigenen Kot beschmieren. Sie leben bis zur Verpuppung in ihrer mobilen Hülle aus Kot, die an heißen Tagen auch noch für eine angenehme Innentemperatur sorgt. Gerührt betrachte ich einen der kleinen Schleimbeutel, der an einem Blattrand nagt.

Die zweite Sendung Nützlinge kommt diesmal schneller an. Sorgsam verteile ich sie in meinem Baum. Ein mühseliges Unterfangen, denn ich will verhindern, dass sie wieder über ihre Artgenossen herfallen und versuche daher, jedem sein eigenes Blatt zuzuweisen. Ich brauche Stunden, bis ich alle Räuber gerecht verteilt habe. Diesmal beginnen sie ohne Umschweife damit, zu tun was zu tun ist. Drei Wochen später ist mein Baum blattlausfrei. Allerdings schwer gezeichnet, er wirkt nur noch wie ein Schatten seiner selbst. Er braucht Wochen, bis er sich von der Blattlausattacke einigermaßen erholt. Die Räuber verpuppen sich nach getaner Arbeit, und kurz darauf schlüpfen die fertigen Insekten. Es beginnt eine kurze, schöne, gemeinsame Zeit. Wohl noch nie hat es auf sechs Quadratmetern eine so hohe Marienkäfer- und Florfliegendichte gegeben. Jeden Tag gehe ich auf den Balkon und beobachte das rege Treiben. Aber sie bleiben nicht lange. Meine arbeitslos gewordenen Vertragsarbeiter verschwinden bald auf der Suche nach neuen Betätigungsfeldern in die Umgebung. Später, als ich mich intensiver und gezielter damit befasse, was die verschiedenen Insekten als Lebensgrundlage brauchen, stoße ich darauf, dass die Schwebfliegen meine eigentlichen Freunde gewesen waren. Sie waren wohl wegen der Blattläuse so zahlreich in meinem Garten erschienen. Denn auch wenn sich die erwachsenen Tiere nur von Nektar ernähren, sind die Larven einiger Arten wahre Blattlausvertilger. Ich frage mich, ob die nützlichen Schwebfliegenlarven oder -puppen möglicherweise von meinen extern angeheuerten Killermaschinen gleich mit erledigt worden sind. Ich werde meine Strategie im nächsten Jahr noch einmal überdenken müssen.

Im Herbst kann ich dennoch wieder ein paar Bleche Pflaumenkuchen backen. »Das sind die Früchte harter ökologischer Arbeit!«, verkünde ich mehrmals mit Nachdruck, ohne dass meine Nachbarn, die ich dazu eingeladen habe, genau verstehen, was ich meine. Viele der Früchte hatten allerdings Würmer. Doch selbst die betrachte ich mittlerweile mit anderen Augen. Sie sind die Larven des Pflaumenwicklers, eines unscheinbaren Falters, der gut als Vogelfutter taugt. Und seine Maden natürlich auch.

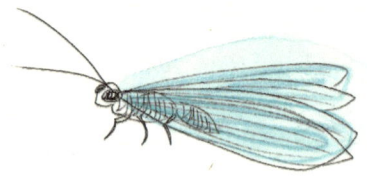

Die fünf effektivsten
Blattlausvertilger in der Reihenfolge
ihrer Gefräßigkeit

1. Marienkäfer – ein Weibchen legt ca. 400 Eier. Jede Larve frisst bis zur Verpuppung 3000 Blattläuse, ein Käfer im Laufe seines Lebens immerhin noch 1000
2. Hainschwebfliegen – ein Weibchen legt 500–1000 Eier, jede Larve frisst bis zur Verpuppung 800–1000 Blattläuse
3. Florfliegen – ein Weibchen legt ca. 500 Eier, jede Larve frisst 200–500 Blattläuse
4. Gallmücken – ein Weibchen legt 100 Eier, jede Larve frisst ca. 50 Blattläuse
5. Blattlausschlupfwespen – ein Weibchen parasitiert bis zu 200 Blattläuse

Weitere Blattlausfresser
(Zahl der Opfer nicht überliefert):

Ohrenkneifer   Kurzflügelkäfer
Laufkäfer   Vögel
Raubwanzen

KAPITEL 8

VON NÜTZLINGEN UND SCHÄDLINGEN

Die Einteilung von Tieren in Schädlinge und Nützlinge fand ich schon immer sehr fragwürdig. Schließlich liegt Nutzen oder Schaden im Auge des Betrachters, und das ist in diesem Fall ganz klar der Mensch, oder besser gesagt, der durchschnittliche Landwirt oder Gartenbesitzer. Aus der Sicht der Natur und der meisten ihrer Bewohner sind zweifellos wir die Schädlinge. Mit unserer Einteilung der Flora und Fauna in Schädlinge und Nützlinge haben wir uns schon oft so richtig in die Nesseln gesetzt, wie das Beispiel der Aga-Kröten und der Krokodile zeigt. Oder auch der Blattläuse und der Schwebfliegenlarven. Wir haben Tiere eingeführt, die gegen Schädlinge vorgehen sollten, die sich dann als die wahren Schädlinge entpuppten, während die ursprünglichen Schädlinge bei genauerer Betrachtung doch ganz nützlich waren. Tatsächlich verrichten viele angebliche Schadinsekten in der Natur eigentlich einen für die Allgemeinheit sehr förderlichen Job, zum Beispiel weil sie abgestorbenes Material entsorgen, wie der Borkenkäfer.

Erst in von Menschen angelegten Monokulturen kann er solche Schäden anrichten, dass er zum Problem wird. Jede Art hat einfach ihre Rolle und ihren Platz im Ökosystem. Nur, manche Lebensweise von Insekten kommt uns zupass, andere nicht. Wenn ein Käfer ganze Ernten zerstört, wie der Kartoffelkäfer, ist er ein gefürchteter Schädling, wenn er andere Schädlinge frisst, wie der Marienkäfer, ist er hochwillkommen. Der Kartoffelkäfer fristete Jahrtausende lang ein friedliches und harmloses Dasein in Mexiko, wo er hauptsächlich den Stachel-Nachtschatten fraß, ein Nachtschattengewächs wie die Kartoffel. Erst als europäische Siedler ihre heimische Kartoffel – die ursprünglich aus den peruanischen Anden kam – in großem Maßstab in Nordamerika anbauten, stieg der Käfer begeistert auf die neue Nahrungspflanze um und wurde zum Schrecken der Kartoffelbauern. Kartoffelkäfer und ihre orangeroten Larven können in kürzester Zeit ganze Felder leerfressen. Von Nordamerika gelangte der Käfer dann vermutlich mit Kartoffelimporten um 1880 auch nach Europa. Mir als Kind wurde allerdings noch erzählt, die Kartoffelkäfer seien im Zweiten Weltkrieg als biologische Waffen von den Amerikanern aus Flugzeugen über Deutschland abgeworfen worden, um eine Hungersnot auszulösen. Doch das entpuppte sich als Nazipropaganda, die offenbar aber so nachhaltige Wirkung gezeigt hatte, dass sie sich bis in unsere Zeit hielt.

Als wir vor einigen Jahren einmal Urlaub an der Ostsee machten, wurden wir am Strand von einer Marienkäferplage heimgesucht. Sie flogen zu Zehntausenden um uns herum, setzen sich auf alles und jeden, und vor allem: Die ach so niedlichen Tierchen bissen sehr schmerzhaft zu. Laut fluchend und mit heulenden Kindern verließen wir fluchtartig den Strand. Es handelte sich, wie ich später in der Zeitung las, um den Asiatischen Marienkäfer, der sich in jenem Jahr offenbar explosionsartig vermehrt hatte, und der, wenn seine Hauptnahrung, die Blattläuse, rar werden, auch alles mögliche andere frisst: von Früchten über organische Abfälle bis hin zu menschlichem Blut. Wer die Geduld zum Zählen hat, erkennt ihn an seinen 19 Punkten und einer w-förmigen Zeichnung am Kopf. Dass es Asiatische Marienkäfer überhaupt bei uns gibt, hat natürlich auch wieder mit uns Menschen zu tun: Weil er ein noch effektiverer Blattlausvertilger ist als seine siebenpunktigen und zweipunktigen europäischen Verwandten, wurde er eingeführt, um in Gemüse- und Obstplantagen für Ordnung zu sorgen. Jetzt befürchten Naturschützer, dass er die heimischen Marienkäferarten verdrängen könnte. Denn er produziert mehr als eine Generation Nachkommen pro Jahr und ist damit sehr viel fortpflanzungsfreudiger als seine heimischen Verwandten. Für den europäischen Zweipunkt-Marienkäfer bringt er sogar Tod und Verderben. Denn der Asiatische Marienkäfer hat seine hauseigenen Parasiten mitgebracht. Er selber ist gegen sie resistent, doch *Adalia bipunktata*, wie der Zweipunkt auf lateinisch heißt, fehlen dafür die Abwehrkräfte. Da der Zweipunkt beim gemeinsamen Blattlausjagen gerne auch zwischendurch mal ein paar Larven des Asiaten mit wegschnabuliert, infiziert er sich und stirbt. So wird am Ende der neue Nützling zum Schädling für den eigentlichen Nützling.

Nach meinen ersten Veröffentlichungen zum Thema insektenfreundliches Gärtnern wurde ich einmal von einem Gartenbesitzer angeschrieben und gefragt, ob ich wüsste, ob die Nacktschnecken, die in seinem Beet eine wahre Plage wären, im Ökosystem auch für irgendetwas gut seien. Die Frage beschäftigte mich eine Weile. Zumal ich einräumen muss, dass ich Nacktschnecken auch nicht leiden kann – wie übrigens die meisten räuberischen Tier- und Vogelarten ebenfalls nicht, die sich sonst, ohne mit der Wimper zu zucken, von allerlei ekligem Gewürm ernähren. Mit Gehäuseschnecken haben sie keine Probleme, doch der zähe Schleim von Nacktschnecken ist auch ihnen unangenehm.

Ich war dennoch durchaus gewillt, den schleimigen Gesellen eine Chance zu geben, ihren ökologischen Nutzen zu manifestieren und recherchierte. Und fand Erstaunliches. Einige Vögel, darunter die Amsel und einige Rabenvögel, fressen tatsächlich doch Nacktschnecken, aber erst, nachdem sie sie in einer aufwendigen Prozedur »entschleimt« haben. Dazu ziehen sie die arme Schnecke mit dem Schnabel immer wieder durch das Gras oder wischen sie wieder und wieder an Steinen ab. Wenn man ihnen dabei zusieht (auf YouTube gibt es sehr unterhaltsame Videos davon), hat man allerdings das Gefühl, dass das ganze Ritual für die Vögel eher psychologische Bedeutung hat, um sich davon zu überzeugen, dass die Viecher doch essbar sind. Igel, Spitzmäuse, Kröten, Frösche, Schlangen, Salamander und Eidechsen fressen die Schleimtiere dagegen auch ohne Entschleimungsbehandlung. Und die Schnecke ist der Schnecke ein Wolf: Der große Tigerschnegel verschlingt seine kleineren Nacktschneckenkollegen wie die Spanische Wegschnecke mit Wonne. Auch davon gibt es Videos im Netz, die ich aber Zartbesaiteten eher nicht empfehlen würde: Godzilla ist nichts dagegen. Die größten Feinde der Nacktschnecken aber sind die Insekten. Diverse Käferarten, darunter große Laufkäfer und Aaskäfer jagen sie, ebenso eine Weberknechtart, der Schneckenkanker. Und: Die Larven des Glühwürmchens ernähren sich vorzugsweise von Schnecken, auch Nacktschnecken. Leider finden all diese Arten, die es in meiner Kindheit noch relativ häufig gab, in unseren sterilen Gärten keinen Lebensraum mehr. Den Glühwürmchen macht noch dazu die Lichtverschmutzung zu schaffen, die es den flugunfähigen Weibchen immer schwerer macht, durch ihr Licht die Männchen anzulocken. Man kann also mit Fug und Recht sagen, dass die Schneckenplage in unseren Gärten ebenfalls hausgemacht ist. Wer Weißdorn, Schlehe und Tierlibäume statt Kirschlorbeer und Thuja pflanzt, hat jedenfalls gute Chancen, sich auch wieder ein paar potenzielle Schneckenfeinde ins Haus zu holen. Wenn das alles nichts hilft, kann man sich immer noch Laufenten zulegen. Und Schneckenkorn? Lieber nicht. Die giftigen Körner töten neben Schnecken auch alle möglichen anderen Tiere als Kollateralschaden. Außerdem verfaulen die toten Schnecken dann überall im Garten, was wieder neue Schnecken anlockt.

Ja, schrieb ich damals an den Gartenbesitzer zurück, auch Nacktschnecken haben einen gottgewollten Sinn in der Schöpfung. Dass wir sie deswegen nicht mögen müssen, steht auf einem anderen Blatt. Erst recht nicht, nachdem sie gerade unser Salatbeet vernichtet haben.

Wie gestört das Verhältnis von Menschen zu Insekten ist, sieht man auch daran, dass in unserer Gesellschaft für die Bekämpfung von Insekten unendlich viel mehr Geld zur Verfügung steht als für die Erforschung ihrer Lebensweise oder den Artenschutz. Viele Entomologen, die ihr Studium eigentlich aus Faszination für die Insekten begonnen haben, finden sich daher am Ende in der Schädlingsbekämpfung wieder. So wie Bill Landsberger. Er ist eine echte Koryphäe auf seinem Gebiet, spezialisiert auf den Kampf gegen Papierfischchen. Und er ist der oberste Kammerjäger bei den Staatlichen Museen zu Berlin. Dort arbeitet und forscht er am Rathgen-Forschungslabor zu Schadinsekten in den Museumssammlungen. Ich war mit ihm einen Vormittag lang für eine Radioreportage unterwegs, weil ich mehr über die sechsbeinige Artenvielfalt im Museum erfahren wollte. Vor allem ging es mir um eben jene ominösen Papierfischchen. Eine kleine Insektenart, verwandt

mit den Silberfischchen in unseren Badewannen, die erst vor ein paar Jahren in Deutschland aufgetaucht und in kurzer Zeit zum Schrecken der Kulturnation aufgestiegen sind. Denn sie verspeisen mit Vorliebe Bücher und Dokumente.

Ein Vormittag im Mai. Wir sind auf Papierfischchenpirsch im Archäologischen Zentrum, einem erst vor wenigen Jahren errichteten Neubau der Stiftung Preußischer Kulturbesitz in Berlin, in das die kleinen Tierchen, sehr zum Leidwesen der Museumsleitung, kurz nach Eröffnung gleich mit eingezogen sind. Landsberger erklärt mir, dass sie auch deswegen eine von Grund auf moderne Plage sind, weil sie Neubauwohnungen lieber mögen als Altbauten. In alten Häusern ist es ihnen schnell zu kalt und feucht. Niemand weiß, wo die Papierfischchen eigentlich herkommen, aber man vermutet, dass sie ursprünglich in den Wüstenregionen Afrikas vorkamen. Deswegen haben sie es auch bei uns gerne trocken und warm. Exakt so wie wir auch. »Papierfischchen sind Kulturfolger des Komfortklimas unserer Zivilisation«, sagt Landsberger dazu. »Früher hatten die Wohnräume bei uns im Schnitt 17 Grad, jetzt sind sie ganzjährig auf 22 Grad eingestellt. Das kommt den Papierfischchen sehr entgegen!«

Sie sind nachtaktiv und verstecken sich am Tag in dunklen Ritzen. Und wenn sie einmal da sind, ist es so gut wie unmöglich, sie wieder loszuwerden. Papierfischchen sind wahrscheinlich ganz zivilisiert mit Umzugskartons nach Deutschland gereist, und zwar aus den Niederlanden, wo sie vermutlich irgendwann einmal per Schiff anlandeten. Nahrung finden sie bei uns genug. Sie lieben Zellulose, wie wir sie in rauen Mengen in unseren Bibliotheken, Archiven und Museen für sie bereithalten. Mit ihren Mundwerkzeugen raspeln sie die Oberfläche der Papierseiten so lange ab, bis sie dünn und fadenscheinig werden und die Schrift nicht mehr lesbar ist. »Abweiden«, nennt das Landsberger und sagt, dass für die Kulturinstitutionen der Informationsverlust durch die Papierfischchen schwerer wiegt als der Materialverlust. Man stelle sich nur vor: Papierfischchenbefall in der Stasiunterlagenbehörde! Oder im Archiv des Bundesnachrichtendienstes! So manch einer, denke ich, dürfte die Tierchen durchaus als Nützlinge betrachten.

Doch für die Museen sind sie eine Katastrophe. Dabei sind die Papierfischchen eigentlich sehr effiziente Resteverwerter. Recycler, würde man heute sagen. Sie können in so lebensfeindlichen Umgebungen wie Archiven, Bibliotheken und Museen überleben, weil sie sich als Nahrung mit extrem nährstoffarmen organischen Materialien begnügen. Also mit biologischen Abfällen, die sonst kein anderes Tier mehr verwerten kann. Bloß, dass diese Art der Abfallverwertung im Biotop Museum sehr unerwünscht ist. Ähnlich ist es mit Brot- und Teppichkäfern, mit Termiten und Motten, die ebenfalls in Museen an unserem Kulturerbe nagen, wo immer sie die Gelegenheit dazu bekommen.

»Man muss es mal so sehen«, ergreift Landsberger für die Insekten Partei. »In Museen entnehmen wir organische Materialien dem ökologischen Kreislauf. Wir versuchen, ihren natürliche Zerfallsprozess aufzuhalten. Und das ist nicht im Sinne der Insekten, die in der Natur die Abfallverwertung übernehmen. Die machen nur ihren Job.«

Die Papierfischchen im Archäologischen Zentrum kann er zwar nicht wieder loswerden, er hat sie aber ganz gut unter Kontrolle. Sämtliche eingehenden Postsendungen, Papierlieferungen und Leihgaben werden einer Tiefkühlbehandlung unterzogen, um mögliche neue Eindringlinge abzutöten. Bücher und Akten sowie die altägyptischen Mumienmasken aus Kartonage, auch sie potenzielles Futter, werden entweder in geschlossenen Schränken verwahrt oder auf speziellen Regalen untergebracht, die so glatt sind, dass die Tiere nicht an ihnen hochklettern können.

»Welches ist denn das Insekt, das den meisten Schaden in Museen anrichtet?«, frage ich ihn, während wir auf der Suche nach Papierfischchen durch die Flure laufen. Er muss keine Sekunde überlegen. »Die Kleidermotte! Überall dort, wo es Naturtextilien gibt. Die hat schon ganze Vitrinen vernichtet.«

Ich erfahre, dass Kleidermotten außerhalb von menschlichen Behausungen in der Natur gar nicht mehr überleben können. Sie sind zu Haustieren geworden, die ähnlich wie Couchsurfer von Wohnung zu Wohnung hoppen. Auch von ihnen weiß man nicht, woher sie ursprünglich stammen, und wovon sie einmal gelebt haben, als es noch keine von Menschen gefertigte Kleidung gab. Lange hat man geglaubt, dass die Römer sie wie das Veilchen mit über die Alpen nach Mitteleuropa gebracht haben. Aber heute weiß man, erzählt Landsberger, dass sie sehr wahrscheinlich ebenfalls aus Afrika stammen.

»So, wen haben wir denn hier?« ruft Landsberger erfreut aus. In einer seiner zahleichen Fallen, die er zur Bestandskontrolle aufgestellt hat, zappeln tatsächlich kleine flinke Insekten herum. Papierfischchen! Unsere Expedition ins Tierreich war erfolgreich. Bis zu drei Zentimeter groß können sie werden, es sind wendige, vielgliedrige Tiere, die Krebschen sehr ähnlich sehen, mit zwei langen gebogenen Antennen vorne am Kopf und einem dreifach gegabelten Schwanz. Ich finde sie sehr hübsch.

»Was machen Sie jetzt mit denen?«, frage ich anteilnehmend, während Landsberger sie in einen mitgebrachten Behälter schüttelt.

»Die werden schonend eingefroren. Oder ich nehme sie mit ins Labor, da halte ich mir ein paar, um ihre Verhaltensweisen näher zu erforschen.« Seine Sympathie für die Tiere, die er eigentlich bekämpfen soll, ist unüberhörbar.

Früher hat man in Museen jahrzehntelang Unmengen an Gift eingesetzt, um Schädlinge zu bekämpfen, darunter auch großzügig Arsen und DDT. Die organischen Objekte in Depots und Vitrinen sind deswegen zum großen Teil so toxisch, dass sie nur noch mit Atemschutzmasken und Ganzkörperschutzanzügen angefasst werden dürfen. Heute, erklärt mir Landsberger, setzt man mehr auf biologische und physikalische Schädlingsbekämpfung. Gegen die Papierfischchen wird eine bestimmte Erde – Diatomeenerde – ausgestreut, die aus sehr scharfkantigen Partikeln besteht. Wenn die Tiere darüber laufen, wird ihr Schutzmantel zerstört und sie trocknen aus. Gegen Kleidermotten setzt Landsberger im Museum Schlupfwespen ein. Winzige Mikroinsekten, noch winziger als meine Blattlauskiller, gerade mal so groß wie das Komma in einem Zeitungstext. Die aber unter der Lupe betrachtet alles haben, was eine richtige Wespe braucht: Fühler, Taille, Hautflügel und sechs Beine, nur eben in Miniaturausgabe. Sie legen ihre Winzeier in die Eier von Motten, aus denen dann kein Nachwuchs mehr schlüpft. Aus dem Blickwinkel der Museumsleute ist *Trichogramma evanescens*, so heißt die Wespe, ein äußerst nützliches kleines Tier. In den Augen einer Mottenmutter ist sie ein kindermordendes Monster. Womit wir wieder beim Punkt wären. Wer in der Insektenwelt am Ende was ist, liegt immer im Auge des Betrachters.

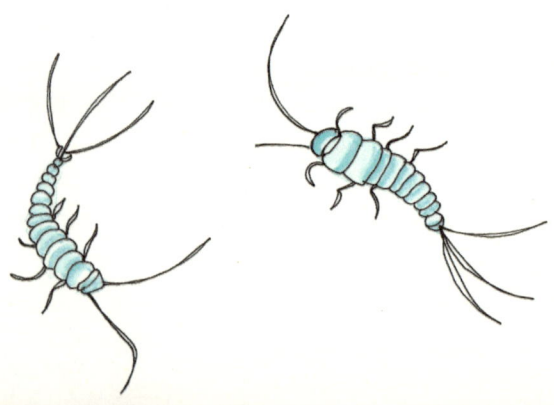

KAPITEL 9

GRILLENEXPERIMENTE

Das Frühjahr ist prall und fettig, und in Berlin singen die Vögel. Ich bin wieder einmal dankbar darüber, wie viele Arten uns selbst hier, mitten in der Stadt, die Treue halten, obwohl wir alles tun, um ihnen das Leben so schwer wie möglich zu machen. Im Winter hat das Grünflächenamt wieder die Büsche »auf Stock« geschnitten, sodass die Spatzen, die noch im vergangenen Jahr darin gebrütet haben, heimatlos geworden sind. Dennoch: Grünfinken und Stieglitze streifen in kleinen Trupps durch das Viertel. Die Spatzen bevölkern lautstark das alte Schulgebäude gegenüber, Mauersegler jagen in rasantem Flug um die Dächer. Am Kirchturm in der Nähe brüten die Turmfalken. Kohl- und Blaumeisen trillern ohne Ende, sie müssen irgendwo in der Nähe einen Nistplatz gefunden haben. Frühmorgens singen die Amseln, und ja, auch die Klappergrasmücken lassen wieder ihren leiernden Gesang hören. Doch ich bin beunruhigt. Dass die Vögel singen, heißt erst einmal nur, dass sie ihre Reviere besetzt haben. Ob sie auch genügend Insekten finden, um ihre Brut aufzuziehen, ist damit noch lange nicht gesagt. Immerhin, in meinem Garten ist der Tisch jetzt reichlicher gedeckt als anderswo. Und auch in der Umgebung hat sich das blühende Unkraut auf wundersame Weise vermehrt. Aber wird das schon reichen, um ausreichend Insekten anzulocken, damit die diesjährigen Singvogelbruten erfolgreich sind?

Auch auf unserem Dach ist eine kleine Oase entstanden. Mein ganzer Stolz sind die Duft-Nachtkerzen, die erst in der Dämmerung ihre Blüten öffnen. Ich gebe zu, sie sind keine heimische Art. Sie stammen aus Amerika, wurden im 17. Jahrhundert als Zierpflanzen nach Europa gebracht und haben sich seitdem als Neophyten weit verbreitet. Macht nichts, ich liebe sie trotzdem. Nachtkerzen sind magische Pflanzen. Immer wieder sitzen wir abends mit einem Weinglas daneben und versuchen, den Moment abzupassen, wenn eine Blüte sich öffnet. Wir können sie eine halbe Stunde lang mit tränenden Augen anstarren, ohne dass sie sich rührt, die Knospe bleibt geschlossen. Dreht man sich einmal um, um den Wein zu entkorken, ist die herrliche gelbe Blüte geöffnet. Es ist ein Mysterium. Hat die Pflanze besondere Sensoren dafür, ob sie beobachtet wird oder nicht? Wenn, dann wären sie sicherlich von großem Interesse für die Forschungsabteilungen von Bionikunternehmen, die den Mechanismus weltweit für Geheimdienste nutzbar machen könnten.

Ich habe meine Nachtkerzen gepflanzt, um Nachtfalter anzulocken, die sich dann wiederum von Fledermäusen fressen lassen sollen. So jedenfalls mein ausgefuchster Plan. Dabei weiß ich gar nicht, ob es noch Fledermäuse bei uns gibt. Noch vor zehn Jahren konnte man sie in der Dämmerung regelmäßig durch die Hinterhöfe der Altbauviertel flattern sehen. Doch da gab es auch noch viel mehr Stadtbrachen, unsanierte Gebäude und unbebaute Grundstücke. Und damit auch noch mehr Nachtfalter. Zumindest nahe der Museumsinsel wurde ihre Noch-Existenz ganz offiziell bestätigt: Seit Jahren kann das Freiheits- und Einheitsdenkmal auf der Berliner Schlossfreiheit nicht gebaut werden, weil sich im Gewölbe des Sockels auf der Spreeinsel geschützte Wasserfledermäuse angesiedelt haben. Und die Zitadelle in Spandau gehört zu den bedeutendsten Fledermauswinterquartieren in Europa. Zwölf einheimische Arten, insgesamt zehntausend Tiere, verschlafen jedes Jahr in den Gemäuern die kalte Jahreszeit. Die Zitadelle ist wegen ihrer Bedeutung für die Winterschläfer als Flora-Fauna-Habitat unter strengen Naturschutz gestellt worden. Insofern öffnen meine Duft-Nachtkerzen vielleicht doch nicht umsonst allabendlich auf dem Dach ihre Blüten.

So weit zu den Fledermäusen. Und die Vögel? Angestrengt grübele ich darüber nach, wie ich ihnen in der Brutzeit noch mehr unter die Flügel greifen könnte. Bereits vor Wochen habe ich damit begonnen, die lebenden Mückenlarven, mit denen ich meine Aquarienfische füttere, gerecht aufzuteilen. Eine Portion für die Fische, die andere für die Vögel. Dazu gebe ich die Larven in ein großes wassergefülltes Glas auf dem Balkon, damit sie sich dort zu adulten Mücken entwickeln können. Zusammen mit Fliegen, Spinnen und geflügelten Blattläusen sind sie die Hauptnahrung der Mauersegler. Ich denke darüber nach, im Garten eine Regentonne aufzustellen. Mücken würden sich dort mit der Zeit ganz von alleine ansiedeln.

An einem Samstag, beim Katzenfutterkaufen in der Zooabteilung des Gartencenters, kommt mir eine neue Eingebung. Ich schiebe meinen Wagen gerade an einem Regal mit Reptilienfutter vorbei, als es mir leise aus kleinen Plastikschälchen entgegenzirpt. Es sind Grillen, 50 Stück pro Packung, deren einziger deprimierender Daseinszweck darin besteht, an alle möglichen Terrarieninsassen verfüttert zu werden. Das Sortiment besteht aus Wanderheuschrecken und Heimchen. Von den Wanderheuschrecken lasse ich lieber die Finger. Ich will schließlich keine biblische Plage auslösen. Doch bei den Heimchen greife ich zu. Auf dem Rückweg, während die Tiere in meinem Kofferraum leise zirpen, googele ich vorsichtshalber noch einmal nach: Gott sei Dank, es handelt sich tatsächlich um eine europäische Grillenart. Zwar kommt sie eher im Mittelmeerraum vor, von dort aus hat sie sich allerdings bereits ganz von alleine bis nach Süddeutschland vorgearbeitet. Wunderbar, denke ich, dank des Klimawandels müssten sie auch in Berlin klarkommen.

Zu Hause gehe ich in den Garten und öffne die Deckel der Plastikbehälter. Gerührt sehe ich zu, wie die Tierchen ins Freie kriechen. Sie krabbeln ganz benommen über die frische Erde. Kein Wunder, schließlich haben sie bis dahin von der Welt noch nichts anderes gesehen, als die zehn Zentimeter Eierkarton, der ihnen in ihrer Plastikheimat als Unterschlupf dienten. Ich fühle mich als Wohltäterin. Ein Heimchen wird sofort todesmutig von einer unserer Katzen erbeutet. Die anderen aber bewältigen ihre ersten Schritte in Freiheit unbeschadet und verkriechen sich im Gras und unter Blättern. Sie fangen sofort an zu zirpen. Einige der Grillen werden sicher in den hungrigen Schlünden der Jungvögel landen. Keine schöne Aussicht, zugegeben, doch besser, als mit hundertprozentiger Sicherheit als Echsenfutter zu enden. Jetzt haben sie wenigstens eine faire Chance. Vielleicht, denke ich, werden die Überlebenden ja eine neue, prosperierende Population von Prenzlauer-Berg-Heimchen gründen.

Zu späte bemerke ich, dass ich beim Freilassen der Grillen von meiner Nachbarin beobachtet wurde. Ich muss sie einweihen. Interessiert hört sie sich meine Schilderungen von Bienen und Blumen, Vögeln und Tierlibäumen an. Zum Glück ist sie wohlwollend. Nur von meiner Mückentonne ist sie nicht so begeistert. Es ist ein lauer Abend. Gemeinsam sitzen wir noch bis in die Nacht hinein auf ihrer Terrasse, trinken Bier und lauschen dem neuen Mittelmeerflair in unserem Garten. Um uns herum singen die Heimchen, dass es eine Freude ist.

Am nächsten Tag rufe ich Gerlind Lehmann an. Ich will wissen, unter welchen Bedingungen Grillen und

andere Heuschrecken in der Stadt überleben können. Die Biologin kennt sich gut aus mit Grashüpfern, so gut, dass sogar eine Heuschreckenart nach ihr benannt wurde. Für eine Heuschreckenforscherin ist das so etwas wie eine Erhebung in den Adelsstand. Poecilimon gerlindae ist ein behäbig aussehender, eher untersetzter grün-roter Grashüpfer, den sie vor über zehn Jahren gemeinsam mit ihrem Mann in der Nähe von Korinth in Griechenland entdeckt hat. Bis dahin war Poecilimon gerlindae den Griechen offenbar noch nicht weiter aufgefallen. »In Griechenland interessiert sich kein Mensch für Heuschrecken!«, bedauert Lehmann. »Da will man meistens nur wissen, wie man sie am effektivsten umbringen kann!« Dabei ist das warme und trockene Mittelmeerland ein Eldorado für Heuschrecken, über 400 Arten leben da. Doch das einzig existierende Buch über griechische Heuschrecken wurde von einem Niederländer verfasst.

In Deutschland allerdings haben die Tiere es auch schwer. Auch wenn sie als lustige Heupferdchen und Grashüpfer eher zu den Sympathieträgern unter den Insekten gehören, leiden sie extrem unter der modernen Landwirtschaft. Ihre Zahl ist stark zurückgegangen, über die Hälfte der 86 nachgewiesenen Arten stehen auf der Roten Liste der gefährdeten Tiere. Und in der Stadt, sagt Lehmann, sieht es für die Heuschrecken auch nicht sonderlich rosig aus. Dabei brauchen zumindest die verschiedenen Arten der Feldheuschrecken eigentlich nur Gras, wie es in jedem Garten und Park wächst. Aber eine Wiese muss es schon sein, kein überdüngter englischer Rasen. Gerne mit ein paar großen Bäumen drauf. Und sie muss groß genug sein, denn Grashüpfer sind Leckerbissen für viele andere Tiere, von Spinnen bis zu Vögeln. Damit von 100 Eiern, die die Tiere in den Boden legen, ein paar Jungtiere überleben und erwachsen werden, muss es genügend Fläche und Versteckmöglichkeiten geben. »Spatzen zum Beispiel lieben Heuschrecken. Wenn das Gras zu kurz ist, können sie sich nicht verstecken und werden so zur leichten Beute!«, sagt Lehmann.

Der größte Feind der Heuschrecken aber ist der Rasenmäher. Getoppt höchstens noch vom Laubsauger. »Wenn Sie eine möglichst tierfreie Umgebung haben wollen, dann benutzen Sie diese Geräte! Die sind energetisch und biologisch der größte Blödsinn!«, schimpft Lehmann. Für Insekten, erfahre ich, sind die motorisierten, stinkenden Laubsauger, die mit der Lautstärke von Presslufthämmern durch die Straßen und Parks rattern, so etwas wie todbringende Höllenmaschinen. Millionenfach werden damit Kleinstlebewesen aufgesaugt und zerstückelt. Für den Sog, schreibt der NABU, werden Luftgeschwindigkeiten bis zu 160 Stundenkilometer und Saugleistungen von etwa zehn Kubikmetern pro Minute erzeugt. Käfer, Spinnen, Tausend-

füßler, Asseln und selbst Frösche können sich dem Turboblas- und Saugstrom kaum entgegenstemmen.

Bei Laubsauggeräten mit Häckselfunktion werden die Tiere meist im gleichen Arbeitsgang zerstückelt. Nein, effektiver kann man in der Natur wirklich nicht aufräumen. Ob es für die Mitarbeiter der Gartenbetriebe so angenehm ist, sich dem Lärm und den Abgasen auszusetzen, statt die Harke zu benutzen, sei dahingestellt. Und an vielen Stellen könnte das Laub auch einfach liegen bleiben, denn in ihm überwintern zahlreiche Insekten, Igel und andere Kleintiere.

Dabei haben Heuschrecken mit dem Mähen eigentlich gar nicht so ein großes Problem. Vor einem Rasenmäher, der ab und an über eine Wiese gefahren wird, können die Tiere davonhüpfen. Aber, erklärt Lehmann, leider wird es mit dem Ordnungswahn übertrieben. Das häufige und extrem kurze Mähen mit stark saugenden Mähern, wie es in vielen Parks und Gärten die Regel ist, sei eine regelrechte Grashüpfervernichtungsaktion. Die kleinen Heuschreckenbabys, die aussehen wie eine Miniaturausgabe ihrer Eltern, werden von den großen Maschinen einfach weginhaliert.

»Was kann man also tun, um Heuschrecken in der Stadt das Leben zu erleichtern?« frage ich.

»Weniger Mähen wäre gut«, antwortet Lehmann. »Aber es hilft auch schon, nicht so früh im Jahr zu mähen, solange die Larven noch klein sind. Jeder Gartenbesitzer, der seinen Rasen in eine naturnahe Wiese umwandelt, schafft potenziellen Lebensraum für Heuschrecken. Und mit den Gartenbauämtern experimentieren wir bereits mit Mähern, die höher ansetzen.«

Ohnehin führt das extrem kurze Schneiden des Grases dazu, dass die Fläche schnell austrocknet. Wie es in Berliner Stadtparks, die noch dazu viel genutzt werden, im Sommer regelmäßig der Fall ist. »Dann stirbt sowieso alles, was darin lebt. Ist eigentlich eine Binsenweisheit! Aber es muss ja unbedingt immer alles so ordentlich aussehen!«, schimpft Lehmann. Und fügt hinzu: »Am liebsten sind mir Parks in Bezirken, in denen das Geld knapp ist. Weil sie da nicht alles kurz und klein mähen.«

Ich erfahre noch einiges Interessante von ihr. Zum Beispiel, dass es auch viele Heuschreckenarten gibt, die nicht im Gras, sondern auf Bäumen leben. Von denen bekommen wir gar nicht viel mit. Und manche Heuschrecken sind auf ganz spezielle Umgebungen spezialisiert. Wie die winzige Ameisengrille, die in Ameisenhaufen lebt. Sie wird nur drei Millimeter groß, duftet nach Ameise und lässt sich von ihren Gastgebern, die sie nicht als Eindringling erkennen, mit Nahrung versorgen. Unsere Ameisengrillen sind zudem konsequente Feministinnen. Sie haben eine Möglichkeit gefunden, auch bei der Fortpflanzung ganz auf Männchen zu verzichten. Bislang wurde jedenfalls noch nie eine männliche Ameisengrille gesichtet, während andere, ihr verwandte Arten im Mittelmeerraum ganz gewöhnlich als Männchen und Weibchen vorkommen.

Andere Arten wühlen sich durch die Erde, wie die Maulwurfsgrillen, die mit ihren Grabschaufeln wie kleine Maulwürfe aussehen. Ein einziges Mal habe ich in meinem Leben eine tote Maulwurfsgrille gefunden.

Und es war ein ähnlich prägendes Erlebnis wie die Gelbrandkäferlarve in meiner Kindheit. Das riesige Insekt erschien mir wie eine Chimäre, ein Mischwesen, das aussah, als sei es völlig willkürlich aus verschiedenen Teilen zusammengesetzt worden. Hinten Grille, in der Mitte ein drachenähnliches Wesen mit verkümmerten Stummelflügeln, vorne Schaufelbagger. Wer sich dieses Tier ausgedacht hat, konnte sich eindeutig nicht entscheiden, was für eine Art er da erschaffen wollte. Die Maulwurfsgrillen sind keine Ausgeburt an Schönheit, was vielleicht auch dazu beiträgt, dass sie von Gartenbesitzern erbittert bekämpft werden. Weil sie an den Wurzeln von Pflanzen fressen, wurden sie an den Rand der Ausrottung gebracht. Dabei sind sie selbst in Gärten wahrscheinlich eher nützlich als schädlich, denn sie ernähren sich hauptsächlich von in der Erde lebenden Insekten und deren Larven.

»Und die Heimchen?«, frage ich möglichst beiläufig. Könnten die sich auch zum Beispiel in Berlin etablieren?

»Oh, die Heimchen sind Kulturfolger des Menschen. Die stammen ja aus dem Süden, die Winter hier bei uns können sie meist nur in menschlichen Behausungen überleben. Deswegen heißen sie ja auch Heimchen«, antwortet Lehmann.

Natürlich, denke ich, Heimchen! Darauf hätte ich auch selber kommen können! Ich bin ein bisschen in Sorge. 50 singende Heimchen im Haus könnten zu einem Problem werden. Jetzt hoffe ich noch inständiger darauf, dass die Vögel bis zum Winter die Reihen lichten werden.

Zu Hause herrscht dicke Luft. Frida beklagt sich, dass sie in ihrem Zimmer von Mücken zerstochen wird. »Das sind doch bestimmt deine!« beschwert sie sich. Ich beteuere meine Unschuld. »Meine Mückenlarven tun sowas nicht«, weise ich jeden Verdacht von mir, »sie gehören zur Gruppe der harmlosen Büschelmücken, die nicht stechen.«

Frida sieht mich misstrauisch an. »Klingt ausgedacht«, sagt sie trocken und verschwindet in ihrem Zimmer.

Auch meine Nachbarin führt Klage. Eines meiner Heimchen hat sich dauerhaft unter ihrem Schlafzimmer eingenistet und zirpt dort jede Nacht so laut, dass ihre Tochter nicht mehr schlafen kann. Ich verspreche, nach dem Übeltäter zu suchen. Doch die Heimchen sind Könige der Ritzen. Tagsüber ist es schwer, sie ausfindig zu machen. Erst abends, wenn sie mit ihrem Gesang loslegen, hat man eine Chance. Und dann machen sie es ähnlich wie die Nachtkerzen. Immer wenn man sich nähert, verstummen sie, und erst wenn man ihnen den Rücken kehrt, fangen sie wieder an zu zirpen. Vorsichtshalber erzähle ich meiner Nachbarin nicht, dass auch die Lilienhähnchen leise singen.

Auch sonst ist der Weg der wahrhaft Gerechten steinig. In mühsamer Missionarsarbeit hatte ich andere Nachbarn davon überzeugt, ihre Geranien auf dem Balkon gegen insektenfreundlichere Pflanzen auszutauschen. »Ein kleiner Schritt für euch, ein großer Schritt für die Stadtnatur!«, lobte ich sie.

Doch als ich zwei Tage später von der Arbeit nach Hause komme, finde ich die Geranien ordentlich eingepflanzt im Kübel mitten im Hof stehen. »Schauen Sie, die habe ich in der Biotonne gefunden!«, begrüßt mich der Hausmeister freudig. »Ich habe sie in diesen Topf gepflanzt. Na, ich wusste doch, dass ich Ihnen damit eine Freude machen würde! Wo Sie doch Blumen so mögen!«

Ich bringe es nicht übers Herz, ihn zu enttäuschen und die Geranien wieder herauszureißen. Obwohl ich sie mit Nichtachtung strafe und nur manchmal mit ausgestrecktem Arm ein bisschen gieße, entwickeln sie sich prächtig und blühen, als ginge es ums Überleben. Ich muss zugeben, dass sie ganz hübsch aussehen in unserem Hof. Was soll's, denke ich schließlich, eine Geranie macht noch kein Insektensterben.

Wenigstens konnte ich den Hausmeister davon überzeugen, den Rasen nicht mehr so häufig zu mähen. Jetzt lässt er ihn länger wachsen und mäht sogar extra für mich sorgfältig um die kleinen Inseln mit Gundermann und Gänseblümchen herum.

Zwei Wochen später treffe ich eine andere Nachbarin im Supermarkt. Wir reden übers Wetter. »Schon wieder so ein heißer Sommer! Jetzt haben wir sogar schon Grillen im Garten! Hast du die auch gehört?«, fragt sie mich.

»Oh, wirklich?« sage ich möglichst beiläufig. »Ist ja 'n Ding. Ist mir noch gar nicht aufgefallen.«

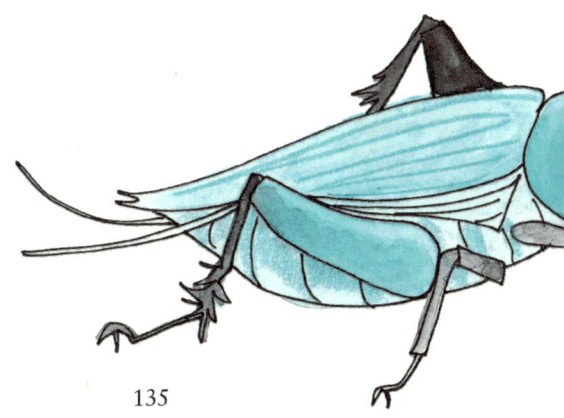

KAPITEL 10

EXKURS: WARUM WIR EINE GRASWURZELREVOLUTION BRAUCHEN

Um 1830 herum machte ein Engländer namens Edwin Beard Budding in England eine Erfindung, die im wahrsten Sinne des Wortes bodenbereitend war. Ich hatte bis vor Kurzem noch nie von Budding gehört, doch das war eine sträfliche Unkenntnis meinerseits, denn wohl kaum eine Neuerung hat unseren Alltag und unsere Wochenenden so sehr geprägt wie seine Entdeckung. Europas und Amerikas Vorstädte wären ohne dieses Gerät nur ein Schatten ihrer selbst. Millionen von Familienvätern in aller Welt müssten sich andere Spielzeuge und eine neue Beschäftigung suchen, denn sie hätten auf einmal Unmengen an Zeit. Nicht auszudenken, wenn sie sich auf einmal mit ihren Frauen unterhalten oder mit ihren Kindern spielen müssten. Vielleicht würden sie aber auch auf den Geschmack kommen und einfach nur in ihren Gärten sitzen, die Beine hochlegen und gar nichts tun. Das wäre für die Natur eindeutig ein großer Gewinn.

Die Rede ist, man ahnt es schon, vom Rasenmäher. Bis zu seiner Erfindung waren Rasenflächen ein Privileg des Adels. Wer sonst konnte es sich leisten, auf wertvollem Land ein süßes grünes Nichts zu pflanzen? Statt für Kohl, Kartoffeln oder Rüben wurde unglaublich viel Mühe, Zeit und Arbeitskraft (natürlich nicht die eigene) darauf verwendet, völlig unproduktive Grashalme durch ständiges Abschneiden am Wachsen zu hindern. Noch nicht einmal Vieh konnte man darauf weiden lassen, denn das hätte das Gras zertrampelt. Ein gepflegter, grüner Rasen, schreibt der israelische Historiker Yuval Noah Harari in seinem Buch »Homo Deus«, war ein Herrschafts- und Statussymbol, der lautstark von der Privilegiertheit seines Besitzers kündete. »Ich, der ich hier wohne, bin so reich und mächtig und besitze so viel Grund und Boden, dass ich mir diese grüne Extravaganz leisten kann.« Je größer und perfekter der Rasen, desto mächtiger das Adelsgeschlecht. Wenn überhaupt, wurde das luxuriöse Grün an wenigen Tagen im Jahr für aristokratischen Müßiggang genutzt, für gesellschaftliche Ereignisse und Spiele. Ansonsten galt für jedermann: Betreten strengstens untersagt!

Wenn schon damals wenigstens der Rest der Gesellschaft auf diese Marotte der Aristokraten gepfiffen hätte, wäre uns vieles erspart geblieben. Doch die Gleichung »Kurzes unnützes grünes Gras = Macht« hatte sich etabliert und funktionierte auch dann noch hervorragend, als das Bürgertum an Einfluss gewann. So umgab der Rasen bald auch Regierungs- und Parlamentsgebäude, oberste Gerichtshöfe und Ministerien. Die Ehrfurcht vor dem gepflegten Grün der Obrigkeit blieb in der Volksseele tief verwurzelt. Was Lenin 1918 angesichts der eher harmlos verlaufenden Revolte der deutschen Arbeiter und Matrosen zu dem Spott veranlasste: »In Deutschland findet die Revolution nicht statt, weil das Betreten des Rasens verboten ist!«

Mit der Erfindung des Rasenmähers aber wurde die exklusive Grünfläche erst für weite Teile der Bevölkerung erschwinglich. Der Textilingenieur Budding hatte sich das Prinzip – gegeneinander rotierende Messer, die an einer Walze befestigt waren – von Stoffschneidemaschinen abgeguckt. Waren bis dato noch Dutzende Bedienstete mit Sensen notwendig, um eine Rasenfläche akkurat zu mähen, konnte dies nun auch ein einzelner Mann erledigen. Auch wenn das erste Gerät, das Budding entwickelte, noch ein so schweres Ungetüm war, dass es eine Plackerei gewesen sein muss, es über den Rasen zu schieben. Er selbst pries seine Maschine daher auch als Sportgerät an: »Country gentlemen may find, in using my machine themselves, an amusing, useful and healthy exercise.«

Der Siegeszug des Rasenmähers und damit auch des Rasens war von nun an nicht mehr aufzuhalten. Bis 1848 konnten bereits 7000 Exemplare des Buddingschen Spindelmähers verkauft werden. Und schon 1902 wurde der erste Mäher erfunden, der von einem Motor angetrieben wurde. Nun konnte es sich auch die bürgerliche Mittelklasse leisten, Rasen um ihre Häuser herum anzulegen und zu pflegen. Am radikalsten war der Siegeszug des englischen Rasens in den USA. In weniger als einem Jahrhundert habe Amerika einen grünen Mantel aus Gras über den Kontinent gelegt, schreibt der amerikanische Journalist Michael Pollan. In Amerika wurde der »front lawn«, der ganze Wohnviertel in eine riesige gepflegte Rasenlandschaft verwandelt, zum Ausdruck eines demokratischen Gleichheitsanspruchs: jedem freien amerikanischem Bürger sein Aristokratenrasen! Von da war es nur noch ein kleiner Schritt, bis der perfekt manikürte Rasen zum Statussymbol einer heilen Mittelklassewelt mutierte.

In vielen Gemeinden in den USA ist das regelmäßige Mähen des Rasens vorgeschrieben, bis hin zur Definition einer maximalen Halmlänge, die nicht überschritten werden darf. Und wehe, jemand widersetzt sich, und sei es aus reinem Nonkonformismus. »Über den grünen Rasen-Vorstädten in Amerika schwebt ein unverwechselbarer Duft nach Tugend«, schreibt Pollan. Und er stellte schon 1984 in der New York Times die ketzerische Frage: Why mow? Warum mähen? Denn damit der Rasen zu dem ebenmäßigen, weichen, sattgrünen Teppich wird, der er sein soll, ist unfassbar viel Arbeit notwendig. Er muss einmal wöchentlich gemäht werden. Dazu regelmäßig gedüngt und vertikutiert. Schädlinge müssen mit Pestiziden, Unkraut mit Herbiziden, Pilze mit Fungiziden behandelt werden. Er habe sich während der vier Stunden, die er jeden Samstag auf seinem elektrischen Rasenmäher verbracht habe, gefragt, wer eigentlich dabei der wahre Sisyphus sei. Er? Oder das Gras, das jede Woche wieder vergeblich versuche, aus dem Boden zu sprießen, neue Zellschichten aufzubauen, um sofort wieder abgeschnitten zu werden. Um dann, Gipfel der Perversion, mit viel Dünger zum erneuten Wachsen angestachelt zu werden, damit alles wieder von vorn beginne.

»Rasen mag demokratisch gegenüber den Nachbarn sein«, schreibt Pollan. »Gegenüber der Natur ist er autoritär. Unter der brutalen Gewalt eines Rasenmähers wird die natürliche Landschaft unterworfen, gleichgeschaltet und unterjocht.«

Dennoch dauerte es Jahre, bis sich Pollan innerlich und äußerlich von der bürgerlichen Rasendiktatur befreit hatte. Peu à peu wagte er es, Rasen für Blumenbeete, Gemüse und sogar Hecken weichen zu lassen. Am Ende behielt er nur eine kleine Fläche übrig, die er regelmäßig von einem Nachbarjungen mähen ließ, eher ein Relikt. »Ich gelangte zu der Überzeugung, dass Rasenpflege mit Gärtnern so wenig zu tun hat wie das Wachsen von Böden oder das Asphaltieren von Straßen«, schrieb er. »Gärtnern ist ein subtiler Prozess des Gebens und Nehmens, die Suche nach einem Mittelweg zwischen Kultur und Natur. Ein Rasen dagegen ist Natur, die von der Kultur mit Stiefeln getreten wird.«

Warum ich diesen kleinen historischen Exkurs über den Rasen schreibe? Weil er weltweit die mit Abstand häufigste Gartenpflanze ist. Selbst in Wüstenstaaten wie Dubai oder Katar werden mit Unmengen an Wasser unfassbar grüne Rasenflächen unterhalten. Rund um den ganzen Globus wird durch unproduktiven Rasen so viel wertvoller Boden der sinnvollen Nutzung entzogen, werden solche Mengen an Ressourcen und Arbeitskraft darauf verschwendet, dass Bill Mollison, der Begründer der Permakultur – eine Bewegung, die sich für nachhaltige Landwirtschaft und Gartenbau einsetzt – vorschlug, Rasen weltweit mit einer Luxussteuer von fünf Dollar pro Quadratmeter zu belegen.

Auch in deutschen Siedlungen und Gärten reiht sich ein gepflegter grüner Teppich an den nächsten. Leider steht die Beliebtheit des Rasens im diametralen Gegensatz zu seinem ökologischen Nutzwert. Der tendiert nämlich gegen Null.

Als Lebensraum ist er eine Niete. Wenn es hochkommt, wachsen vier bis fünf Grasarten auf einem Quadratmeter Rasen. Die Halme stehen so dicht, dass dazwischen im wahrsten Sinne des Wortes kein Blatt passt. Im Vergleich dazu können auf der gleichen Fläche einer blütenreichen Wiese bis zu 60 verschiedene Pflanzenarten wachsen – die wiederum Nahrung bieten für zahlreiche Tiere. Noch dazu ist Rasen klimaschädlich. Das wenige, was das Gras durch Photosynthese an CO_2 speichert, wird durch die Abgase der Rasenmäher und den eingesetzten Dünger um ein Vierfaches zunichte gemacht, wie Forscher der University of California in Irving herausfanden. Denn aus dem sich zersetzenden Dünger wird das klimaschädliche Lachgas freigesetzt. Vor diesem Hintergrund bekommt die Zahl 1,8 Millionen ein ganz anderes Gewicht. So viele Hektar sind allein in Deutschland mit Rasen bedeckt.

Wer jetzt findet, das sei aber eine fette Moralkeule dafür, dass man einfach nur gerne in seinem Garten auf dem Rasen sitzt, der hat sicher recht. Rasen gehört zum Freizeitleben dazu, was wäre Fußball, was wäre ein Picknick ohne Rasen? Doch Sitzen, Spielen und Grillen kann man auch auf einer Wiese. Und damit aus Rasen eine Gartenwiese wird, genügt es schon, Dünger und Gifte wegzulassen und einfach weniger zu mähen. Schon wer das Gras ein paar Zentimeter länger stehen lässt, wird erleben, dass sich nach kurzer Zeit zwischen die Halme ein paar Wildblumen schummeln: Gänseblümchen, Löwenzahn, Wegerich, Ehrenpreis, Gundermann, Rot- und Weißklee, Margeriten oder Schafsgarbe kommen von ganz allein und schaffen es sogar zu blühen, wenn man ihnen ein bisschen Zeit lässt. Fußball oder Federball spielen kann man trotzdem noch darauf.

Noch besser für die Artenvielfalt ist natürlich eine Wildblumenwiese. Doch schon in einer gesunden Gartenwiese leben im Boden allerlei Insekten. Ameisen, Asseln, Tausendfüßler, Erdraupen von Schmetterlingen und Larven von Wiesen- und Kohlschnaken. Beide sind harmlose, nicht stechende, große Mückenarten, deren Larven im Boden leben und sich auch von Graswurzeln ernähren. Es sind etwa einen Zentimeter große weißliche Würmer, die gerne von Staren und Amseln aus der Erde gezogen werden. Als Kinder fanden wir sie häufig beim Spielen im Garten, sie rollten sich auf unseren Handflächen wie trockene Kreisel zusammen. Für Liebhaber des englischen Rasens sind sie gefürchtete Untiere, denn vermehren sie sich zu stark, kann es schon mal braune Flecken auf dem Rasen geben. Lange hat man Wiesenschnakenlarven daher mit Gift bekämpft. Heute ist die Verwendung von Pestiziden im Rasen verboten. Was Rasenfetischisten nicht davon abhält, sie auf andere Weise zu erledigen. Indem sie etwa die Fläche wild mit dem Vertikutierer bearbeiten, wodurch die dicht unter der Oberfläche lebenden Larven aufgespießt werden – allerdings ist dann meistens auch der Rasen hin. Oder ihnen wird mit Nematoden zu Leibe gerückt, das sind winzige Parasiten, die die Tiere infizieren und töten. Dabei werden jedoch auch die Raupen von Schmetterlingen oder die Engerlinge von Mai- und Junikäfer gemeuchelt, die ebenfalls im Boden unter dem Gras leben. Aus Sicht der Rasenliebhaber sind die Engerlinge freilich auch Schädlinge, die es zu bekämpfen gilt. Doch warum ihnen nicht auch ein paar Graswurzeln gönnen? Anders als sein größerer Verwandter, der Maikäfer, der eher feuchte, saftige Wiesen vorzieht, ist der Junikäfer so genügsam, dass er auch mit kargen Rasenflächen klarkommt. Je trockener, desto besser. Deswegen fühlt er sich selbst in den im Sommer ausgedörrten Liegewiesen der Berliner Parks noch wohl.

Im Namen der Engerlinge und Wiesenschnakenlarven dieser Welt rufe ich eine neue Art der Graswurzelrevolution aus! Gegen die Diktatur der Rasenmäher, für eine Neuverteilung des Lebensraumes unter- und oberhalb der Grasnarbe! Ja, ich würde sogar so weit gehen, wenn schon keine Luxussteuer, dann den ökologischen Zehnten für Gartenbesitzer einzuführen! Wer unbedingt einen Rasen haben möchte, sollte dafür von der Kommune verpflichtet werden, als Ausgleich für die grüne Flächenversiegelung zu Lasten der Umwelt wenigstens ein Zehntel seines Rasens in eine Wildblumenwiese umzuwandeln. Was bei 1,8 Millionen Hektar Rasen in Deutschland immerhin 180.000 Hektar Blumenwiese ergäbe.

Die Realität ist von dieser zutiefst umstürzlerischen Utopie leider noch weit entfernt. Yuval Harari äußert in seinem Buch die Hoffnung, dass sich junge Paare, die ihr Traumhaus planen, von der ganzen Last der kulturgeschichtlichen Prägung befreien mögen, die ihnen längst vermoderte europäische Adlige und kapitalistische Multimillionäre aufgebürdet haben und sich stattdessen die Freiheit nehmen, sich für ein selbstbestimmtes Leben ohne Rasen zu entscheiden. Doch was tun die modernen Häuslebauer? Sie laufen in den Baumarkt, kaufen säckeweise Schotter und schütten graue Steine in ihren Vorgarten. Wenn man so will, haben sie sich tatsächlich vom Rasenzwang erfolgreich emanzipiert. Allerdings sicher nicht in Hararis Sinne.

KURZANLEITUNG ZUM ERFOLGREICHEN
HERAUSREIßEN VON ENGLISCHEM RASEN

Man nehme ein Stück gepflegten englischen Rasen. Dann setze man beherzt einen Spaten an und steche ein ordentliches Loch in das Grün. Mit einer Handhacke lässt sich nun von diesem Loch aus in kräftigen kurzen Hackbewegungen die Grasnarbe aufreißen und samt Wurzelwerk vom Boden lösen. Bei Rollrasen ist es besonders einfach, der lässt sich fast genauso wieder aufrollen, wie er einst ausgerollt wurde. Entsorgung auf dem Kompost oder in der Biotonne. Champagner entkorken und anstoßen.

KURZANLEITUNG ZUM ANLEGEN
EINER WILDBLUMENWIESE

Man nehme ein Stück gepflegten englischen Rasen und verfahre wie oben beschrieben. Auf der befreiten Fläche verteile man eine dünne Schicht Gartenerde oder Kompost, die mit Sand oder Kies abgemagert werden sollte. Dann eine fertige Blumenwiesen-Samenmischung ausstreuen, die man im Internet bei zertifizierten Wildpflanzengärtnereien bestellen kann. Der beste Aussaatzeitpunkt ist der Herbst (September – Oktober) oder im März. Die Samen im Verhältnis 1:10 mit Sand mischen und breitwürfig ausbringen. Danach die Erde anwalzen oder festtreten. Die Fläche sollte danach über mehrere Wochen feucht bleiben, damit die Saat nicht austrocknet. Falls es nicht genug regnet, regelmäßig mit feiner Düse sprengen. Es braucht ein bisschen Geduld, erst im zweiten Jahr blühen auch die zweijährigen Arten. Wenn die Wiese erst einmal angewachsen ist, reichen zwei Pflegeschnitte im Jahr aus: Einmal im Juni, einmal im Oktober. Jedes weitere Mähen, Vertikutieren, Düngen, Entmoosen, Entpilzen, Vergiften und Ärgern entfällt. Die gewonnene Lebenszeit lässt sich wunderbar mit einem Bier in der Hand im Liegestuhl verbringen. Es genügt, auf einem Halm zu kauen und ab und zu unter dem Sonnenhut hervorzublinzeln, um das rege Treiben der Insekten im Garten zu beobachten.

KAPITEL 11

AUF WILDBIENENSAFARI. ODER: WARUM HONIGBIENEN NICHT UNBEDINGT IMMER DIE GUTEN SIND

Es ist Juni, und ich verbringe die Wochenenden damit, die Wildbienenarten zu bestimmen, die sich auf meinem Sechs-Quadratmeter-Trittstein tummeln. Das ist mühsam, denn viele sehen sich sehr ähnlich und sie bewegen sich so schnell, dass es schwer ist, sie zu fotografieren, was wiederum die Feststellung ihrer Identität erleichtern würde. Nur wenn sie auf einer Blüte sitzen, hat man eine Chance. Leider sind meine Fähigkeiten als Naturfotografin begrenzt, zudem fliegen die kleinen Bastarde immer genau dann los, wenn ich gerade fokussiert habe. Ich weiß nicht, wie viele unscharfe Bienenfotos ich auf meinem Rechner habe, alle immer exakt im Moment des Losfliegens geschossen. Doch es gelingt mir, immerhin 15 verschiedene Arten zu identifizieren, darunter Frühlingspelzbiene, Rote Mauerbiene, eine Maskenbienenart, kleine Schmalbienen, verschiedenen Blattschneiderbienen und den Großen Wollschweber.

Ich bin stolz, weil es sich offenbar in Wildbienenkreisen herumgesprochen hat, dass es bei mir etwas zu holen gibt. So wie auch auf der Müllfläche neben dem Supermarkt. Eines sonntagmorgens hatte ich, mit dem entsprechenden Gartengerät bewaffnet, den Bauzaun zu dem seit Jahren brachliegenden Grundstück überwunden und eine etwa zehn Quadratmeter große, einigermaßen sonnige Fläche von Plastikbechern und Zigarettenkippen befreit. Mit einer Hacke entfernte ich mühsam das festverwurzelte Unkraut. Unkraut jäten, um Unkraut zu pflanzen, das klingt nach Widerspruch. Ist aber unerlässlich, wie ich inzwischen gelernt hatte. Denn tut man es nicht, überwuchern Gras und schnellwachsende Pflanzen wie Brennnessel, Melde, Ackersenf oder Beifuß die Wildblumen, die man haben will. Was in diesem Fall eine Mischung aus verschiedenen heimischen Wiesenblumenarten war, die für Wildbienen attraktiv sind. Mit der Harke lockerte ich den Boden, säte meine Samen aus und trat sie mit den Stiefeln fest. Gießen konnte ich hier nicht, aber ich hatte für meine Aktion mit Bedacht eine Woche gewählt, in der es viel regnen sollte. Es war im Frühjahr. Damals wusste ich noch nicht, dass man Wildblumensamen besser im Herbst aussät. Dennoch war die Brache kurze Zeit später mit Keimlingen und nach zwei Monaten tatsächlich mit ersten Blüten überzogen. Zwischen alten Plastikrohren, rostigen Betonarmierungen und über den Zaun geworfenen Einwegflaschen wuchs eine kleine wilde Wiese heran. Außer mir ist sie wahrscheinlich niemandem groß aufgefallen. Ich freute mich dagegen jedes Mal, wenn ich daran vorbeikam und registrierte jede Biene und jeden Falter, die sich dafür interessierten. Ich stieg noch mehrmals über den Zaun, um Unkraut zu jäten. Es war keine üppige Landblumenwiese, die da entstand, sondern eher ein Wildblumenflickenteppich. Aber im zweiten Jahr waren zwischen dem Geröll deutliche Farbtupfer erkennbar, mit zum Teil romantisch-urbanen Kombinationen aus Margeriten, die durch einen kaputten Einkaufswagen sprossen, oder Wiesenschaumkraut an verrosteter Fahrradfelge. Wenn sich dann noch ein Schmetterling dazu setzte, war das Stillleben perfekt. Manchmal bedauerte ich es zutiefst, dass ich eine so stümperhafte Fotografin war.

Aber trotz dieser zarten Erfolgserlebnisse ist mir klar: Um gezielter etwas speziell für Wildbienen tun zu können, muss ich eindeutig mehr über sie erfahren. Ich brauche einen Experten. Und verabrede mich mit Christoph Saure. Er betreibt ein »Büro für Tierökologische Studien« in Berlin und ist ein ausgesuchter Wildbienenconnaisseur.

Ein paar Kenntnisse habe ich natürlich schon über Wildbienen. Ich weiß, dass es in Deutschland über 500 verschiedene Arten gibt, und dass es ihnen nicht gut geht. Ein Drittel davon steht auf der Roten Liste der in Deutschland vom Aussterben bedrohten Arten. Anders als die Honigbienen leben die allermeisten von ihnen nicht in Staaten, sondern als Einzelgänger. Sie legen ihre Nester im Boden an, in Lehmwänden, in Ritzen und in Löchern von Mauerwerk, in altem Holz oder in den

Stängeln von Pflanzen. Dann sammeln sie eifrig Pollen und Nektar. Den Nektar fressen sie meist selbst, einiges davon, vor allem aber den Pollen, stopfen sie als Nahrungsvorrat für die Larven in ihre Nester. Wildbienen legen dafür Brutkammern an, in jede legen sie ein Ei, das mit einem eigenen Pollenvorrat versehen wird. Am Ende werden die Nester fest verschlossen, denn die Larven oder Puppen überwintern in der Regel und schlüpfen erst im nächsten Frühjahr als fertige Bienen.

Als Bestäuber sind Wildbienen fast ebenso wichtig, wenn nicht sogar wichtiger, als die Honigbienen. Vor allem in der Natur, aber auch in der Landwirtschaft wird ein Großteil der Bestäubungsarbeit von Wildbienen und Schwebfliegen erledigt. Manche Kulturpflanzen, brauchen sogar explizit Wildbienen als Bestäuber. Tomaten zum Beispiel. Sie werden vor allem in Gewächshäusern durch Hummeln bestäubt, und es gibt Insektenzüchter, bei denen Gemüseproduzenten Hummelvölker bestellen können, damit sie für eine gute Tomatenernte sorgen. Auch Hummeln bilden Staaten, als Einzige unter den Wildbienen. Im Vergleich zu den Honigbienen, bei denen schon mal 40.000 Tiere in einem Stock leben können, betreiben Hummeln allerdings ausgeprägte Kleinstaaterei. Maximal 50 Hummeln leben in den Nestern zusammen, manchmal sind es auch nur zehn bis 15.

Hummeln gehören zu den Wildbienen, die wenig kälteempfindlich sind und daher bis spät im Jahr unterwegs sind. Eine Geschichte über Hummeln hat mich nachhaltig beeindruckt. Vor ein paar Jahren wurde darüber gerätselt, warum in Städten unter blühenden Sommerlinden im August immer wieder Massen von toten oder sterbenden Hummeln gefunden wurden. Die Wissenschaft stand vor einem Rätsel. Zuerst vermutete man, die Blüte der Bäume falle zufällig zusammen mit der Zeit im Jahr, in der die Hummeln sowieso an Altersschwäche sterben. Doch Forscher der Universität Münster konnten das widerlegen. Sie untersuchten die toten Hummeln und stellten fest, dass es sich zum großen Teil um Tiere im besten Hummelalter handelte. Dann stand die Sommerlinde als nichteinheimische Art unter Verdacht. Sie stammt von der Krim und man vermutete, dass ihr Nektar die giftige Zuckerart Mannose enthalten könnte, die nachweislich schädlich für Bienen und Hummeln ist. Doch auch das konnte nicht bestätigt werden. Schließlich untersuchten die Wissenschaftler die Zuckerreserven in den toten Insekten und stellten fest, dass diese völlig aufgebraucht waren. Die Tiere waren verhungert. Die Sommerlinde gehört zu den wenigen Blühpflanzen, die den Hummeln im August noch Nahrung bieten. Offenbar hatten sie es mit letzter Kraft geschafft, zu den Bäumen zu gelangen, doch für die Nahrungsaufnahmen waren sie dann schon zu geschwächt und starben.

Ich fand diese Geschichte sehr traurig. Grund für das Hummelsterben sind die immer steriler werdenden Gärten, Parks und Grünanlagen. Ab Juli blüht kaum noch etwas in den Städten. Wildpflanzen, die bis in den

Herbst hinein für ein ausgewogenes Blütenangebot sorgen würden, gibt es kaum noch. Ich bemühe mich daher vor allem darum, Arten zu säen oder zu pflanzen, die noch spät im Jahr blühen, oder auch ganz früh im Frühjahr, wenn das Nahrungsangebot ebenfalls sehr knapp ist. Aber reicht das? Was kann ich noch tun, um ihnen zu helfen?

Als ich Saure anrufe, hat er grade den Auftrag bekommen, für den geplanten Anbau des Bundeskanzleramtes im Berliner Tiergarten eine Bestandsaufnahme zu machen. Er soll dokumentieren, welche Wildbienenarten auf der Fläche vorkommen, die bebaut werden soll.

»Kann ich mitkommen?« frage ich am Telefon.

»Also gut. Aber ich habe nicht viel Zeit! Treffen wir uns morgen um 10 Uhr beim Biergarten am Zollpackhof.«

»Halt!«, rufe ich, bevor er auflegen kann. »Woran erkenne ich Sie?«

Er macht eine Pause, als hätte ich eine blöde Frage gestellt.

»Sie erkennen mich schon!«

Als er am nächsten Tag auf mich zu kommt, weiß ich, was er gemeint hat. Er trägt ein grünes Käppi, auf dem eine große Biene aufgenäht ist. Und über der Schulter einen riesigen Kescher. Wenn ein Kind einen Bienenforscher hätte malen sollen, es hätte ihn genau so dargestellt. Christoph Saure kennt sich nicht nur mit Wildbienen aus. Er ist auch ein Experte für Berliner Brachen. Er hat sie in vielen Jahren alle besucht und vermessen,

Meter für Meter abgeschritten und mit seiner kleinen runden Augenlupe beäugt. Er erstellt unter anderem Gutachten für Baubehörden. Immer wenn ein Gelände beplant wird, wird er gerufen, um die Wildbienenarten zu zählen, die dort leben. Er legt dann lange oder weniger lange Listen an, gibt vielleicht noch ein paar Hinweise auf Ausgleichsflächen. Was dann weiter damit passiert, das will er gar nicht mehr wissen. »Wenn ich alle Flächen, die ich begehe, im Blick behalten würde, dann wär' ich wahrscheinlich schon depressiv«, sagt er. »Die meisten schönen Untersuchungsflächen, die ich kennenlerne, sind drei Jahre später zugebaut.«

Rund 570 Wildbienenarten gibt es in Deutschland. Und Saure kennt sie alle, auch die, die sich in meinen Augen auf den ersten und auch auf den zweiten Blick kaum voneinander unterscheiden. Auch deswegen habe ich mich lange nicht näher mit Insekten befasst, weil es mir aussichtslos erschien, sie je alle bestimmen zu können. Es gibt in Europa allein 2000 verschiedene Rüsselkäfer und 463 Schwebfliegenarten, die sich alle sehr ähnlich sind. Bei Vögeln ist das anders. Da gibt es eine überschaubare Anzahl von Arten, und auch wenn es ein paar schwierige Kandidaten gibt, wie den Fitis und den Zilpzalp, die einander zum Verwechseln ähnlich sehen, kann man es mit ein wenig Übung in wenigen Jahren durchaus schaffen, die meisten zu erkennen. Und zur Not gibt es bei Vögeln ja immer noch die Stimme. Im Falle des Zilpzalps ist die sehr hilfreich für die Bestimmung, weil er praktischerweise seinen Namen singt.

»Können Sie Wildbienen auch an der Stimme unterscheiden?«, frage ich Saure, in Gedanken noch bei den Vögeln.

Er blickt mich an, die Frage findet er kein bisschen merkwürdig.

»Eine ja. Die kleine Pelzbiene. Anthophora bimaculata. Die summt in einer sehr hohen Tonlage«, sagt er nachdenklich.

Es ist grün hier, die Sonne scheint, die Vögel zwitschern. Ganz in der Nähe verläuft die S-Bahn-Trasse. Er schreitet voran mit prüfendem Blick. Freie sandige Flächen zwischen dem Bewuchs, das ist gut für die Bienen, sagt er. Denn zwei Drittel der Arten seien Bodennister, die ihre Löcher in die Erde graben. Dafür, dass wir in unmittelbarer Nähe des Berliner Regierungsviertel stehen, finde ich, ist hier alles sehr schön mit blühenden Kräutern bewachsen.

»Johanniskraut!«, rufe ich begeistert aus, froh, etwas wiederzuerkennen.

»Uninteressant!«, brummelt Saure. »Mögen sie nicht«. Seifenkraut? Wunderbar rosa blühend?

Saure verzieht die Mundwinkel, macht eine wegwerfende Handbewegung. »Nelkengewächse, die können Sie alle vergessen! Interessiert keine Biene. Die Kelche sind viel zu lang, da kommen sie gar nicht dran. Das ist höchstens was für Schmetterlinge!«

Schmetterlingen gehört sein

154

Herz nicht, daran besteht kein Zweifel. Mit finsterer Miene schultert er seinen Kescher, den Blick fest auf den Boden gerichtet. Plötzlich erhellt sich sein Gesicht.

»Aber hier hinten! Diplotaxis! Rucola, schmalblättriger! Hier wird es schon interessanter!«, ruft er aus. »Überhaupt, Kreuzblütler! Wenn es nach Wildbienen geht: am liebsten Kreuzblütler!«

Und tatsächlich: Auf dem gelb blühenden Kraut, auf das er begeistert zeigt, tummeln sich wie zur Bestätigung zwei Bienen. Doch wieder verdüstert sich seine Miene.

»Honigbienen!« Er spuckt es fast aus. »Immer nur Honigbienen!«

Honigbienen, erklärt er mir, seien Haustiere, um die man sich gar nicht sorgen müsse, die würden von den Imkern verhätschelt und gepflegt, und wenn mal ein Schwarm über den Winter stirbt, dann ist das wirtschaftlich blöd, aber dann kauft man eben einen neuen. Wildbienen dagegen, denen gehe es immer schlechter. Auch wegen der Honigbienen. Weil die den wilden Genossen das immer spärlicher werdende Nahrungsangebot streitig machen. Denn weil in der Landwirtschaft so viel gespritzt und gedüngt wird, weichen immer mehr Imker in die Städte aus.

Tatsächlich ist Stadthonig in Berlin der Renner: Mit Slogans wie »Das flüssige Gold aus der Hauptstadt!« wird er beworben. Auf gefühlt jedem zweiten Dach steht mittlerweile ein Bienenkasten, selbst der Bundestag hat einen, und das Bundeswissenschaftsministerium auch, feierlich eingeweiht erst ein paar Wochen zuvor von Bundeswissenschaftsministerin Anja Karliczek. Die Honigbiene ist zum Symbol für den Naturschutz geworden. Mit ihr lassen sich viele Menschen für den Artenschutz begeistern.

Das ist aber auch das Einzige, was Saure den Tieren zugesteht. In den letzten zehn Jahren habe sich die Zahl der Bienenstöcke allein in Berlin mehr als verdoppelt, erklärt er. Zehntausend Völker seien es jetzt schon. Und dann kämen noch mal zehn- bis zwölftausend Völker im Sommer dazu, von den Wanderimkern. »Im Sommer haben wir hier in der Stadt mindestens 20.000 Honigbienenvölker«, erklärt Saure. »Das sind doppelt so viele wie in Brandenburg.«

Das Problem, erklärt er mir: Nahrungskonkurrenz. Honigbienen haben den Wildbienen einiges voraus. Im Vergleich zu den eher tüdeligen Wildbienen sind sie gezüchtete Hochleistungseffizienzmaschinen im Dienste des Menschen. Ein Stock besteht im Schnitt aus 20.000 Arbeiterinnen. Sie fliegen viel weiter – bis zu drei Kilometer vom Bienenkasten bis zur Blüte. Und sie sind früher aktiv. Denn im Stock ist es schon früh morgens so warm, dass sie auch bei zehn Grad Außentemperatur schon loslegen können. Eine durchschnittliche, solitär lebende Wildbiene lugt da grade mal vorsichtig aus ihrem Loch heraus und peilt die Lage. Wartet, bis es draußen so warm ist, dass sie ausreichend Betriebstemperatur hat. Wenn sie dann endlich losfliegt, um ihren Geschäften nachzugehen, Nektar zu saugen und Pollen einzusammeln für ihre Brut, waren die Honigbienen oft schon da und haben alles abgegrast. Nektar wird zwar von den Pflanzen immer wieder nachproduziert. Doch jede Blüte hat nur einen bestimmten Pollenvorrat, ist der abgesammelt, gibt es auch keinen Nachschlag mehr. Dann muss man als Wildbiene erst warten, bis sich am nächsten Tag eine neue Blüte öffnet.

Hinzu kommt: Honigbienen sind anpassungsfähig. Sie nehmen fast alles, was blüht. Stadtbäume, Gartenpflanzen, aber auch Wildkräuter. Die meisten Wildbienen dagegen sind mäkelig. Viele Arten sind nur auf eine einzige Pflanze abonniert. Die Natternkopf-Mauerbiene etwa auf den Natternkopf. Eine Natternkopf-Wildbiene wird ihr Nest immer in der Nähe von Natternköpfen bauen. Sie muss also, um sich fortzupflanzen, erst einmal ein paar ordentliche Exemplare dieser Pflanzen finden, was im gepflegten Siedlungsraum gar nicht so einfach ist. Nehmen wir trotzdem an, ein Weibchen findet einen schönen Natternkopf an einer Straßenböschung oder, wie in meinem Fall, auf einer Verkehrsinsel. Dann muss sie in der Nähe einen passenden Nistplatz auftreiben. Sie nistet in Hohlräumen aller Art, am liebsten aber hat sie eine sonnenbeschienene Mauer mit nicht zu festem Mörtel, in den sie ihren Gang graben kann. Die darf nicht zu weit entfernt stehen vom Natternkopf, denn weiter als ein paar Dutzend Meter fliegt die Biene nicht. Sonst verliert sie bei ihren Flügen von der Nahrungspflanze zum Nest zu viel Energie. Hat sie in mühevoller Arbeit ihr Loch in den Mörtel gegraben, erfolgreich einen Partner zur Begattung angelockt und den

Akt vollzogen, macht sie sich auf den Weg, um Pollen als Vorrat für ihre Brut einzuholen. Um dann festzustellen, dass die freundlichen Mitarbeiter von der Gartenkolonne die Böschung mit dem Natternkopf in der Zwischenzeit abgemäht haben. Oder dass die Honigbienen wieder einmal vor ihr da gewesen sind.

Schafft sie es aber doch einmal, in unzähligen Flügen mit ihrer Bauchbürste genug blauen Natternkopfpollen zu sammeln, ihr Loch damit zu füllen und ihre Eier hineinzulegen, könnte es sein, dass kurz bevor sie den Deckel zumacht noch eine Dunkle Zweizahnbiene vorbeischaut und ihre Eier dazu legt. Dann war all die Mühe umsonst, denn dann wird deren Brut den Pollenvorrat fressen und der eigene Nachwuchs verhungern. Der Dunkle Zweizahn ist die Kuckucksbiene der Natternkopf-Mauerbiene, und als Schmarotzerart wiederum spezialisiert auf wenige Mauerbienenarten. Sie saugt zwar Nektar und bestäubt Pflanzen, sammelt aber keinen Pollen, das überlässt sie ihren unfreiwilligen Wirten. Von den 570 Wildbienenarten sind etwa ein Viertel Kuckucksbienen, die bei den anderen schmarotzen.

Doch die Dunkle Zweizahnbiene ist selten geworden in Deutschland. Wie immer bin ich fasziniert davon, wie fein in der Natur alles aufeinander abgestimmt ist. Umgekehrt zeigt es auch das ganze Dilemma der Wildbienen. In Jahrtausenden der Evolution haben sie ihre ökologische Nische zum Überleben gefunden und ausgebaut. Auf die Schnelligkeit, mit der die Menschen die Umwelt verändern, sind sie nicht vorbereitet. Verschwindet eine bestimmte Wildpflanzenart in einer Region, etwa weil eine Fläche bebaut wird oder eine Wiese umgebrochen, dann verschwindet nicht nur die dazugehörende Wildbiene, sondern auch die auf sie spezialisierte Kuckucksbiene. Und werden die Zeiten härter, weil immer weniger Nahrung zur Verfügung steht, dann gewinnt eben der Konkurrent, der besser vorbereitet ist. In dem Fall der Generalist, die Honigbiene.

Deswegen ist Saure auf Honigbienen nicht gut zu sprechen. Auf Hunde übrigens auch nicht. Die ständig über die Wiesen laufen und alles vollkacken. Und Jogger. Und...

ZUSCH! Der Wissenschaftler schwenkt mitten im Satz seinen Kescher, holt gleichzeitig blitzschnell einen Plastikbecher aus seiner Hemdtasche, stülpt ihn über das minikleine summende Insekt im Netz. Gerade mal fünf Millimeter ist der Winzling groß, nicht größer als eine Ameise. Saure klemmt sich seine Lupe in die Augenhöhle. »Hm. Schau an. Eine Schmalbiene. Ein Weibchen. Die nehm' ich mal mit. Muss ich mir genauer anschauen.« Ebenso blitzschnell hat er aus der anderen Hemdtasche ein Röhrchen mit Essigäther gezogen, stülpt es über das Insekt, das sofort zu summen aufhört, und lässt das Gefäß wieder in seiner Jackentasche verschwinden.

»Haben Sie die jetzt getötet?« will ich gerade entgeistert fragen.

Saure blickt mich an. »Was ich auch nicht leiden kann, sind diese Leute, die gleich in Ohnmacht fallen, wenn man mal eine Biene tötet«, brummt er und ist mit seinem Blick schon bei der nächsten Böschung. »Ich bin Artenschützer, kein Tierschützer! Die meisten kapieren den Unterschied nicht. Die verstehen nicht, dass man viele Arten nur unter dem Mikroskop sicher bestimmen kann. Auch wenn es jetzt diese Apps gibt zur Lebendbestimmung!« Saure macht eine verächtliche Handbewegung.

»Das möchte ich mal sehen, wie man mit einer App erkennen will, ob eine Schmalbiene von vier Millimetern Größe einen einfach, zweifach, oder dreifach gezähnten Tibialsporn am Hinterbein hat. Das müssen Sie aber, wenn Sie feststellen wollen, ob es die eine Art ist oder eine von den 49 anderen.«

Ich klappe den Mund zu und nicke. Klar. Diese Idioten, die den Unterschied nicht kapieren zwischen Tier- und Artenschutz.

Wir laufen weiter, pirschen von Unkrautbüschel zu Unkrautbüschel. Saure spricht beim Gehen in sein Diktiergerät, es klingt, als murmele er Zaubersprüche aus Harry Potter.

»Sedum ... Bombus pascuorum ... Bombus lapidarius ...«

Ein zerstreuter Blick auf mich, als fiele ihm gerade erst wieder ein, dass ich auch da bin. »Steinhummel auf Mauerpfeffer«, übersetzt er.

»Ist doch viel los hier, oder?« versuche ich es hoffnungsvoll, und zeige auf den üppig blühenden Streifen vor uns, in dem es überall summt und brummt.

»Ja, so ist es immer! Die Leute sehen ein paar Hummeln und denken, die Welt sei in Ordnung! Dabei sind es immer nur die fünf häufigen Arten. Aber es gibt über 40 Hummelarten in Deutschland. Und die kennt kein Mensch. Über 40! Und davon sind mindestens 20 so selten geworden, dass ich vielleicht alle zehn Jahre mal eine sehe, wenn überhaupt!«

Saure kickt mit dem Fuß einen Kaffeebecher aus seinem Sedum. Wir laufen jetzt an einer Backsteinmauer entlang, über uns die S-Bahn-Trasse, gegenüber die Polizeidirektion 3, ein modernes Gebäude in Grün und Blau. Brennnesseln und Brombeergestrüpp entlang der Mauer, davor: eine Pracht an Natternköpfen, wilden Malven, gelb blühendem Leinkraut. »Brombeeren sind gut!« sagt Saure erfreut. »Und Ochsenzunge«.

Er zeigt auf ein violett blühendes, struppiges Kraut. Ochsenauge wäre ein passenderer Name, denke ich, denn die sternförmigen Blüten besitzen weiße, pupillenartige »Augen«. Zwei Wildbienenarten seien auf Ochsenzunge spezialisiert, erklärt Saure. Die eine von ihnen käme zwar im Berliner Umland vor, aber in Berlin suche er sie schon seit dreißig Jahren vergeblich. »Keine Ahnung, warum die nicht mal in die Stadt einfliegt.«

Ich sehe mich um. An Ochsenzunge mangelt es hier jedenfalls nicht.

»Und wenn man die hier aussetzen würde?«

»Glaube nicht, dass das funktionieren würde. Irgendwas stört sie hier. Vielleicht der Boden. Sonst hätte sie sich schon längst hier angesiedelt.«

Wildbienen sind eben mäkelig.

Wir gehen weiter. Natternköpfe, Backsteinmauer, und – *ZUSCH!* – da ist sie auch schon, die Natternkopf-Mauerbiene. Sie zappelt in Saures Kescher und streckt ihre Bauchbürste in die Luft, mit tatsächlich blauem Natternkopfpollen darin. Er lässt sie wieder fliegen.

»Könnte aber mehr von denen geben«, sagt Saure kritisch. Er prüft mit dem Finger die Mauer. »Na, ist ja auch der falsche Zement hier. Viel zu hart. Da kommen sie nicht rein.«

»Könnte man da nicht einfach nachts ein paar Löcher reinbohren?«, frage ich. Einmal Guerillera, immer Guerillera. Er sieht mich an. Dann deutet er auf den grünblauen Bau gegenüber.

»Können Sie ja mal versuchen. Mal sehen, was die Polizei da dazu sagen würde, wenn Sie hier nachts rumbohren!« – *ZUSCH!* – »Oh, was haben wir denn hier? Anthidium manicatum. Garten-Wollbiene! Ein Männchen. Sehr hübsch. Und groß. Die Männchen verteidigen ihr Revier. Jedes beansprucht so zwei, drei Quadratmeter für sich. Sehen Sie diese Dornen am Hinterleib? Damit vertreiben sie alle anderen Bienen. Und Fliegen und Wespen, die sich ihren Blüten nähern. Auch Honigbienen, hehe! Sehr wehrhaft, Anthidium manicatum. Nur die eigenen Weibchen lassen sie herein.«

Und hier, frage ich, was ist das da auf der Ochsenzunge? Ach, nur wieder Honigbienen. Die Tiere, die ich noch vor einer Stunde als Zeichen eines gesunden Ökosystems gefeiert habe, erscheinen mir nun in ganz anderem Licht.

Zum Schluss frage ich ihn noch, welche Wildbiene er für die Schönste hält. Saure errötet leicht.

»Andrena hattorfiana. Die Knautien-Sandbiene. Geht nur auf Knautia. Die ist sehr groß und sehr schön gefärbt. Schwarz mit roten Querstreifen.«

Früher, erzählt er, kam die Knautien-Sandbiene überall in Deutschland häufig vor, auf Wiesen und an Feldrändern. Sie ist auf nur zwei Pflanzen spezialisiert: Die Wiesen-Witwenblume und die Tauben-Skabiose. Beide gehören zur Familie der Knautien und wuchsen früher überall auf Wiesen und an Feldrändern. Doch durch Überdüngung und zu frühe Mahd gibt es sie immer weniger. Und damit auch die Knautien-Sandbiene, die nicht auf andere Blüten ausweichen kann. Ein typisches Wildbienenschicksal. 134 solcher Spezialisten gibt es unter ihnen. Sie sind natürlich besonders gefährdet, seit der Mensch dazu übergegangen ist, die Flächen so intensiv zu nutzen. Die Knautien-Sandbiene steht auf der Liste der vom Aussterben bedrohten Arten. Und vor einigen Jahren ist sie deswegen sogar zur Wildbiene des Jahres gewählt worden.

Am Ende unserer Wildbienensafari habe ich nicht nur viel gelernt, sondern auch ein neues Ziel: Andrena hattorfiana, die Schöne. Die Knautien-Sandbiene. Die will ich in meinem Garten haben. Und dann, von dort aus, von Trittstein zu Trittstein, in der ganzen Stadt.

Die Frage, ob zu viele Honigbienen in der Stadt tatsächlich den Wildbienen den Pollen unter den Bauchbürsten oder anderen Sammelorganen wegschnappen, beschäftigt mich noch eine Weile. Denn das Thema ist neu unter den Bienenexperten, und es ist hochumstritten. Vor allem natürlich bei Imkern. »Jetzt soll es auf einmal die Schuld der Imker sein, wenn die Wildbienen aussterben? Das ist absurd!«, empört sich Melanie von Orlow, als ich sie deswegen anrufe. Sie ist nicht nur Stadtimkerin in Berlin, sondern studierte Biologin und staatlich geprüfte Umsiedlerin von geflügelten Stechimmen aller Couleur in Berlin. Wann immer sich ein schwärmendes Bienenvolk irgendwohin verirrt oder ein Wespen- oder Hornissenstaat seine Bleibe am falschen Platz eingerichtet hat, wird sie gerufen. »Ich bin Problemlöserin«, sagt sie von sich selbst. Das gilt in dem Fall für die Gartenbesitzer genauso wie für die Tiere. Außerdem ist Orlow seit Jahren im NABU für den Wildbienenschutz in der Stadt aktiv. Grundsätzlich, sagt sie, profitieren beide Bienengruppen, Haustier und Wildtier, von strukturreichen Gärten und einem großen Nahrungsangebot. Darin sind sich alle einig. »Statt sich in fruchtlosen Debatten gegenseitig zu beschuldigen, ist es viel wichtiger, den Kampf gegen die Rasenmäher aufzunehmen!«, erklärt Orlow. Die meisten Leute hätten als Bild von einem idealen Garten immer noch eine englische Gartenlandschaft im Sinne. »Da aber gibt es nichts zu holen für Bienen, egal ob Haus oder Wild. Dann kommen noch die vielen sterilen Pflanzen dazu! Dieser ganze

Bambusquatsch und all der Kirschlorbeer! Die nehmen nur Platz weg!« Ich nicke heftig, was Orlow freilich nicht sehen kann am anderen Ende der Leitung. Von der Forsythie spricht sie nur als von der »gelben Osterpest«. Wir sind uns darin sofort einig.

Aber, frage ich vorsichtig, gibt es dennoch vielleicht einfach zu viele Honigbienen in der Stadt? Saures Argumente erschienen mir durchaus plausibel, zumal, wenn es in der intensiv genutzten Stadtnatur immer weniger zu verteilen gibt. Doch eine Antwort auf diese Frage kann mir Orlow natürlich auch nicht geben. Dazu fehlt einfach der wissenschaftliche Nachweis. Derweil verteidigt jeder erstmal seine Bienen. Im November 2018 sorgte das Thema Honigbienen versus Wildbienen in Berlin sogar für einen regelrechten Schlagabtausch unter Wildbienenexperten und Imkern. An vorderster Front dabei: Orlow und Saure. Dabei war man eigentlich zusammengekommen, um sich zu beraten, wie man die Bienen in der Stadt besser schützen kann. Es war die Auftaktveranstaltung für die Berliner »Bienenstrategie«, mit der die Stadt bessere Bedingungen für Bienen und Bestäuber schaffen will. Doch einen wissenschaftlichen Beleg, ob die Honigbiene den Wildbienen nun schadet oder nicht, hatte weder die eine noch die andere Seite liefern können. Das soll sich nun ändern. Ingo Kowarik von der Technischen Hochschule Berlin, auch er war auf der Tagung, wollte es danach genau wissen. Er ist nicht nur Experte für biologische Invasionen, sondern auch ausgewiesener Stadtökologe. Auf mehreren Versuchsflächen in Berlin untersucht er nun, ob es einen Unterschied für die Artenvielfalt und insbesondere für das Vorkommen anderer Bestäuber macht, ob in unmittelbarer Nachbarschaft Honigbienenstöcke aufgestellt sind oder nicht. Es ist die erste Studie, die sich mit diesem Thema befasst. Ob er schon etwas herausgefunden hat, will ich natürlich von ihm wissen. Aber die Untersuchung ist noch nicht abgeschlossen, zumindest will er mit den Ergebnissen noch nicht hausieren gehen. »Wir sind noch dabei, die Daten auszuwerten.« Erste Zwischenergebnisse? »Was wir jetzt schon sagen können, ist, dass es jedenfalls zu Umschichtungen bei den Wildbienen kommt!«, sagt er kryptisch. Im nächsten Jahr will er seine Ergebnisse veröffentlichen.

KAPITEL 12

DAS STINKT DOCH ZUM HIMMEL! ODER: WAS GÜLLE MIT DEM INSEKTENSTERBEN ZU TUN HAT

Als ich etwa neun Jahre alt war, zogen wir fort von unserem geliebten Bach mit Stichlingen und Libellenlarven in eine Kleinstadt südlich von Hannover. Es war eine in jeder Hinsicht öde Gegend. Nicht nur für Heranwachsende, weil die nächste Disco, weitab in Hannover, nur per Bus zu erreichen war, sondern auch, was die Natur betraf: Weil die lößreichen Böden dort sehr ertragreich sind, wird das Land intensiv genutzt und beackert. Die Flurbereinigung der 60er- und 70er-Jahre hatte bereits mit fast allen Hecken und kleinen Gehölzen zwischen den Feldern aufgeräumt, sodass kaum noch ein Büschchen die freie Rundumsicht stört. Wege und Bäche wurden begradigt. Noch dazu ist es sehr flach: Die höchste Erhebung bei uns ist die Zuckerrübe, rühmte man sich in meiner Heimatstadt selbstironisch der nicht (mehr) vorhandenen landschaftlichen Reize. Und der ehemalige Bundeskanzler Gerhard Schröder wurde wegen seiner

Hannoveraner Herkunft auch gerne »Gerhard Rüben-könig« genannt. Für mich und meine Geschwister, die wir dennoch Anfang der 80er-Jahre unermüdlich zum Vögelbeobachten über die Feldwege streiften, war die Ausbeute daher eher wenig spektakulär: In meiner Erinnerung sahen wir meistens nur die üblichen Verdächtigen: Feldlerchen, Kiebitze, Wiesenpieper, Rebhühner, Fasane, Bachstelzen, Steinschmätzer, Goldammern. Dazu an Greifvögeln Mäusebussarde, Turmfalken, Rohrweihen und ab und an mal eine Kornweihe. Ich besitze die Karteikarten heute noch, auf denen wir damals unsere Beobachtungen akribisch eintrugen. Wenn ich sie jetzt betrachte, werde ich wehmütig. Nicht nur wegen meiner stolzen Kinderschönschrift, sondern auch, weil es selbst in dieser ausgeräumten Landschaft Anfang der 80er-Jahre noch so viel mehr Vögel gab als heute. Arten, die wir früher kaum beachteten, weil sie so häufig waren, haben heute Seltenheitswert. Damals guckten wir Rebhühnern, die regelmäßig am Wegrand aufflogen, wenn wir durch die Felder liefen, nur müde hinterher: Wir hoben noch nicht mal unsere Ferngläser an die Augen. Heute steht die Art in Deutschland kurz vor dem Aussterben, mit einem Rückgang seit 1990 um fast 95 (!) Prozent. Wenn wir einen schlechten Tag hatten und gar nichts Besonderes sahen, dann konnten wir doch wenigstens immer noch Wiesenpieper und Feldlerche notieren und den obligatorischen Schwarm Kiebitze mit ihren wohltönenden Rufen und ihrem typisch gaukelnden, fast wie besoffen wirkenden Flug.

Auch Kiebitz, Feldlerche und Wiesenpieper sind aus der Landschaft verschwunden – und das nicht nur in den Feldern meiner Heimat. Als ich in diesem Sommer meine Eltern besuchte und mal wieder an Zuckerrübenäckern vorbei über die alten Feldwege spazierte, war ich glücklich, wenigsten die Feldlerchen noch oben im Himmel zu hören. Sie tirilierten sich fast die Seele aus dem Leib. Bis mir klar wurde, dass es bereits Ende Juli war und die Brutsaison eigentlich schon vorbei. Dass sie immer noch sangen, war ein Zeichen dafür, dass sie es bislang offenbar noch nicht geschafft hatten, eine Brut hochzubringen. Sie versuchten wohl schon zum zweiten oder dritten Mal ihr Glück.

Dabei ist doch auf den ersten Blick alles in Ordnung. Wenn man aufs Land fährt, etwa von Berlin aus irgendwohin nach Brandenburg, ist es grüner denn je. Die Wiesen strahlen in fettem Grün, dazwischen leuchtet überall goldgelb der Löwenzahn. Der Mais wiegt sich bis zum Horizont raschelnd im Wind, gelber Raps sorgt für farbliche Abwechslung, ein paar Schwalben fliegen zwitschernd durch die Lüfte, Feldsperlinge sind auch da. Und an den Feldrändern wachsen der ein oder andere Rainfarn, ein bisschen Klatschmohn und viele Brennnesseln. Alles schick, könnte man meinen, und das denken wahrscheinlich tatsächlich viele. Aber erst wenn man weiß, was fehlt, kann man über das Verlorene trauern. Wenn man weiß, was alles mal da *war*, dann versteht man: Was sich dort darbietet, ist in Wirklichkeit eine ökologische Katastrophe. Einer der Hauptgründe dafür, neben dem massiven Pestizideinsatz, ist das, was man fast überall riecht, wenn man auf dem Land spazieren geht: Gülle.

Wir waten in Deutschland förmlich durch die Scheiße. Das hat auch mit den niedrigen Fleisch- und Milchpreisen zu tun. Und damit, dass Tierhaltung heute größtenteils »landunabhängig« erfolgt. Die Tiere pro Betrieb werden immer mehr und sie verbringen ihr gesamtes Leben im Stall.

Seit den 60er-Jahren ist der Milchpreis, gemessen an der Kaufkraft der Verbraucher, immer weiter in den Keller gegangen. Bauern müssen das ausgleichen durch immer mehr Kühe, die immer mehr Milch geben: mit um die 7000 Litern pro Kuh und Jahr ist das fast dreimal so viel wie in den 50er-Jahren. Wer so viel leistet, braucht mehr als nur Gras, er braucht Kraftfutter. Zur Hälfte wird das aus Soja hergestellt, für dessen Anbau in Südamerika immer mehr Regenwald gerodet wird. Zum Teil stammt das Futter von deutschen Wiesen. Doch diese Wiesen sind hierzulande schon lange keine bunten Orte fröhlichen Blühens und Summens mehr, sondern mit Nährstoffen vollgepumpte Hochleistungsfutterproduktionsstätten für supereffiziente Hochleistungskühe. Drei bis fünf Pflanzenarten wachsen auf diesen fetten Wiesen noch, das sind vor allem konkurrenzstarke Gräser, die alles andere, was langsamer wächst, überwuchern. Sie werden bis zu fünf Mal im Jahr gemäht. Außer dem nährstoffliebenden Löwenzahn blüht hier kaum noch etwas. Die Halme stehen so dicht, dass hier kein Vogel brüten und kein Insekt seine Futterpflanze finden kann. Lässt sich doch mal ein Wiesenvogel wie der Kiebitz zum Brüten auf einer Wiese nieder, wird sein Gelege spätestens ab März in Gülle ertränkt und mit der Schlepp-Egge plattgefahren. Die Nachbrut wird dann sehr wahrscheinlich im Mai der ersten Mahd zum Opfer fallen. Sollte noch irgendein Tier, ob Vogel, Maus oder Maulwurf, diese »Wiesenpflege« überlebt haben, dann wird es beim Walzen niedergemacht, das im Frühjahr und nach der Mahd der Bodenverdichtung dient, damit das Gras noch dichter nachwächst und unerwünschte Kräuter zurückgedrängt werden.

Doch Äcker und Wiesen werden nicht nur zur Düngung mit Gülle behandelt, sondern schlicht auch, weil die Landwirte nicht mehr wissen, wohin damit. Die Gülle fällt durch die Massentierhaltung in unerschöpflichen Mengen an und wird auf Äckern und Wiesen entsorgt, auch wenn der Boden die Nährstoffe schon längst nicht mehr speichern kann. Ich habe diesen Widerspruch nie verstehen können: Menschliche Exkremente müssen in Kläranlagen aufwendig aufbereitet werden, es gibt strenge Umweltvorschriften für die Aufbereitung des Abwassers, bevor es am Ende in die Gewässer entlassen werden darf. Doch tierischer Kot und Urin dürfen von den Landwirten einfach in die Landschaft gekippt werden, wo der Unrat in Fließgewässer und ins Grundwasser sickert. Lange war dieser Praxis überhaupt keine

Grenze gesetzt. Erst seit die EU Deutschland verklagt hat, weil die zulässigen Nitratwerte im Grundwasser regelmäßig überschritten werden, sah sich das Landwirtschaftsministerium dazu gezwungen, die Gülle-Verordnung zu verschärfen. Doch die Neuregelung fiel so moderat aus, dass die EU erneut mit hohen Strafen drohen musste. Ohnehin hatte die Einteilung der Flächen in besonders belastete »rote« Zonen, in denen strengere Obergrenzen galten, und weniger belastete »grüne« Zonen nur einen intensiven Gülle-Tourismus entstehen lassen. Die Exkremente dürfen ganz legal etwa aus Niedersachsen, wo es die größten Ställe mit Kühen und Mastschweinen gibt, in Regionen exportiert werden, in denen die Natur und das Wasser bislang noch einigermaßen in Ordnung waren, um dort auf Äcker und mageres Grünland gekippt zu werden. In manchen grünen Zonen gibt es schon Landwirte, die ihre eigenen Tiere ganz abgeschafft haben – und nur noch davon leben, dass Großmastanlagen oder Milchbetriebe aus roten Zonen ihre Gülle auf ihren Flächen entsorgen dürfen. Selbst aus den Niederlanden und anderen europäischen Ländern kommen Tanklaster mit stinkender Jauche an.

Das Ergebnis ist eine hoffnungslose Überdüngung unserer Landschaft und Gewässer. In der Natur aber sind die meisten Wildpflanzen seit Tausenden von Jahren an Magerstandorte angepasst. Und mit ihnen die Insekten, die von ihnen leben. Auf einem Quadratmeter Magerrasen wachsen etwa zehnmal mehr verschiedene Pflanzenarten – Kräuter, Gräser und Wildblumen – als auf der gleichen Fläche einer »fetten« Wiese. Viele dieser Trockenrasenkräuter, früher häufige Blumen wie eben der Natternkopf, die Wiesen-Witwenblume, Wiesensalbei, Steinklee, Odermennig, Tauben-Skabiose sind extrem selten geworden. Vor kurzem hat Landwirtschaftsministerin Julia Klöckner wieder eine neue Düngeverordnung erlassen. Doch da ihr dabei wieder die einflussreichen Agrarlobbyisten über die Schulter geguckt haben, ist es zu einer tatsächlichen Reduzierung der Güllemassen wieder nicht gekommen. Man tat nur gerade so viel, wie nötig war, um die Strafzahlungen der EU-Kommission abzuwenden. Dabei liegt die Lösung auf der Hand: weniger Tiere. Ihre Zahl muss an das Grünland, das ein Betrieb zur Verfügung hat, angepasst werden. Und die Politik muss die Fleisch- und Milchproduzenten verpflichten, wie andere Industrieunternehmen auch für die umweltgerechte Entsorgung ihres Abfalls aufzukommen, statt die Kosten – verseuchte Landschaften und die teure Reinigung des Trinkwassers durch die kommunalen Wasserbetriebe – der Allgemeinheit aufzubürden. Das aber kostet Geld, das die Mast- und Milchbetriebe nicht aufbringen wollen. Also suchen sie weiter nach Möglichkeiten, wie die Gülle noch effizienter bis in die letzten Winkel des Landes verteilt werden kann.

Die stinkende Brühe birgt noch ein anderes Problem, über das die Zeitschrift GEO im Juli 2019 berichtete. Sie könnte mitverantwortlich dafür sein, dass Pestizide selbst in entlegenen Naturschutzgebieten landen und dort Insekten töten. Denn die Gülle ist mit Gift kontaminiert. Rinder und Schweine nehmen über Medikamente – und möglicherweise auch über Giftrückstände im Kraftfutter – so viele Pestizide auf, dass diese in hohen Konzentrationen auch noch in ihrem Kot nachweisbar sind. In den Mastbetrieben werden in regelmäßigen Abständen prophylaktisch Antiwurmmittel verabreicht – auch sie sind hochwirksame Insektengifte, die in den Ausscheidungen der Tiere landen. Die Giftkonzentration in den Exkrementen ist teilweise so groß, dass frischer Kuhmist auf der Wiese nicht mehr von Dungkäfern zersetzt werden kann. Die Armen gehen bei dem Versuch, ihren nützlichen Job zu machen, zugrunde. Was da aus der Kuh auf das Gras klatscht, wird daher mit der Zeit so hart, dass Wissenschaftler schon von »Betonfladen« sprechen. Verbreitet über die Gülletransporte, könnten die Insektizide in Fließgewässer gelangen und ihren Weg selbst in abgelegene Schutzgebiete finden, wo sie Insekten töten können. Über Grund- und Oberflächenwasser sammelt sich das Gift vor allem in feuchten Senken – dort haben die Krefelder Entomologen die größten Insektenverluste gemessen.

Dungkäfer, erklärt der Käferexperte Roland Suikat, gehören zu den am meisten gefährdeten Insekten. Viele Arten sind bereits ausgestorben. Solche Berichte lassen mich verzweifeln. Ich kann schon lange nicht mehr unbeschwert an grünen Wiesen mit Löwenzahn vorbeifahren. Sie sind nichts als Trugbilder, die uns eine heile Welt

vorgaukeln. Sobald man aussteigt und die Stille wahrnimmt, die hier herrscht, zerplatzt die schöne Vision wie
eine Seifenblase. Als Radiofrau habe ich mir immer vor-
zustellen versucht, wie ein deutsches Dorf mit seinen
Angern, Wiesen und Feldern wohl früher geklungen haben mag, vor den Pestiziden und der Gülle, ja, sogar vor
der Erfindung des Kunstdüngers. Sagen wir um 1850.
Als die melodischen Rufe von Brachvögeln und Ufer-
schnepfen noch von überall her zu hören waren, das
Schnarren der Bekassinen, das »Tjüih« der Rotschenkel,
durchbrochen vom Hupen der Unken und dem breiten
Grätschen der Frösche, dem Klappern der Störche, dem
Dauergejubel der Lerchen, dem Zwitschern von Braun-
kehlchen und Neuntöter, dem tropfenden »Quick…
Quick…Quick« des Tüpfelsumpfhuhns, dem vielstim-
migen Zirpen verschiedener Grillen und Heuschreckenarten, dem Brummen großer Käfer und dem Sirren
kleiner Fluginsekten. Ich hatte immer eine Sehnsucht
danach, das einmal zu erleben. Wenn es eine Zeitma-
schine gäbe, würde ich sie dafür nutzen. Ich rief sogar
vor einiger Zeit einmal beim Deutschen Tierstimmenar-
chiv des Berliner Museums für Naturkunde an, weil ich
wissen wollte, ob es vielleicht noch historische Tonauf-
nahmen von Wiesen gibt, wenigstens aus der Zeit des
frühen 20. Jahrhunderts. »Leider nein«, erklärte mir der
Leiter des Archivs, Karl-Heinz Frommolt. Er habe zwar
historische Aufnahmen von vielen Vogel- und Tierstim-
men, so dass er mir sogar anhand von Tonbändern vor-
führen könne, wie sich der Dialekt von Ortolanen im

Laufe der Zeit verändert habe. »Aber den Klang einer ganzen Wiese habe ich leider nicht.«

Immerhin ließ ihm meine Anfrage keine Ruhe. Eine Woche später rief er mich an. Er hatte mir extra eine Soundcollage zusammengestellt: davon, wie sich ein Landspaziergang damals wahrscheinlich angehört haben muss. Ich spielte sie ab und war überrascht. So laut! Konnte man sich damals beim Wandern überhaupt noch unterhalten? Hatte Frommolt es übertrieben – oder haben wir einfach nur vergessen, wie sich intakte Natur anhört?

Ich habe die Toncollage in einer Radiosendung eingesetzt, in der es um die Probleme von Wiesenvögeln ging. Später hatte ich die Vision, die Datei irgendwann mal bei einer Fachtagung der Agrochemie oder bei einer Bayer-Aktionärshauptversammlung einzuschmuggeln und über die Mikrofonanlage laufen zu lassen. Als akustischer Protest gegen die Grabesstille, die sich über die funktionalisierte deutsche Agrarlandschaft gelegt hat. Wer weiß, vielleicht kommt dafür noch einmal die Zeit und die Gelegenheit.

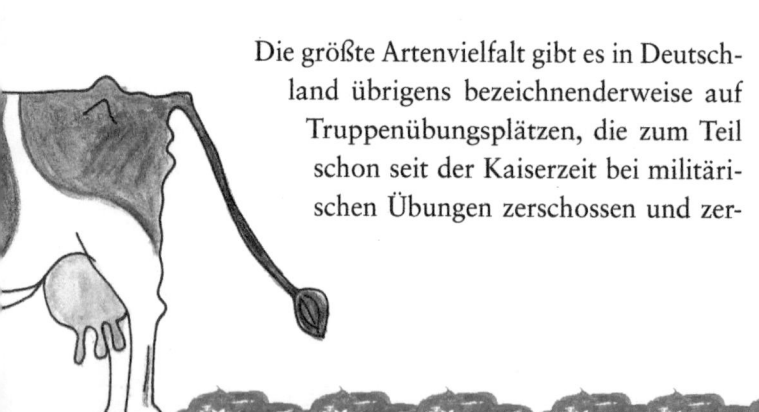

Die größte Artenvielfalt gibt es in Deutschland übrigens bezeichnenderweise auf Truppenübungsplätzen, die zum Teil schon seit der Kaiserzeit bei militärischen Übungen zerschossen und zerschunden werden. Denn hier wurde nicht nur die Erde durch Panzer und Granaten künstlich offengehalten, was wichtig ist für viele Insekten und Vögel. Vor allem aber sind es Flächen, auf denen seit über hundert Jahren weder Gift gespritzt noch Dünger ausgebracht wurde. Hier können sie sich noch ungestört entwickeln, all die selten gewordenen Feldgrillen und Ödlandschrecken, die Hosenbienen und Warzenbeißer. Vor ein paar Jahren konnte ich bei einem Besuch auf einem Truppenübungsplatz in Brandenburg beobachten, wie sich die dort in alten Panzerruinen brütenden Wiedehopfe seelenruhig eine Rote-Liste-Art nach der anderen in den Schnabel stopften.

Auch Stadtbrachen sind Magerstandorte vom Feinsten, wie sie viele Wildpflanzen und Insekten brauchen: Keine Gülle, (hoffentlich) wenig Gifte. Doch die Städte stehen unter großem Druck: Immer mehr Menschen ziehen vom Land in die Stadt. Wohnungsknappheit, hohe Immobilienpreise sind die Folge, es wird verdichtet, wo immer es geht, und natürlich drängen die Menschen zur Erholung in die Parks.

Aber es gibt immer noch Ecken, die selbst in den dichtgedrängten Metropolen nicht genutzt werden können. Flächen, die eh da sind: Randstreifen. Hänge. Verkehrsinseln. Die Randbereiche von Parks und Grünanlagen. Straßenränder. Diese »Eh-Da-Flächen« zumindest könnten wir doch den Insekten und Vögeln lassen.

LEBEN IN EINEM KUHFLADEN

Ein Kuhfladen ist ein komplexes Ökosystem mit einer hohen Biodiversität. Hier lebt und liebt es sich warm und gemütlich: Wissenschaftler fanden in gesunden Flatschen auf einer Wiese im Rheinland mehr als 50 verschiedene Käferarten, darunter Mistkäfer, Wasserkäfer, Stutzkäfer, Federflügler und Kurzflügelkäfer. Einige der Tiere standen sogar auf der Roten Liste der gefährdeten Arten. Manche leben vom Dung selbst, andere von den Dungfressern. Dazu kommen mindestens noch einmal so viele Fliegenarten, die ihre Eier darin ablegen. Außerdem Vögel, die in den Fladen nach Insektenlarven stochern oder Fledermäuse, die im Niedrigflug die startenden Fliegen abfangen. Unter Insekten sogar noch beliebter als Kuhfladen ist übrigens der Dung von Ziegen und Kamelen. Doch das steht auf einem anderen Blatt.

KAPITEL 13

NEUE DEUTSCHE GASTLICHKEIT: VON LUXUSAPPARTEMENTS UND BILLIGABSTEIGEN

In der nächsten Zeit habe ich viel mit meiner Arbeit zu tun und wenig Zeit fürs Gärtnern. Ich nutze die Abende, um zu recherchieren, was die Knautien-Sandbiene so zum Glücklichsein braucht. Okay, Knautien, so weit klar. Zu den Knautien gehören die heimische Wiesen- oder Acker-Witwenblume und die Wald-Witwenblume. Ich besorge mir über einen Biosaatgutversand Samen der Wiesen-Witwenblumen und säe sie zunächst in Töpfen aus. Fasziniert schaue ich mir im Netz Fotos der schönen Knautien-Sandbienen an. Sie sind nicht nur auffällig schwarz und rot gezeichnet, sondern tragen auch pinkfarbene puschelige Beinkleider. Diese rosa »Hosen« sind der rote Pollen der Wiesen-Witwenblume, den die Tiere in »Sammelbehältern« an ihren Beinen horten. Ihre Nester legen sie im Boden an. Und zwar in Gängen, die sie metertief in trockene Sandböden graben.

Metertief! Ich bin enttäuscht. Damit kann ich nicht dienen. Diese Biene würde ich jedenfalls nicht so einfach auf meinem Balkon oder auf der Dachterrasse ansiedeln können. Und in meinem schattigen Beet schon gar nicht. Saure war ohnehin skeptisch gewesen, als ich ihm von meinen Plänen erzählte, Trittsteine für seine Andrena hattorfiana anzulegen. Er glaubte nicht, dass das funktionieren würde. Zu spezialisiert, sagte er. Zu hohe Ansprüche. Doch ich bleibe stur. Ich muss Wiesen-Witwenblumen eben irgendwo aussäen, wo es in der Nähe auch freie sandige Bodenflächen gibt: Auf unbebauten Grundstücken zum Beispiel. Doch die zu finden, wird immer schwieriger, zumal im Prenzlauer Berg, wo der Quadratmeter Wohnfläche mittlerweile völlig irrsinnige 8000 Euro kostet.

Bei anderen Wildbienenarten ist es leichter, ihnen ein Ersatzobdach für all die wegsanierten Nistplätze anzubieten. Noch leichter wäre es freilich, einfach weniger aufzuräumen. Ein paar alte Schuppen in den Höfen stehen zu lassen, ein paar mehr tote Äste im Baum, ein paar mehr Mäuerchen, ein paar mehr Kruschecken im Garten. Doch weil das offenbar nicht mehr mit der modernen urbanen Lebensform des Homo sapiens vereinbar ist, muss ich mich jetzt intensiv mit Architektur auseinandersetzen. Und wie alle, die mit Bauen zu tun haben, beschäftigt auch mich dabei zunächst das Thema Baumängel.

Das Internet ist voll mit Videos und Bauanleitungen, wie man das richtige Insektenhotel baut. Vor allem aber damit, was man alles falsch machen kann. Die Firma, die meine erste Fertignisthilfe angefertigt hatte, hat demnach bei diesem Modell so ungefähr alles falsch gemacht, was man falsch machen kann. In einem You-Tube-Video des Wildbienengurus Werner David wird das Insektenhotel, das ich im Baumarkt erstanden habe und das seit einem Jahr in meinem Garten hängt, gnadenlos verrissen. Es sei der »Gau der Nisthilfen«, ätzt David. »Als hätte man sich zusammengesetzt und überlegt: Was ist zwingend erforderlich, damit so eine Nisthilfe besiedelt wird? Um dann, als man alles beisammen hatte, zu sagen: Und jetzt vermeiden wir all das um jeden Preis!« An keinem Teil lässt er ein gutes Haar: Das Holz sei billiges Nadelholz und viel zu weich, deswegen reiße es an den Löchern ein und splittere, sodass die zarten Flügel der Tiere verletzt werden. Die Tannenzapfen, in denen sich Florfliegen und Marienkäfer verstecken sollen? Völlig nutzlos! Noch nie einer drin gesichtet worden! Selbst die Klassiker der Insektenhotelausstattung, die Bambusröhren, seien in diesem Hotel zum großen Teil nicht zu gebrauchen. Weil sie nicht ausgehöhlt wurden, das Mark stecke noch drin. So werde da nie eine Biene reingehen, schimpft David, denn die brauchen hohle Röhren. Es gebe zwar einige Wildbienen, die die Stängel von Halmen selber aushöhlen, um ihre Nester darin anzulegen. »Doch die wollen ihre markhaltigen Stängel senkrecht und einzeln, wie sie zum Beispiel im Herbst auf einer Wiese stehen bleiben. Niemals waagerecht!« Die dekorativ aussehende Kammer aus Sperrholz mit der ovalen Öffnung, in der Schmetterlinge überwintern können? Völliger Unsinn! Von 180 Tagfalterarten würden gerade mal sechs Arten als Schmetterlinge den Winter überdauern. »Die tun das in Baumhöhlen, in Kellern und Schuppen. Überall, aber garantiert nicht hier!« spottet der YouTube-Kritiker, bevor er zum finalen Schlag ausholt: Das ganze Ding sei »peinlich, minderwertig, durch die Bank unbrauchbar!«

Ich fühle mich wie ein überführter Immobilienhai, der verranzte Sozialwohnungen zu überteuerten Preisen vermietet hat. So eine Bruchbude hatte ich meinen Wildbienen also angeboten. Kein Wunder, dass sie verschmäht wurde.

Allerdings muss ich sagen, dass der Baugrund in meinem Garten auch nicht der beste ist. Wie bei allen Immobilien ist auch bei Insektenhotels die Lage das A und O. Wildbienen lieben es warm. Und das heißt: Mindestens 6 Stunden pralle Sonne, am liebsten schon gleich ab früh morgens. Sie brauchen das, um sich aufzuwärmen, bevor sie losfliegen, um die Nahrung für ihren Nachwuchs zu sammeln. Zwischendurch sitzen sie immer mal wieder am Nest und tanken Energie. Viele schlafen auch nachts in ihren Röhren. Erst wenn die Eier gelegt, jedes einzelne in seiner Brutkammer fürsorglich mit seinem Pollenvorrat versehen und das Einflugloch mit einem Deckel verschlossen ist, verlassen die Tiere den Nistplatz und sterben dann auch in der Regel kurz darauf.

In unserem Hof dagegen herrscht Nord-West-Ausrichtung. Bis die Sonne mal über die Häuser gekrochen kommt, ist es zwei Uhr nachmittags. Und nach spätestens vier bis fünf Stunden ist sie wieder hinter der nächsten Häuserzeile verschwunden. Nicht so schlecht für eine Erdgeschosslage mitten in Berlin. Aber offenbar nicht gut genug für die Wildbienen.

Trotzdem gebe ich nicht auf. Frida und ich bohren gemeinsam einen Samstagnachmittag lang unterschiedlich große Löcher in Kaminholzscheite. Wenn man keinen Förster kennt und keinen adligen Waldbesitzer geheiratet hat, ist Kaminholz aus Buche, Ahorn oder Eiche die billigste Methode, um an unbehandeltes Hartholz zu kommen. Als wir mit der Bohrerei fertig sind, bestimmen wir akribisch, wo genau im Hof die größte Sonnenausbeute zu finden ist. Oben im Pflaumenbaum? Oder doch an der Balkonbrüstung an der äußersten, sonnenzugewandten Ecke des Hofes? Noch das letzte Fitzelchen Licht, das sich in den Fensterscheiben gegenüber spiegelt, berechnen wir mit ein. Schließlich hängen wir mehrere Loch-Scheite auf, als Versuchsballons. Am Ende werden die Mieter entscheiden. Auch hier gilt: Der Markt wird es richten. Aber schnell wird mir klar, dass ich, statt die Sonne mit Fensterscheiben in meinen dunklen Hof umzulenken, mit meinen Bauwerken in die Sonne muss.

Ich denke ohnehin längst wie ein Großinvestor. Ich will billige Insektenhotels im großen Stil bauen, einfache Module, die wenig auffallen und die ich überall in der Stadt an geeigneten Orten aufstellen kann. Dass wir überhaupt künstliche Nisthilfen brauchen, um den Wildbienen unter die Arme zu greifen, hat, wie gesagt, mit unserem Ordnungszwang zu tun. Eigentlich legen die meisten Arten, für die wir nun mühsam Bambusröhrchen zurechtsägen, ihre Brutzellen in natürlichen Löchern an, etwa in den Fraßgängen, die Borkenkäfer und Co. ins Holz nagen. Das tun die Käfer mit Vorliebe in alte, kranke Bäume oder in Totholz. Doch die gibt es immer weniger, weil wir Menschen alles aufräumen, sogar die Wälder. Und erst recht die Grünanlagen.

Dabei bieten auch hier die Städte oft besseren Lebensraum als das Land. In den Parks stehen mehr große alte Eichen, Buchen oder Platanen als in den allermeisten Wäldern, die nichts anderes mehr sind als Nutzholzplantagen. Deswegen gibt es immer mehr Spechte und sogar Habichte in der Stadt, die alte Bäume als Nistbäume bevorzugen. Die Bäume im Wald dagegen sind vorzugsweise schnellwachsende Kiefern und Fichten, die schon in jungen Jahren »geerntet« werden. Das heißt: Mit 80 bis 100 Jahren. Dann sind sie, in Baumjahren gerechnet, eigentlich noch im Teenageralter. Dass Bäume alt werden dürfen oder gar sterben, ist die große Ausnahme. Dabei fängt mit dem Sterben der Bäume die Party überhaupt erst an, jedenfalls für unzählige andere Lebensformen. Ein toter oder jahrelang vor sich hinsterbender Baum mit vielen morschen Ästen ist ein Rummelplatz der Artenvielfalt. Allein 1350 verschiedene Käferarten leben auf und von ihm, sowie 1500 verschiedene Großpilze und etwa 1000 Arten von Flechten und Moosen. Dazu kommen Hornissen, Wespen, Wanzen, Ameisen, auf Totholz spezialisierte Falter, Mücken und Fliegen. Und nicht zuletzt die Vögel und Säugetiere, die sich von all dieser Vielfalt ernähren. Und Wildbienen.

Beim Joggen im nahegelegenen Park komme ich hinzu, wie gerade ein mit der Baumpflege beauftragtes Gartenbauunternehmen Totholz aus den Kronen alter Eichen und Ahornbäume sägt. Auf dem Boden liegen Stapel mit gefällten Stämmen sowie ein paar große morsche Äste, zum Teil schon in armlange Stücke zersägt. Sie sind voller Wurmlöcher. Als ich sie anhebe, rieseln Käfer und Spinnen heraus. An einigen Stellen sind die Insekten bereits von Spechten professionell herausgehämmert worden.

»Was passiert mit dem Holz?« frage ich die Männer.

»Das kommt in den Schredder und wird zu Briketts verarbeitet«, antwortet einer von ihnen.

»Oh! Kann ich davon etwas für meinen Garten haben?« frage ich.

Ich kann. Am Nachmittag hole ich die Stämme mit der Sackkarre meines Bildhauers ab. Ich bin begeistert! Da bekomme ich nicht nur wunderbare natürliche Insektenhotels, sondern gleich ein paar Insekten gratis dazu! Einen mittelgroßen Totholzast lege ich als Käfernahrung und Versteck für Tiere aller Art in mein Beet. Einen weiteren schleppe ich in den Fahrstuhl, fahre ihn nach ganz oben, wuchte ihn von der Dachterrasse aus die Leiter hinauf und platziere ihn ganz oben auf dem

Gründach. Ich wische mir den Schweiß von der Stirn. Doch gleich sieht die eher eintönige Dachfläche wie ein naturnahes Biotop aus. Vielleicht kommt ja das ein oder andere Insekt vorbeigeflogen, dass das auch so sieht und sich hier niederlässt. Eine der Schlupfwespen zum Beispiel, die immer wieder suchend in meinem Garten auftauchen. Ich weiß zwar nicht, welche Arten es sind, aber einige legen mithilfe ihres langen Legestachels ihre Eier durch das Holz hindurch in Käferlarven. Oder die große schwarze Holzbiene. Sie ist so kräftig, dass sie mit ihren starken Beißwerkzeugen selber ihre Nistgänge ins Holz nagt.

Als Angebot für andere, weniger beißkräftige Wildbienenarten bohre ich noch ein paar Löcher zusätzlich ins Holz.

Aus den restlichen Stämmen schichte ich einen Totholzstapel vor unserer Terrasse auf. Es sieht sehr naturnah aus.

»Die müssen hier aber weg, ich komme nicht mehr mit meinen Steinen durch«, beschwert sich der Bildhauer, als er nach Hause kommt.

Seufzend hole ich die Sackkarre wieder hervor. Weil ich nicht weiß, wohin damit, verstaue ich das Holz erst einmal in meinem Auto. Mein Ford Fiesta sieht bald aus wie ein Forstauto. Im Kofferraum und auf der Rückbank stapeln sich Bäume, überall liegen alte

Rindenstücke herum, vom Innenspiegel seilt sich eine Spinne ab, auf dem Beifahrersitz kommt mir ein Rüsselkäfer entgegengelaufen. Doch geeignete Abwurfstellen in der Stadt zu finden, erweist sich als schwierige Angelegenheit. Drei Wochen lang fahre ich mit dem Totholz samt Insassen zur Arbeit und zum Einkaufen, bis mir schließlich der Einfall kommt, meine Fracht auf verwilderten Friedhöfen abzulegen. In Berlin gibt es einige wunderbar verwunschene Gottesäcker, mit Ecken, in denen sich nur selten ein Lebender blicken lässt. Hier finden meine Äste samt Bewohner schließlich eine zweite Heimat. Sie passen perfekt in die leicht morbide Atmosphäre. Und geht es nicht auch hier um Recycling und Auferstehung, um Leben, das aus dem Tod erst neu ersteht?

Am einfachsten wäre es gewesen, meine Stämme in den Park zurückzubringen, aus dem ich sie geholt hatte, damit sie dort in Ruhe verrotten können. Aber natürlich wären sie dort vom nächsten Aufräumkommando gleich wieder entsorgt worden. Mit Bedauern denke ich an all die Insekten, die regelmäßig mit dem Totholz im Schredder landen. Aber ich will nicht ungerecht sein, schließlich geht es auch um Sicherheit. Die Grünflächenämter müssen natürlich dafür sorgen, dass niemandem ein Ast auf den Kopf fällt oder gar bei einem Sturm gleich ein ganzer Baum. Aber muss das immer mit einer solchen Gründlichkeit geschehen?

»Außer direkt an Wegen müsste es in den allermeisten Fällen überhaupt nicht passieren!«, schimpft Jens

Esser. Er ist der Vorsitzende der Deutschen Entomologischen Gesellschaft. Ich habe ihn angerufen, weil ich mehr über Käfer und Totholz erfahren will. Esser ist Lehrer an einer Berliner Grundschule, in seiner Freizeit hat er sich auf Käfer spezialisiert. Über den Sicherheitswahn der Grünflächenämter kann er sich stundenlang echauffieren. »Eigentlich könnte es so schön sein für Käfer in Berlin!«, sagt er. »Es gibt hier fast alles, was sie brauchen: Strukturreiche Grünanlagen, Parks mit alten Bäumen, Naturschutzgebiete. Pestizide sind in der Stadt auch nicht das Problem – bis auf das, was aus dem Umland über das Grundwasser und Zuflüsse hereingeschwemmt wird. Doch leider unterliegen die Naturschutzbehörden diesem völlig irrationalen Sägewahn!«

»Aber was ist mit den Stürmen, bei denen regelmäßig Leute von entwurzelten Bäumen zerquetscht werden? Ist diese Gefahr in der Stadt mit all den Menschen nicht besonders groß?«, frage ich.

»Das passiert extrem selten«, antwortet Esser und schnaubt ins Telefon. »Und wenn, dann sind es vor allem gesunde, vollbelaubte Bäume, in die der Wind voll reingreifen kann, die bei Sturm umstürzen oder aus denen ganze Äste herausbrechen. So wie vor ein paar Jahren auf der Bundesgartenschau in Rathenow, als ein Mann bei einem Sturm von einem heruntergefallenen Ast erschlagen wurde. Das war auch ein völlig intakter Baum. Das kann man dann eh nicht verhindern, und wenn man noch so viel Totholz aus den Kronen sägt und prophylaktisch alte Bäume umhaut. Betagte, wackelige Eichen, an denen nicht mehr viel Laub dran ist, sind meistens gar nicht das Problem. Da bläst der Wind eher dran vorbei!«

Die »Verkehrssicherheitspflicht«, schimpft Esser, sei in der Stadt das Totschlagargument für alles. Damit werde jeder Naturschutz ausgehebelt. Kaum rufe einer Verkehrssicherheit, dürfe per Ausnahmegenehmigung selbst in FFH-Schutzgebieten Totholz gesägt werden. FFH ist die Abkürzung für die Flora-Fauna-Habitat-Richtlinie der Europäischen Union, nach der besonders artenreiche Gebiete, in denen seltene Tiere oder Pflanzen leben, unter Schutz gestellt werden. Etwa der Schlosspark Buch in Berlin. Er ist als FFH-Gebiet ausgewiesen, weil hier zwei seltene Käferarten leben: Der Eremit und der Heldbockkäfer.

Der Eremit oder Juchtenkäfer ist so etwas wie die Greta Thunberg unter den Insekten. Wo immer er auftaucht, wird er geliebt und gehasst gleichermaßen. Geliebt von den Naturschützern. Denn wenn der Juchtenkäfer gesichtet wird, dann ist erst mal Schluss mit jedem Bauprojekt. Er steht unter strengem Artenschutz. Wo der Juchtenkäfer lebt, gibt es auch sonst eine hohe Artenvielfalt. Er gilt daher als ökologische »Zeigerart«, wird er irgendwo nachgewiesen, muss das Gebiet laut FFH-Richtlinie als Schutzgebiet ausgewiesen werden – oft zum Ärger der Kommunen, die die entsprechenden Flächen meistens gerade als Bauland freigegeben haben. Nationale Berühmtheit erlangte der Juchtenkäfer vor ein paar Jahren durch die Auseinandersetzung

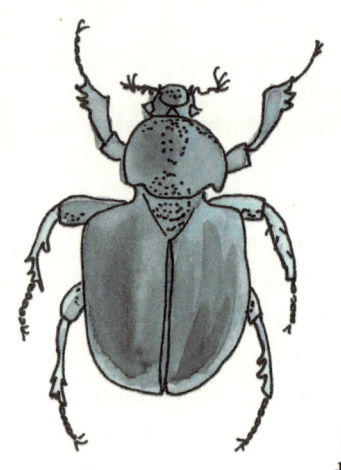

um Stuttgart 21. Jahrelang verhinderte seine vermutete oder tatsächliche Anwesenheit, dass die Deutsche Bahn für ihr umstrittenes Bahnhofsprojekt Bäume fällen konnte. Den Gegnern von Stuttgart 21 kam das sehr zupass. Den Verantwortlichen bei Bahn und Stadt dagegen wuchsen graue Haare wegen der Tierchen. Abgeholzt wurde am Ende doch – mit einer schließlich erwirkten Ausnahmegenehmigung durch die EU. »Am Ende gibt es immer eine Ausnahmengenehmigung,« echauffiert sich Esser, der natürlich klar auf Käferseite steht.

Der Juchtenkäfer ist wie kein anderes Insekt an das Leben in alten Bäumen angepasst. Die bis zu vier Zentimeter großen schwarzen Käfer interessieren sich überhaupt nur für Bäume, die mindesten 150 Jahre alt sind. Sie heißen auch Eremiten, weil kaum ein Mensch sie je zu Gesicht bekommt. Sie leben ihr ganzes Leben lang im Mulm großer Baumhöhlen. Ob oben drüber noch ein Waldkauz oder Specht brütet, interessiert sie dabei weniger. Im Gegenteil, der herabfallende Müll der Vögel, Exkremente oder Futterreste, bereichert sogar zusätzlich ihren Speiseplan. Sehen kann man sie höchstens mal, wenn sie von einer Baumhöhle in eine andere umziehen müssen. Dann fliegen sie sogar mal kurze

Strecken, was aussieht und sich anhört wie ein defekter Hubschrauber kurz vor dem Absturz. Da es in den Wäldern kaum noch alte Bäume gibt, steht der Käfer auf der Roten Liste der stark gefährdeten Arten. In den Städten und Parks findet er manchmal letzte Rückzugsräume und -bäume. Dort leben manchmal mehrere Generationen von Juchtenkäfern über Jahre zusammen im Mulm einer muffigen Höhle, manchmal in Gesellschaft von Rosenkäferclans, die ganz ähnliche Räumlichkeiten bevorzugen.

Früher sei man in Berlin noch gelassener gewesen mit dem Totholz in Grünanlagen, sagt Esser. Aber zum einen sei der Nutzungsdruck auf die Parks immer stärker geworden. Es gibt einfach immer mehr Menschen in der Stadt, die nach Erholung suchen und zum Grillen, Picknicken, Joggen oder Fußballspielen in die Grünflächen ziehen. Und außerdem wurden in den Naturschutzbehörden immer mehr Stellen abgebaut. Bis vor zehn, zwanzig Jahren hatten die Bezirke noch eigene Baumpfleger, die Ahnung von ihrem Fach hatten und ihre Parks kannten. Da ging es eher um den Erhalt der Bäume. »Heute werden Privatfirmen mit den Sicherheitsgutachten beauftragt, die auch die Fällarbeiten ausführen«, brummt Esser. »Ein Schelm, wer Böses dabei denkt!«

Ich kehre zu meinem Bauprojekt zurück. Meine Totholzexperimente sind ein guter Anfang, doch sie reichen nicht aus. Denn neben den löchernistenden Bienen gibt es auch solche wie die Pelz- und Mörtelbienen, die in Lehmwänden nisten. In der Natur sind das oft sandige Abbruchkanten, in die sie ihre Gänge hineinnagen. Im Siedlungsbereich ist es mit natürlichen Lehmwänden nicht weit her. Aber dafür gibt es menschengemachten Ersatz: Mauern. Jahrhundertelang waren sie ein idealer Ersatzlebensraum, als sie noch als Trockenmauern aufgeschichtet oder mit weichem Kalkmörtel zusammengehalten wurden. Doch diese für Mauerbienen schönen Zeiten sind weitgehend vorbei. Seit ein paar Jahrzehnten wird zum Mauern Zementmörtel verwendet, in dem es für die Bienen im wahrsten Sinne des Wortes kein Durchkommen mehr gibt. Ich erinnere mich an die Natternkopf-Mauerbienen am Kanzleramt und die Mauer gegenüber dem Polizeirevier. Hätte beinahe alles so schön zusammengepasst: Sonne, Mauer, Natternkopf – alles da. Aber eben nur beinahe. Der Mörtel war so hart, dass sich die Bienen die Mundwerkzeuge ausgebissen hätten.

Alte Mauern mit weichen Fugen sind selten geworden in der Stadt. Manchmal findet man noch welche auf Friedhöfen oder in Hinterhöfen, doch dort ist es dann entweder zu schattig, oder es gibt nicht die richtigen Futterpflanzen in der Nähe. Ich denke noch mal kurz an meine Idee mit dem Akkubohrer. Doch schnell komme ich wieder davon ab. Wahrscheinlich kommt es nicht sonderlich gut, wenn ich nachts an Friedhofsmauern herumbohre. Also bleibt doch nur künstlicher Ersatz. Ein Insektenhotel für den öffentlichen Raum, das mit wenig Aufwand herzustellen ist und wenig kostet. Preisgünstige, funktionsfähige Massenware, die für möglichst viele verschiedene Arten Wohnraum schafft. Eigentlich eine klassische Herausforderung für die moderne Stadtplanung.

Die folgenden Wochenenden verbringe ich mit dem Hausbau. Ich entwerfe Modelle, mache Zeichnungen, informiere mich auf den einschlägigen Wildbienen-Seiten im Netz. Da finden sich zahllose Hinweise für den Bau von Nisthilfen, wie sie Naturschützer empfehlen. Von dekorativen, hübsch bemalten Terrakottablöcken, in denen jedes Loch liebevoll mit einer Schmuckbordüre verziert ist, bis hin zu riesigen Nistwänden aus Holz, Lehm, Ziegeln und Halmen, wie sie von NABU-Ortsgruppen liebevoll in langen Wochenenden gezimmert und dann auf einem Zementfundament in den Boden gerammt werden. All das übersteigt eindeutig meine handwerklichen Fähigkeiten. Ich brauche etwas ganz Simples. Schließlich finde ich in einem Baumarkt die Lösung. Hässliche Betonhohlsteine, wie sie zum Beispiel für Trockenmauern verwendet werden. Stückpreis: 3,99 Euro. Ich hebe sie an: Sie sind schwer. Schwer genug. Ich wuchte ein paar davon auf meinen Einkaufswagen.

Zunächst baue ich einen Prototyp. Die Steine sind, hochkant aufgestellt, etwa einen halben Meter hoch. Sie haben drei Hohlräume. Zwei davon fülle ich mit einer Pampe aus Lehm, Sand und Wasser. Das richtige Mischungsverhältnis habe ich zuvor in langen matschigen

Versuchsreihen ausprobiert. Die Masse muss ausgehärtet so weich sein, dass man noch mit dem Fingernagel daran herumkratzen kann. Den verbleibenden dritten Hohlraum fülle ich nur mit einer dünnen Schicht Lehm, in die ich Röhren verschiedenen Durchmessers stecke. Fertig ist mein dreistöckiges Gebäude. Das Ganze braucht Wochen, um auszuhärten. Aber ich bin mit dem Ergebnis zufrieden. Meine Bauten sind kostengünstig, einfach in der Produktion und so schwer und hässlich, dass sie nicht so leicht geklaut oder umgeschmissen werden können. Mit ihrer Betonästhetik passen sie in die Stadt und werden den meisten Menschen, die Grau in Grau ohnehin gewohnt sind, wahrscheinlich gar nicht auffallen. Die einzelnen Steine lassen sich auch aufeinander stapeln und so zu ganzen Wohnwänden verbauen, wenn man das will, beziehungsweise wenn das potenzielle Mieteraufkommen es hergibt. Ich habe den Plattenbau unter den Insektenhotels erfunden! Vom Sozialismus lernen heißt siegen lernen!

Selbst mein Bildhauer ist beeindruckt.

»Du solltest die Dinger signieren, bevor du sie aufstellst. Nicht dass sie nächstes Jahr unter fremdem Namen in einer Architekturzeitschrift auftauchen.«

In Winter werde ich mit der Serienproduktion beginnen, damit ich zum Beginn der Flugzeit im März die durchgetrockneten Module aufstellen kann. Auf das Einholen einer Baugenehmigung werde ich verzichten.

KAPITEL 14

VERGIFTETE BEZIEHUNGEN

Vor Jahren hatte ich ein Erlebnis, das mir bis heute eindrücklich in Erinnerung geblieben ist, weil es so symptomatisch war für das Verhältnis vieler Menschen zu Insekten. Ich besuchte Freunde in Ecuador, und gemeinsam unternahmen wir einen Tagesausflug in ein nahegelegenes, gerade erst eingerichtetes Naturschutzgebiet. Ein Guide begleitete uns, der uns die Flora und Fauna erklärte, mit von der Partie war auch der Sohn meiner Freunde, ein gelangweilter ecuadorianischer Teenager, der nur widerwillig mitgekommen war. Der Guide zeigte uns einzelne besondere Pflanzen und Tiere, darunter einen grünen Käfer, der auf dem Boden über den Weg krabbelte. Wir gingen interessiert in die Hocke. »Das ist ein seltener...« setzte der Biologe an, da hatte der Junge schon, ohne richtig hinzublicken, den Fuß gehoben und das Insekt zertreten. Es war ein Automatismus, ein klassisches Reiz-Reaktions-Schema. Er hatte gar nicht nachgedacht, sondern einfach das getan, was er immer tat, wenn ein Insekt seinen Weg kreuzte.

Man muss Insekten nicht heiligsprechen wie die indischen Jainamönche, die einen Mundschutz aus Gaze tragen, um nicht versehentlich ein Insekt zu verschlucken, und die mit einem Wedel mit jedem Schritt den Weg vor sich fegen, um ja keine Ameise zu zertreten. Vögel, Eidechsen, Frösche oder Spinnen gehen auch nicht zimperlich mit Insekten um, und wenn man gesehen hat, mit welcher Hinterlist ein Ameisenlöwe am Grund seines Sandtrichters mit geöffneten Zangen auf seine Opfer wartet, die ihm langsam aber unerbittlich in den Schlund rieseln, ist man froh, keine Ameise zu sein. Natürlich müssen Gemüsegärten und Äcker vor Insekten, die die Ernte bedrohen, geschützt werden. Doch die Verbissenheit, mit der die Menschen überall auf der Welt Insekten vernichten, ist maßlos geworden. Das Mordinstrument ist in den meisten Fällen Gift.

Der weltweite Einsatz von toxischen Chemikalien, mit denen den Insekten zu Leibe gerückt wird, ist enorm. Der größte Pestizidanwender ist China. Doch auch auf den großen Pflanzungen im übrigen Asien, in Afrika und Südamerika werden ohne jede Rücksicht auf die Umwelt oder die Gesundheit der Menschen immer größere Mengen Gift versprüht. Intensivagraranbaugebiete wie die Region Almeria in Spanien, aus der wir einen Großteil unseres Gemüses beziehen, sind zu lebensfeindlichen Agrarwüsten geworden, in denen kein natürliches Leben mehr möglich ist. Ähnliches gilt für Baumwollanbaugebiete in Indien und den USA oder für Schnittblumenplantagen in Kenia.

In den Chiquita-Bananenplantagen in Süd- und Zentralamerika fliegen zum Teil mehrmals die Woche Flugzeuge über die Staudenreihen, mit denen Chemikalien aus der Luft versprüht werden. Das Gift gelangt in den Boden und in die Gewässer und wird von den Plantagenarbeitern, die meist ohne Schutzkleidung arbeiten, eingeatmet. Eine Studie von Öko-Test, die Bananen in deutschen Supermärkten untersuchte, bewertete vor Kurzem sämtliche Früchte, die nicht aus Bioanbau stammten, wegen der vielen Pestizidrückstände als »mangelhaft«. Den Kunden in Deutschland empfahlen die Wissenschaftler, sich besser sofort die Hände zu waschen, nachdem sie eine dieser Bananen angefasst hatten.

Immer wieder wird das Argument angeführt, die Pestizide seien notwendig, um die Ernährung der wachsenden Weltbevölkerung zu sichern. Was für eine perfide Rechtfertigung! In Brasilien, Argentinien und Paraguay sind in den letzten zwanzig Jahren 42 Millionen Hektar Land in Sojaanbauflächen umgewandelt worden, über 90 Prozent davon sind mit genmanipuliertem, glyphosatresistentem Saatgut von Monsanto, heute Bayer, bedeckt. Dafür wurden riesige Flächen an Wald gerodet. Der Sojaanbau geht einher mit massivstem Einsatz von Glyphosat und Pestiziden. In Paraguay bedecken die Sojamonokulturen inzwischen 3,5 Millionen Hektar der Landesfläche: hitzeflirrende, grüne Wüsten ohne Bäume, ohne Vögel, ohne das Zirpen der Zikaden. Von dieser rasanten Industrialisierung der Landwirtschaft profitieren nur einige wenige – während Hunderttausende Kleinbauern und Indigene zum Teil mit Gewalt von ihrem Land, auf dem sie sich bis dahin selbst versorgten, vertrieben wurden und nun die Elendsviertel der Hauptstadt Asunción bevölkern. Seit es die Sojaplantagen gibt, hat sich die Zahl der missgebildet geborenen Kinder vervielfacht, Leukämie und Atemwegserkrankungen haben stark zugenommen. Ernährt werden mit diesem Soja nicht die Armen der Welt, sondern vor allem die Kühe und Schweine in den Mastanlagen der westlichen Industrieländer. Damit wir im Discounter möglichst billig Fleisch und Wurst kaufen können, werden anderswo ganze Landstriche ökologisch verwüstet. Viel *zu* billig: Wenn eine Packung Salami nur 1,99 Euro kostet oder zwei Schweineschnitzel nur 2,29 Euro, dann ist es auch egal, wenn ein Teil davon am Ende im Mülleimer landet. Etwa ein Drittel der weltweit produzierten Nahrung wird weggeschmissen, in den entwickelten Ländern ist der Anteil sogar noch höher. Supermärkte lehnen Obst und Gemüse ab, wenn es nicht den optischen Normen entspricht, und entsorgen palettenweise Lebensmittel, weil deren Mindesthaltbarkeitsdatum abgelaufen ist. 820 Millionen hungernden Menschen auf der Welt stehen etwa zwei Milliarden Übergewichtige und Fettleibige gegenüber. Da soll kein Spielraum bestehen, um Lebensmittel extensiver, umweltverträglicher und menschenwürdiger anzubauen? Keine Alternative bestehen zu einer industriellen Agrarindustrie, die unsere Böden auslaugt, Seen und Flüsse verschmutzt und das natürliche Tier- und Pflanzenleben vernichtet? Das will ich nicht glauben.

Nein, als Insekt hat man auf dieser Welt wahrlich keine guten Karten. Die Folge des massiven Giftangriffs lässt sich überall beobachten. Rund um den Globus nimmt fast die Hälfte der Insektenarten zahlenmäßig massiv ab. In den USA ist der Bestand des schönen Monarchfalters, dessen spektakuläre Wanderung von Kanada bis Mexiko Generationen von Fernsehzuschauern in zahlreichen Dokusendungen mitverfolgt haben, um 80 Prozent zurückgegangen. Südkoreanische Wissenschaftler melden einen Verlust von 70 Prozent aller Schmetterlinge in den letzten 20 Jahren. Im US-Bundesstaat Oklahoma ist die Hälfte aller Hummelarten, die es dort 1949 noch gegeben hat, verschwunden. Und weil die Schädlinge, denen die Angriffe eigentlich gelten, immer resistenter werden, müssen immer neue und stärkere Gifte entwickelt werden. Die heimische Agrochemie profitiert davon: Deutsche Chemiekonzerne gehören zu den größten Pestizidproduzenten und -exporteuren der Welt.

Biolandbau leistet nachweislich einen großen Beitrag zum Natur- und Artenschutz, hier leben 30 Prozent mehr Tierarten und 50 Prozent mehr Individuen als auf konventionell bewirtschafteten Höfen. In Europa werden jedoch mit den meisten Steuergeldern noch immer die landwirtschaftlichen Betriebe belohnt, die die größten Flächen bewirtschaften. Um sie zu bestellen, kippen deutsche Landwirte jährlich riesige Mengen Ackergifte

in die Landschaft, 2018 lag der Absatz an reinem Wirkstoff bei knapp 30.000 Tonnen. Und selbst in Naturschutzgebieten werden von Bauern und Förstern noch Pestizide versprüht, ganze Waldgebiete aus der Luft eingenebelt gegen Borkenkäfer, Eichenprozessionsspinner oder Nonnenfalter.

2019 war ein Maikäferjahr. Die Larven brauchen vier Jahre, um sich zu entwickeln, alle vier Jahre fliegen die Käfer aus und können dann durchaus auch mal in größeren Mengen auftreten. Doch kaum ist das der Fall, wird schon wieder lautstark nach Gift gerufen. Sicher, Waldmaikäfer in Kohortenstärke können schon mal ganze Bäume entlauben. Sie treten vor allem regional auf, etwa am Niederrhein. In weiten Teilen Deutschlands aber fehlen sie völlig, seit sie in den 60er-Jahren mit DDT nahezu ausgerottet wurden. Doch statt sich zu freuen, dass die Käfer das totale Giftattentat überlebt haben und sich in einigen Regionen die Bestände wieder erholen, werden schon wieder Gifteinsätze mit Hubschraubern geflogen. Ich habe in meinem ganzen Leben erst zweimal einen Maikäfer gesehen, und jedes Mal war es für mich eine Sensation. Früher waren sie häufig. Unsere Eltern spielten als Kinder noch mit ihnen, sie wurden gesammelt und getauscht: Es gab die dunklen, die »Schornsteinfeger«, die mit den hellen Haaren, die

»Müller«, und die ganz seltenen, die rötlichen »Kaiser«. Die waren als Tauschobjekte besonders begehrt.

Regelmäßig besprühen Kommunen auch die Brutgebiete von Mücken an Wasserläufen und Feuchtgebieten mit Flugzeugen. Das wird zwar in der Regel nicht mehr wie früher mit Pestiziden gemacht, sondern mit einem biologischen Wirkstoff, der die Mücken unfruchtbar macht. Klar, niemand will eine Mückenplage, wie sie im letzten Sommer ganz Bayern gequält hat. Ich habe für die flächendeckende Mückenbekämpfung dennoch nicht viel übrig. Die Mücken und ihre Larven sind eben auch wichtige Nahrungsgrundlage für Vögel, Fledermäuse, Amphibien und Fische. Fallen in einer Region eine oder mehrere Mückengenerationen komplett aus, kann das zum ökologischen Problem werden. Zumal dann, wenn das Nahrungsangebot wegen des Rückgangs an Insekten ohnehin schon stark reduziert ist. Mauersegler etwa müssen pro Tag 50 Gramm von diesem »Luftplankton« – Mücken, fliegende Blattläuse und kleine Spinnen – an ihre Jungen verfüttern. 50 Gramm – in Mücken ausgedrückt sind das 20.000 Tiere.

Wie aber kann es eigentlich sein, dass wir trotz des Insektensterbens dennoch derartige Mückeninvasionen haben, dass, wie im vergangenen Jahr am Ammersee, die Sommergäste ihre Koffer packen und die Flucht antreten? Ein Entomologe erklärte mir dazu, dass Mücken nicht zu den Fluginsekten, sondern zu den Wasserinsekten gezählt werden, weil ihre Larven sich im Wasser entwickeln. Sie seien vom Insektensterben nicht betroffen, weil sie nicht auf Pflanzen und Nektar als Futterquelle angewiesen sind. Als Blutsauger sind sie von der Artenverarmung und der Zerstörung von Lebensräumen durch den Menschen unabhängig – ebenso wie Zecken. Menschen und Vieh, das sich anzapfen lässt, gibt es genug. Mücken profitieren zudem vom ebenfalls menschengemachten Klimawandel. In Jahren wie 2019, in denen es im Südwesten Deutschlands erst heftige Starkregen und dann große Hitze gab, können sie sich explosionsartig vermehren. Wer also denkt, dass das Insektensterben wenigstens bedeutet, dass wir dann auch weniger Mücken haben, der irrt. Mücken wird es wohl immer geben, es sei denn, wir vergiften auch die Gewässer. Die sind aber in den letzten Jahrzehnten zum Glück eher sauberer geworden.

Wenn sich ein Insekt vor all diesen Giftangriffen in einen deutschen Garten flüchtet, ist es noch lange nicht in Sicherheit. Denn auch hier wird die Giftflasche geschwungen, und nicht zu knapp. 5420 Tonnen Pflanzenschutzmittel wurden im Jahr 2018 in Hausgärten und Schrebergärten versprüht, so listet es das Bundesamt für Verbraucherschutz und Lebensmittelsicherheit auf – chemische Kampfstoffe gegen Schildläuse, Schnecken, Ameisen, Blattläuse, Käfer, Raupen, Trippse und weiße Fliegen. Ironischerweise sind es oft die gleichen Gartenfreunde, die sich an Bienen und Schmetterlingen erfreuen, sie dann aber vergiften, indem sie bei der ersten Blattlaus ohne zu Zögern zur Sprühflasche mit dem Totenkopf drauf greifen. Denn natürlich treffen die chemischen Keulen nicht nur vermeintliche oder wahre Schädlinge, sondern alle Insekten. Das Pestizid, das den Unterschied erkennt zwischen Apfelwicklern und den »guten« anderen Schmetterlingen wurde bisher noch nicht erfunden. Oder zwischen Blattläusen und den nützlichen, weil blattlausvertilgenden Schwebfliegenlarven. Auch wenn die Hersteller immer wieder behaupten, andere als die »Zielinsekten« würden nicht geschädigt.

Dabei sind die meisten Pflanzen in unseren Gärten von Natur aus eigentlich mit ausreichend Abwehrstoffen gegen Fressfeinde ausgestattet: Sie haben Dornen oder Borsten, reüssieren mit schlechtem Geruch oder Geschmack oder produzieren natürliche Blattgifte. In einem naturnahen, strukturreichen Garten findet sich in der Regel schnell ein Gleichgewicht zwischen Pflanzenwuchs und Pflanzenfressern. Und wenn doch mal Blattläuse oder Spinnmilben überhandnehmen, dann liegt das meistens daran, dass die Pflanze im Garten einfach nicht den richtigen Standort hat: Zu viel oder zu wenig Sonne, oder die falschen Bodenverhältnisse. Wie mein Pflaumenbaum, den ich wider besseren Wissens in einem dunklen und wahrscheinlich auch viel zu trockenen Innenhof hege und pflege.

Und doch tut sich ja ein bisschen was, versuche ich mir Mut zu machen. Über 500 Städte und Gemeinden in Deutschland haben sich mittlerweile zu pestizidfreien Kommunen erklärt, was bedeutet, dass sie auf ihren Grünflächen auf Pestizide und Glyphosat verzichten. In

Berlin sind drei Bezirke dabei, leider nicht der, in dem ich wohne. Ab 2020 soll der Unkrautvernichter Glyphosat endlich für Haus und Garten verboten werden. Das sieht das »Aktionsprogramm Insektenschutz« vor, das die Bundesregierung im Herbst 2019 verabschiedet hat. In der Landwirtschaft darf der Wirkstoff jedoch noch bis 2024 weiterverwendet werden. Haben wir wirklich so viel Zeit? Gerade erst hat eine neue Studie unter Leitung der Technischen Universität München mit eigenen Daten belegt, dass allein in den letzten zehn Jahren die Gesamtmasse der Insekten im Offenland um 67 Prozent und im Wald um 40 Prozent geschrumpft ist. Die Anzahl der Arten ist in diesem Zeitraum um ein Drittel zurückgegangen. Geht das Sterben in dem Tempo weiter, dürften in fünf Jahren, wenn das Glyphosatverbot greift, bei uns nicht mehr viele Insekten übrig sein.

Verbindliche Vorgaben zur Reduzierung von Acker-pestiziden auf konventionell bewirtschafteten Flächen sucht man im Insektenschutzprogramm der Bundes-regierung vergeblich. Immerhin sollen künftig sechs Prozent statt bislang 4,5 Prozent der EU-Agrarsub-ventionen in Deutschland für eine nachhaltigere Land-wirtschaft verwendet werden. Möglich gewesen wä-ren nach EU-Recht 15 Prozent. Und Landwirte sollen künftig beim Spritzen von Pflanzenschutzmitteln fünf bis zehn Meter Abstand zu Gewässern einhalten müs-sen: Eine Maßnahme, die ohnehin als gute landwirt-schaftliche Praxis gelten sollte. Dass sie überhaupt geregelt werden muss, zeigt, wie wenig Rücksicht in weiten Teilen der Landwirtschaft auf die Belange des Naturschutzes genommen wird.

Die wichtigste Neuerung betrifft die Naturschutzgebiete: Dort sollen ab 2021 keine »biodiversitätsgefährdenden« Pestizide mehr gespritzt werden dürfen. Ausnahmen gelten jedoch weiterhin »zur Sicherung des Waldschutzes und des Gesundheitsschutzes«. Was nichts anderes bedeutet, als dass Hubschraubereinsätze aus der Luft gegen Waldmaikäfer, Borkenkäfer und Eichenprozessionsspinner noch immer nicht der Vergangenheit angehören dürften.

Mit dem lange angekündigten »Aktionsprogramm Insektenschutz« ist die Regierung weit davon entfernt, das Ruder herumreißen zu können. Doch schon gegen die Abstandsregelungen zu Gewässern und das Giftverbot in Naturschutzgebieten gingen Tausende Landwirte auf die Straße. Sie befürchten Einkommenseinbußen durch die minimalen Umweltauflagen, die ihnen gemacht werden sollen. Dass die Bauern stark unter Druck stehen, steht außer Frage. Doch die Probleme liegen anderswo: beim Handel, der die Preise für Lebensmittel nach unten drückt, und bei der Brüsseler Agrarpolitik, die immer noch den am meisten belohnt, der die größten Flächen besitzt. Das begünstigt nicht nur die am stärksten, die die Umwelt am meisten schädigen, sondern auch internationale Konzerne, die sich im großen Stil Land kaufen, um sich mit einem Minimum an Bewirtschaftung Millionen an Agrarsubventionen zu sichern. Acker- und

Grünland ist zur lukrativen Geldanlage geworden – und wird dadurch für Landwirte oft unerschwinglich. Nein, gegen den Naturschutz zu protestieren, bedeutet, gegen den falschen Feind zu marschieren. Doch viele Bauern fürchten um ihre Existenz. Dabei werden Landwirte dringend gebraucht. Nicht nur für die Produktion von gesunden Lebensmitteln, sondern auch als Bewahrer der heimischen Kulturlandschaften. Sie müssten nur für ihre Leistungen für Natur und Umwelt endlich genauso entlohnt werden wie für den Anbau von Nahrungs- und Futtermitteln. Doch statt politisch dafür zu kämpfen, setzen die Landwirtschaftsverbände weiter auf den Systemerhalt, sekundiert von einer Lebensmittel- und Chemieindustrie, die um ihre Millionengewinne fürchtet. Dass Insekten und Vögel sterben, Böden ausgelaugt, Flüsse und Seen verschmutzt werden, davor verschließen diese Branchenvertreter einfach die Augen.

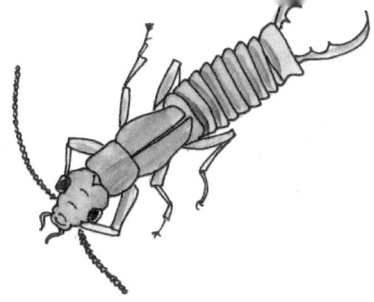

KAPITEL 15

EIN KÖNIGREICH FÜR
EINEN OHRWURM 1

Ich chatte mit Frida, die mittlerweile tatsächlich ein freiwilliges ökologisches Jahr macht. Allerdings nicht auf
einer Vogelinsel, wie es für ihre geistige Entwicklung
und die künftige ornithologische Laufbahn, die ihre
Mutter für sie ausgesucht hat, sinnvoll gewesen wäre,
sondern in Plön in Schleswig-Holstein. Sie arbeitet bei
einem Träger, der Jugendarbeit und ökologische Bildung
miteinander verbindet. Dort ist sie für die Pflege einer
Streuobstwiese, eine Schafherde und einen Hühnerstall
zuständig. Außerdem darf sie sich um den Gemüse- und
Kräutergarten kümmern und Führungen mit Schul-
kindern organisieren, die nicht mehr wissen, dass Äpfel nicht im Supermarkt sondern an Bäumen wachsen.
Es ist ein weitläufiges, artenreiches Gelände mit vielen
Vögeln. Ich bin sehr neidisch.

ICH: Fridi, gibt's bei dir Ohrwürmer? Kannst du mir am Wochenende welche mitbringen?

F: (Drei sich totlachende Smileys)
(Drei Smileys, die sich die Hand vor den Kopf schlagen)

ICH: Hast du oder hast du nicht?

F: Meinst du Ohrenkneifer? Wie soll ich die denn bitte transportieren?

ICH: In den Ohren? (Zwinkernder Smiley)

F: Ich kann dir ein paar getrocknete Mehlwürmer anbieten.

ICH: Ich will Ohrwürmer! Andere Mütter wollen Pralinen, ich will Ohrwürmer.

F: (Smiley, der die Augen verdreht)

F: Wofür brauchst du die denn?

ICH: Die sind gut gegen Blattläuse. Ich will im Garten ein Ohrwurmparadies anlegen.

F: Gibt's die nicht in Berlin? Oder bei deinem Nützlingsversand?

ICH: Nee.

F: Die find ich so schnell jetzt hier nicht. Muss gleich zum Zug.

ICH: Und morgen?

F: (Keine Antwort)

Ich gebe zu, ich habe mich auf die Ohrwürmer ein bisschen eingeschossen. Alles fing mit dem Totholz an, das ich aus dem Park mitgenommen habe. Ein großer, wunderbar morscher Ast liegt jetzt in meinem Beet. Und bei der Recherche, welche Insekten ich damit beherbergen könnte, bin ich auf Ohrwürmer gestoßen. Auch so ein Insekt, das mich durch meine Kindheit begleitet hat. Ohrenkneifer nannten wir sie, sie krabbelten hervor, wenn wir einen Stein anhoben oder rieselten uns entgegen, wenn wir auf Apfelbäume kletterten. Ich mochte sie schon als Kind, und die Gruselmär, dass sie nachts den Menschen in die Ohren kriechen sollen, um sie in den Wahnsinn zu treiben, machte sie in meinen Augen noch attraktiver. Natürlich wussten wir, dass das nicht stimmte, wir waren aufgeklärte Kinder. Manchmal fanden wir zwei ineinander verhakte Tiere, und wir bauten kleine Arenen, in denen wir die Ohrwürmer mit ihren Zangen gegeneinander antreten ließen. Die Tiere waren allerdings am Kämpfen maximal desinteressiert. Mittlerweile weiß ich, dass es bei ihren Hakelspielchen, wie so oft im Leben, nicht ums Kämpfen, sondern um die Liebe geht. Die Tiere setzen ihre Zangen vor allem bei ihrem Paarungsritual ein. Die Männchen wedeln damit herum und spreizen sie, so weit sie können, um die Weibchen zu beeindrucken. Beim Akt an sich halten sie die Damen zärtlich mit den Zangen fest. Anschließend kümmern sie sich liebevoll um das Ergebnis ihres Liebesspiels. Die Ohrenkneifer sind aufopferungsvolle Eltern und beschützen ihre Eier, säubern sie regelmäßig, sortieren verpilzte Exemplare aus, ja sie verteidigen sogar die geschlüpften Larven und füttern ihren Nachwuchs, was in der Insektenwelt nicht sehr häufig vorkommt. Erst mit der ersten Häutung müssen die Jungen aus dem Haus.

Für den Menschen sind die Ohrwürmer, obwohl sie als angebliche Ohrenkneifer einen so schlechten Ruf genießen, sehr nützlich, denn sie vertilgen nichts lieber als Blattläuse, von denen ich ja reichlich habe. Wenn ich sie in meinem Garten ansiedele, kann ich mir den Einsatz meiner per Postversand importierten Killermaschinen im nächsten Jahr vielleicht sparen. Da Ohrwürmer aber auch gelegentlich an Obst und Blättern nagen, werden sie von den meisten Gartenbesitzern gnadenlos mit Gift, Klebefallen und Ungezieferspray verfolgt. Und auf Obstplantagen mit Unmengen an Pestiziden vernichtet. Dadurch sind ausgerechnet die Orte garantiert ohrwurmfreie Zonen, wo die Tiere den größten Nutzen erbringen könnten, da sie neben Blattläusen auch Eier und Maden der Apfelwickler – und ja, auch der Pflaumenwickler! – fressen.

Ich habe einen Pflaumenbaum mit Pflaumenwicklermaden, ich habe Blattläuse, ich habe einen Laubhaufen und ich habe seit neuestem einen wunderbaren morschen Totholzast als Versteck. Aber keine Ohrwürmer. Da sie nicht fliegen, können sie mein Trittsteinbiotop nicht von selber erreichen. Ich muss sie also ansiedeln. Zugegebenermaßen möchte ich sie auch deswegen gern in meinem Garten haben, weil ich zu gerne einmal das Ohrwurm-Familienleben mit eigenen Augen beobachten würde. Da meine Tochter mich schmählich im Stich gelassen hat, rufe ich meine Freunde in der Uckermark an. Sie versprechen, sich für mich in ihrem großen Garten auf die Suche zu machen. »Aber nicht, dass wir junge Familien auseinanderreißen«, sagen sie, als ich ihnen von der Brutpflege erzähle. »Woran kann man Männchen und Weibchen unterscheiden?«

»Junge Nymphen sehen genauso aus wie die Alten, nur in klein und hellbraun. Männchen haben gebogene Zangen, bei Weibchen sind sie gerade«, erkläre ich.

»Nymphen?«, fragt meine Freundin. Sie hat Literatur studiert und denkt bei dem Begriff eher an griechische Naturgeister in wallenden Gewändern als an Ohrwürmer. Warum die Jungstadien vieler Insekten Nymphen heißen, habe ich auch nie verstanden. Ich beschließe, einen Entomologen zu fragen, wenn ich das nächste Mal einen treffe. Was in letzter Zeit ja häufiger der Fall ist.

Ich warte. In der Zwischenzeit bereite ich den Tieren schon mal das Quartier. Doch wie es so ist, wenn man etwas sehr begehrt, dann findet man es nicht. Sucht man nicht danach, läuft es einem aus allen Ritzen entgegen. Sie hätten alle Steine im Garten umgedreht, aber keine Ohrwürmer auftreiben können, erzählen mir meine Freunde, als wir uns das nächste Mal sehen. Ich bin enttäuscht. Und vertreibe mir die Zeit, indem ich eine neue Lilie für die Lilienhähnchen pflanze. Die alte sieht schon sehr mitgenommen aus. Eigentlich ist es nur noch ein Lilienskelett, das anklagend in meinem Garten steht. In meinem Insektenbuch habe ich gelesen, dass die Lilienhähnchen ähnlich wie Heuschrecken ein zirpendes Geräusch erzeugen können. Sie sind die Musiker unter den Käfern. Wie mit einem Geigenbogen streichen sie mit den Kanten ihrer Flügeldecken über eine geriffelte Stelle ihres Körpers. Warum sie das tun, ist selbst Käferforschern nicht so richtig klar. Es dient wohl auch der Verteidigung, um Fressfeinde zu irritieren. Vögel, die nichtsahnend ein Lilienhähnchen aufpicken, um es zu ihrem Nest zu tragen, können von dem unvermittelten wütenden Gezeter des scheinbar stummen Opfers komplett überrumpelt werden. Nicht selten lassen sie vor Schreck ihre Beute fallen und suchen sich ein anderes Insekt, das weniger Lärm macht. Aber die Käfer singen auch, wenn gar keine Feinde in der Nähe sind. Und zwar wie die Wahnsinnigen, mit 200 Tönen pro Minute. Es soll der innerartlichen Kommunikation dienen, heißt es lapidar, was bei Biologen die gängige Formulierung ist, wenn sie keine Ahnung haben, warum die Tiere irgendetwas tun. Es ist ungefähr so aussagekräftig wie wenn Archäologen von ausgegrabenen Objekten der Vorzeit behaupten, es handele sich um Kultgegenstände. Wann immer das als Erklärung auf einem Schildchen im Museum steht, kann man mit großer Sicherheit davon ausgehen, dass die Wissenschaftler keinen blassen Schimmer davon haben, wofür das Ding einmal verwendet wurde.

Ich stelle mir vor, dass das Singen der Tierchen eine Art Liebeswerben und Restauranttipp in einem ist. Hat ein Lilienhähnchen bei seinen Erkundungsflügen eine hübsche Lilie in einem Garten entdeckt, lässt es sich nieder und testet erst mal das Menü. Ist es mit Qualität und Lage des Etablissements einverstanden, fängt es an, mit seinem Chitinfiedelbogen zu geigen, um andere Lilienhähnchen anzulocken, damit man sich beim gemeinsamen Essen näherkommen kann. Vielleicht will es auch nur prahlen: »Seht her, was für eine fette Lilie ich hier gefunden habe, und sie war bis eben noch ganz schier und unversehrt!« In diesem Punkt würden sie sich kaum von Touristen unterscheiden, die jede Speise, die sie in einem Lokal bestellen, erst einmal fotografieren und in die Gegend posten.

Vielleicht ist das Lied der Käfer aber auch viel poetischer und hat einen tieferen Sinn, der sich nur ihnen erschließt. Wann immer ich im Garten oder auf dem Balkon sitze, lausche ich auf den Gesang der Lilienhähnchen. Doch bislang vergeblich. Sie nagen an meiner Lilie und bleiben stumm.

Meine Nachbarin kommt vorbei und gibt Entwarnung: Ihre Tochter, erzählt sie, habe sich an die Grillen im Garten gewöhnt. Ja, es sei sogar so, dass sie mittlerweile ohne das Zirp-Geräusch gar nicht mehr einschlafen könne. Ich bin erleichtert. Manche Probleme lösen sich von selbst. Ich versuche die Gunst der Stunde zu nutzen und sie zu überreden, die Kirschlorbeerbüsche vor ihrer Terrasse gegen Tierlibäume auszutauschen. »120 zu null!«, probiere ich es mit dem Argument von Andreas Fleischmann. »120 Tiere, die von Kornelkirschen leben, und kein einziges, das Kirschlorbeer mag!« Doch sie bleibt hart. Sie wohnt im Erdgeschoss und will die immergrünen Pflanzen als Sichtschutz behalten. Ich verspreche, zu recherchieren und ihr ein Alternativangebot zu machen, das sie nicht ausschlagen kann: Heimische Sträucher, die ihre Blätter im Winter auch nicht verlieren. Sie ist einverstanden.

Unterdessen hat sich meine Suche nach Ohrenkneifern zu einer Obsession entwickelt. Ich rufe meine Freunde in der Uckermark an und bitte sie, einen umgedrehten strohgefüllten Blumentopf ins Laub zu stellen. Auf Gartenseiten im Netz habe ich gelesen, dass die Tiere darin Unterschlupf suchen, und dass man sie dann einfach hochheben und mitnehmen kann, wie beim Einkaufen in einem Supermarkt. Meine Freunde sind schon ein klein wenig genervt vom Ohrenkneifersuchen, versprechen aber, in Gottes Namen auch noch diese Töpfe für mich aufzustellen. Auf einem Familienfest bei Verwandten mit einem wunderbaren großen Obstgarten verschwinde ich für längere Zeit von der Kaffeetafel, um im Garten Steine umzudrehen und in verfaulten Äpfeln herumzustochern.

Doch alles vergebliche Liebesmüh. Dabei antworten alle Gartenbesitzer, die ich frage, ob sie Ohrwürmer haben, wie aus der Pistole geschossen: »Natürlich!« Und sie meinen nicht das Lied, das man nicht wieder loswird, sondern tatsächlich die Insekten.

Ich bin besorgt. Haben die fürsorglichen, familienfreundlichen Ohrenkneifer bereits das gleiche Schicksal erlitten wie viele andere Insekten? Die Ergebnisse der Krefelder Entomologen bezogen sich nur auf Fluginsekten, denn nur diese werden mit den aufgestellten Malaise-Fallen erwischt. Insekten, die zu Fuß unterwegs sind, wie die Ohrenkneifer, laufen einfach unter den Fallen hindurch. Was nicht heißt, dass Laufinsekten nicht genauso vom Insektensterben betroffen wären, denn Insektizideinsatz und Überdüngung treffen sie genauso. Dabei gehören Ohrenkneifer offiziell sogar zu den Fluginsekten. Sie haben nur vergessen, dass sie eigentlich fliegen können. Unter zwei winzigen Deckflügeln aus Chitin verbergen sich in kompliziertem Origami zusammengefaltete Hautflügel, die so kunstvoll ineinandergelegt sind, dass die Tiere ihre Zangen zu Hilfe nehmen müssen, um sie bei Bedarf auseinanderzufalten. Was ein spontanes Losfliegen, etwa um einem Feind zu entkommen, eher schwierig macht. Bis die Flügel entfaltet sind, ist der Ohrwurm gefressen. Kein Wunder, dass sie sie selten benutzen und im Zweifel lieber die Beine in die Hand nehmen, um unter dem nächsten Stein zu verschwinden. Und vorsichtshalber in der Dunkelheit unterwegs sind.

Chat mit Frida:

ICH: Hast du schon Ohrwürmer gefunden?

FRIDA: Mama, ich muss arbeiten!

ICH: Gehört das nicht auch zur Aufgabe von Ökologischen Freiwilligen, freundliche Anfragen von umweltinteressierten Bürgern zu bearbeiten?

FRIDA: (Keine Antwort)

ICH: Ich such mir eine neue Tochter. Eine, die sich nicht zu schade ist, für ihre liebende Mutter ein paar Ohrwürmer zu sammeln.

F: (Keine Antwort)

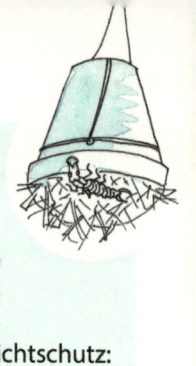

Die fünf ökologisch sinnlosesten Gartenpflanzen	... und was man stattdessen pflanzen könnte
1. Kirschlorbeer	Als immergrüner Sichtschutz: Buchsbaum, Liguster. Für Freunde der vier Jahreszeiten: Rote Heckenkirsche, Gewöhnliche Traubenkirsche
2. Thuja	Als immergrünes Nadelgehölz, das sich auch als Formhecke schneiden lässt: Eibe. Für Freunde der vier Jahreszeiten: Hainbuche oder Rotbuche, deren trockenes Laub im Winter an den Zweigen bleibt, sodass sie trotzdem Sichtschutz bieten.
3. Forsythie	Als Frühblüher: Kornelkirsche, Salweide, Echter Seidelbast
4. Gartenhortensie	Gemeiner Schneeball
5. Zuchtrose	Hundsrose, Apfelrose, Zimtrose, Bibernellrose, Essigrose

KAPITEL 16

GIFT AUS DEM GARTENCENTER

Als ich neulich im Baumarkt war, hatte ich einen schwachen Moment: Ich kaufte eine Blume.

Eigentlich vermeide ich es schon seit Langem, Pflanzen aus Gartencentern zu kaufen. Ich weiß, dass die dort verkauften Zierpflanzen oft stark mit Pestiziden belastet sind. Ich war schon auf dem Weg zur Kasse, im Einkaufswagen das Übliche: Betonhohlsteine, Katzenfutter, lebende Mückenlarven und 50 Heimchen. In letzter Zeit habe ich mir angewöhnt, jedes Mal, wenn ich in den Baumarkt fahre, eine Packung der kleinen Sänger mitzunehmen. Auf dem Nachhauseweg entlasse ich sie dann an irgendeiner grünen Stelle in die Freiheit. Beim Joggen wähle ich meine Strecken jetzt so, dass ich an einigen dieser Orte vorbeikomme – höre ich dann leises Zirpen, ereilt mich jedes Mal ein Anflug mütterlicher Gefühle.

An jenem Tag im Baumarkt entschloss ich mich doch noch zu einem schnellen Gang durch die Gartenabteilung, und dort lachte mich eine große, wunderbar blühende Katzenminze an.

Blütentechnisch herrschte gerade etwas Ebbe auf meinem Balkon. Die alte Katzenminze war ja leider dem Liebeswahn der Katzen zum Opfer gefallen. Wenn ich diese hier in einen Topf außen an das Balkongitter hängte, überlegte ich, müssten die Katzen schon akrobatische Fähigkeiten an den Tag legen, um es fertigzubringen, sich darin zu wälzen. Ein Schildchen mit einer fröhlichen Biene darauf wies sie zudem als »bienenfreundlich« aus. Kurzentschlossen griff ich zu.

Doch zu Hause zögerte ich. Einpflanzen? Oder doch lieber nicht? Ich stellte sie probeweise raus. Als eine Biene heranflog und sich auf die Blüten setzte, holte ich den Topf doch schnell wieder herein.

Ich habe in meinem früheren Leben unzählige Blüh- und Balkonpflanzen im Gartencenter oder in den Gartenabteilungen von Baumärkten gekauft. Meistens bienenfreundliche Sorten. Oder ich folgte der Spur der Hummeln. Die Pflanzen, die schon auf den Verkaufstischen von ihnen umschwärmt wurden, nahm ich mit, die anderen ließ ich stehen. Doch immer hatte ich ein ungutes Gefühl bei der Sache, wenn ich auf die langen Reihen perfekter Pflanzen schaute, alle gleich gewachsen, alle mit der gleichen Zahl gerade aufbrechender Knospen. Kaufte ich da Pflanzen, mit denen ich den Bienen mehr schadete als nützte? Jetzt, im Angesicht meines akuten Katzenminze-Dilemmas, wollte ich es auf einmal genau wissen. Wie halten es die deutschen Gartenmärkte mit dem Thema Gift?

Ich begann zu recherchieren und stieß auf eine Greenpeace-Studie von 2014. Die Organisation hatte europaweit insgesamt 86 Proben von 35 als bienenfreundlich ausgewiesenen Blühpflanzenarten aus Gartencentern und Baumärkten untersucht, darunter Lavendel, Vergissmeinnicht und Hornveilchen. Das Ergebnis war niederschmetternd. In 84 von 86 Pflanzen wurden Pestizide gefunden. In 79 der untersuchten Pflanzen steckten Wirkstoffe, die Bienen gefährlich werden können – das waren mehr als drei Viertel! Zwölf Zierpflanzen enthielten sogar Gifte, die so toxisch sind, dass sie EU-weit verboten waren. Fast die Hälfte der Pflanzen waren mit einem oder mehreren der drei Neonicotinoide Imidacloprid, Thiamethoxam und Clothianidin behandelt, die wegen ihrer tödlichen Wirkung für Bienen im Agrarbereich bereits nicht mehr zugelassen waren. Das galt jedoch nicht für die Zucht von Zierpflanzen. »Hobbygärtner servieren Bienen und anderen Insekten, ohne es zu wissen, gefährliche Pestizidcocktails. Ihre Wirkung ist nicht einmal im Ansatz verstanden«, erklärte damals Christiane Huxdorff, die Landwirtschaftsexpertin von Greenpeace. »Gärten sollten für Bienen eine Oase abseits der Agrarindustrie sein – keine Giftbar.«

Neonicotinoide sind deswegen so gefährlich, weil sie systemisch wirken, das heißt, der Wirkstoff wird von der Pflanze aufgenommen und in alle ihre Bestandteile transportiert, bis hin zu Pollen und Nektar, wo er auch von Bestäubern aufgenommen wird. Lange wurden die Mittel von den Herstellern dennoch als ungefährlich für Bienen eingestuft. Über zwanzig Jahre lang waren Imidacloprid, Thiamethoxam und Clothianidin die weltweit am häufigsten eingesetzten Schädlingsbekämpfungsmittel in der Landwirtschaft. Doch dann testeten Wissenschaftler deren Wirkung auf Bienen erneut und fanden heraus, dass das Nervengift die Tiere zwar nicht sofort tötet, aber ihr Orientierungsvermögen so stark schädigt, dass sie nicht mehr zu ihrem Nest zurückfinden und an Erschöpfung oder Nahrungsmangel zugrunde gehen.

Dass diese Bienenkiller nun ausgerechnet in bienenfreundlichen Balkon- und Gartenpflanzen steckten, war ein Skandal. Die Greenpeace-Studie schlug ein wie eine Bombe – und war insofern ein Erfolg, als sich die Branche daraufhin zusammensetzte und Besserung gelobte. Der Imageschaden war enorm. Der Bundesverband Zierpflanzen sprach schließlich eine Empfehlung an die in ihm organisierten Gärtnereien aus, bei der Produktion von Zierpflanzen künftig auf die drei bösen Neonicotinoide zu verzichten. Bei den Gartencentern gehörte die Baumarkt-Kette »Toom« von der Rewe-Gruppe zu den ersten, die 2017 ankündigten, Zierpflanzen, die die drei Bienenkiller enthielten, nicht mehr zu verkaufen – und auch die Zulieferzuchtbetriebe darauf zu verpflichten, diese Wirkstoffe nicht mehr anzuwenden. Im April 2018 wurde die Anwendung von Imidacloprid, Thiamethoxam und Clothianidin EU-weit schließlich auch für den Zierpflanzenanbau verboten. Ausnahmen gibt es lediglich für Kulturen, die dauerhaft in geschlossenen Gewächshäusern bleiben und auch später nicht ins Freie gepflanzt werden, also Zimmerpflanzen.

Was heißt das jetzt für meine Katzenminze aus dem Baumarkt? Kann ich sie auf meinen Balkon stellen und sicher sein, dass ich damit die Insekten, denen ich doch helfen will, nicht aus Versehen vergifte?

Leider nein. »Dass die drei schlimmsten Gifte verboten sind, ist schon mal eine große Verbesserung«, sagt der Biologe Dominik Linhard. »Aber es bleiben noch genügend andere Insektizide, die bei der Zierpflanzenzucht verwendet werden, die ebenso hochtoxisch für Bienen und Bestäuber sind. Zum Beispiel die Pyrethroide. Oder die Gruppe der Organo-Phosphate. Die sind auch gesundheitsgefährdend für den Menschen. Und mit jedem Gift, das verboten wird, rücken andere nach.«

Linhard arbeitet für die österreichische Umweltschutzorganisation »Global 2000«. Er ist einer der wenigen Wissenschaftler, die sich langfristig mit Pestiziden in Zierpflanzen beschäftigen. Ich habe ihn angerufen, um zu erfahren, wie es fünf Jahre nach der Greenpeace-Studie grundsätzlich um den potenziellen Giftgehalt der Baumarktpflanzen bestellt ist.

Seine Antwort ist ernüchternd. Bei Stichproben findet Global 2000 weiterhin regelmäßig hohe Rückstände von Pestiziden, die sich auf oder in der Pflanze ablagern und von Insekten aufgenommen werden können. Darunter auch immer wieder die noch zugelassenen Neonicotinoide Thiacloprid und Acetamiprid. Damit die Pflanzen schön gleichmäßig wachsen und so perfekt aussehen, wie sie auf den Verkaufstischen landen, braucht es viel Chemie. Linhard zählt auf: Mineralische Dünger für schnelles Wachstum, Insektizide gegen Schädlinge, Fungizide gegen Pilzbefall, Stauchungsmittel, um das Wachstum zu hemmen. Denn die Kunden mögen einen dichten, buschigen Wuchs. »Das ist der optische Qualitätsanspruch, der derzeit vorherrscht.«

Ich bin perplex. Die Pflanzen werden sogar mit Chemie behandelt, damit sie künstlich klein bleiben? »Sind die Stauchungsmittel auch schädlich für die Umwelt?«, frage ich nach.

»Das sind meist pflanzenhormonähnliche Stoffe. Einige dieser Wachstumsregulatoren haben aber auch eine Giftwirkung«, erklärt Linhard. »Nehmen Sie Paclobutrazol. Das reichert sich dauerhaft in Boden und Gewässern an, ist hoch giftig für Säugetiere, Wasserpflanzen, Fische und andere Wasserorganismen, Honigbienen und Regenwürmer.« Auch Fungizide, erklärt er, seien nachweislich schädlich für Bienen. Vor allem in Kombination mit bestimmten Insektiziden führen sie dazu, dass die Giftwirkung dieser Mittel um bis zu 500 mal erhöht ist. »Cocktail-Effekt«, nennt die Wissenschaft das. Andere greifen die Darmflora der Bienen an und machen sie damit anfälliger für die Varroamilben.

Gesetzliche Obergrenzen zu Rückständen von Pflanzenschutzmitteln gibt es bei Zierpflanzen nicht. Dominik Linhard führt daher Gespräche mit Gartencentern und Baumärkten, damit sie freiwillig die Pestizidbelastungen reduzieren und extrem belastete Pflanzen aus dem Sortiment nehmen. Erfolg hatte er bislang bei der österreichischen Gartenmarktkette Bellaflora – und in Deutschland bei Pflanzen-Kölle. Das Gartencenter Pflanzen-Kölle mit seinen bundesweit 13 Filialen hat sich 2018 dazu verpflichtet, nur noch Zierpflanzen zu vertreiben, bei deren Anbau wenig Pestizide zum Einsatz kamen. 98 besonders schädliche Gifte einer gemeinsam erstellten »Blacklist« sind ganz tabu. Insgesamt soll die Summe aller in einer Pflanze enthaltenen Stoffe einen festgelegten Wert nicht überschreiten. Auf die Einhaltung dieser Grenzwerte verpflichtet das Unternehmen alle seine Zulieferer.

Sehr lobenswert, denke ich. Ein guter Anfang. Doch Pflanzen-Kölle ist eine eher kleine Kette. Was ist mit den großen Playern – Hellweg, Bauhaus, Obi, Der Holländer, Hornbach und wie sie alle heißen – die mit dem Umsatz von Pflanzen Jahr für Jahr Millionen verdienen? Er führe weiter Verhandlungen, sagt Linhard, und er sei optimistisch. Doch bislang tut sich wenig. In den großen Garten- und Baumärkten kommt weiter die bunte gespritzte Massenware auf die Verkaufstische. Das Geschäft boomt. Über acht Milliarden Euro geben die Bundesbürger jedes Jahr für Blumen, Stauden und Gehölze aus.

Was ist los mit dem Gartenbau in Deutschland? Ist das nicht die vielbesungene grüne Branche? Warum wird für die Zucht von Hornveilchen, Geranien, Dahlien und Co. dann so viel Gift eingesetzt, dass Mitarbeiter der Gärtnereien mit Schutzanzügen und Mundschutz arbeiten müssen und die Pflanzen nur noch mit Handschuhen anfassen können?

Ich stelle diese Frage einem Mitarbeiter von Landgard. Das ist die größte Erzeugergenossenschaft von Obst und Gemüse, aber auch von Blumen und Zierpflanzen in Deutschland. Eigentlich habe ich ihn nur zufällig am Apparat, denn der zuständige Abteilungsleiter ist gerade nicht im Haus, als ich anrufe. Aber die ungeplanten Gespräche sind ja oft die besten.

»Sie haben ja recht«, sagt er. »Natürlich wäre es sinnvoll, weniger Pestizide zu verwenden. Aber wissen Sie, die meisten Gartenbaubetriebe säen ja gar nicht mehr selbst aus«, sagt er. Es sei viel billiger, die Setzlinge aus dem Ausland zuzukaufen. »Die bekommen ihre Jungpflanzen und Setzlinge aus Kenia, Israel, China, aus der ganzen Welt geliefert, auch fertige Pflanzen, die werden zum Teil in den Betrieben nur noch umgetopft.« Was in den Zulieferländern an Pestiziden verwendet werde, wisse kein Mensch. Allerdings mache die Landgard re-

gelmäßig Stichproben, und wenn Rückstände von Mitteln gefunden würden, die in Deutschland nicht zugelassen sind oder Grenzwerte überschritten würden, dann werde das zurückgemeldet.

In den hiesigen Zuchtbetrieben würden die Jungpflanzen dann in großen Stückzahlen hochgezogen – und die Massenkulturen seien natürlich sehr anfällig für Schädlinge. Damit nichts an die Pflanzen herankomme, werde prophylaktisch viel gespritzt. Und wegen der zunehmenden Resistenzen würden immer größere Mengen notwendig. Ein Teufelskreis.

»Und es kommt ja auch von den Kunden. Die Geiz-ist-geil-Mentalität hat sich eben auf alle Bereiche ausgeweitet, auch auf die Pflanzen! Die Leute wollen doch immer die totale Perfektion zum Schnäppchenpreis! Die finden noch an jeder Pflanze ein Haar in der Suppe. Dabei ist das doch Natur, das sind Unikate!«, platzt es aus ihm heraus.

Vielen in der Branche sei längst klar, dass diese Wahnsinnsmonokulturen der Vergangenheit angehören müssten. Zierpflanzen, klagt er, würden immer mehr zur Wegwerfware.

»Schauen Sie sich die Orchideen an. Ich habe das Gärtnerhandwerk vor vielen Jahren mal in einer Or-

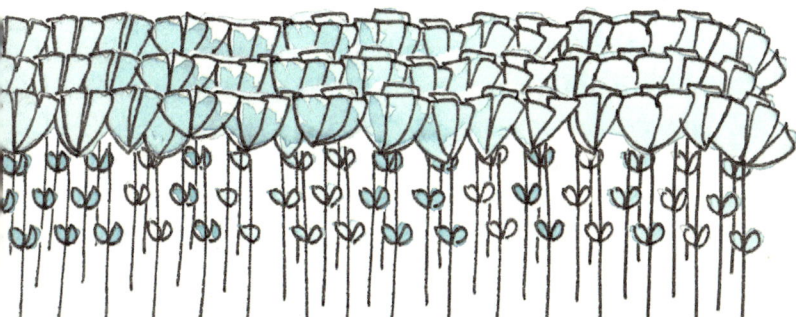

chideengärtnerei gelernt. Orchideen waren damals etwas Besonderes, die standen auf einem hohen Sockel. Heute gibt es sie als Ramschprodukte an jeder Supermarktkasse!«

Es stimmt, Pflanzen sind zu Massenprodukten geworden. Wer erinnert sich noch daran, dass die Leute ihre Geranien früher noch zum Überwintern in den Keller gebracht haben? Diese Mühe macht sich heute niemand mehr. Man kauft sich im Frühjahr einfach neue Pflanzen, die Jahr für Jahr in Afrika oder auf Teneriffa mit hohem Wasser- und Pestizideinsatz aus Stecklingen gezogen und als Massenware in Wegwerfplastiktöpfen nach Europa gebracht werden. In den Gartencentern und Supermärkten kommen die Pflanzen der Saison jedes Jahr früher auf den Markt. Schon ab Februar stehen sie auf den Verkaufstischen. Endlose Reihen blühender Balkonpflanzen in kleinen Plastikbechern: Primeln, Stiefmütterchen, Lobelien, Petunien, Begonien. Beim ersten Sonnenstrahl stürmen die Leute die Läden, einkaufswagenweise werden die Blumen aus dem Markt gerollt. Wenn sie bei einem späten Frost erfrieren – egal, dann kauft man eben was Neues. Den Gartencentern ist das gleichgültig – verkauft ist verkauft. Die meisten Pflanzen sind ohnehin mit synthetischem Dünger und Kunstlicht so auf schnelles Wachstum getrimmt, dass sie beim Verkauf hübsch aussehen, aber unter Realo-Bedingungen im Garten oder auf dem Balkon schnell schlapp machen und maximal eine Saison halten. Sogar bei Ikea gibt es sie für schmales Geld zu kaufen, mehr Deko-artikel als Lebewesen, gleich hinter der Abteilung für Lampen und Kerzenhalter. Grüne Konfektionsware von der Stange, alle absolut identisch, von den ebenfalls angebotenen Kunstpflanzen kaum noch zu unterscheiden.

Doch wenn es stimmt, dass die Kunden mit ihrer Billigheimer-Mentalität den Markt bestimmen, dann ist ebenso richtig, dass es in den Gartencentern auch keine alternativen Angebote gibt. In Berliner Baumärkten und Gartencentern jedenfalls kann man nach Biozierpflanzen lange suchen. Im Bereich der Kräuter schon, die fallen ja auch unter das Lebensmittelgesetz, da gibt es mittlerweile fast überall auch Bioangebote. Warum also nicht bei den Balkon- und Gartenpflanzen? Würden nicht viele Menschen, die Bienen und Insekten etwas Gutes tun möchten, diese Pflanzen gerne kaufen?

Irgendwann habe ich bei Landgard doch den »richtigen« Ansprechpartner an der Strippe. Er heißt Jens Wittmann und ist Abteilungsleiter für das Erzeugermanagement. Das Wort »Pestizide« mag er nicht, sagt er gleich zu Beginn, das habe so einen negativen Beiklang. Er bevorzugt »Pflanzenschutzmittel«. Das ökologische Bewusstsein in der Branche sei gestiegen, sagt er. Immer mehr Betriebe würden mittlerweile auch Nützlinge einsetzen, um die Insektizide zu reduzieren. Das sei jetzt schon ganz anders als noch vor 15 oder 20 Jahren.

»Aber ganz ohne Pflanzenschutzmittel kommen wir nicht aus. Wir haben es ja oft mit großen Stückzahlen zu tun. Und wir müssen die Großkundenbestellungen pünktlich ausliefern. Da kann man sich keine größeren Reklamationen leisten!«

»Aber warum werden für Kunden, die versuchen, naturnah zu gärtnern, nicht wenigstens auch ein paar pestizidfreie Pflanzen angeboten?«, will ich wissen. »Wäre das nicht eine Marktlücke?«

»Das wäre wohl eher etwas für den spezialisierten Fachhandel«, antwortet Wittmann ausweichend.

Ich bin irritiert. Naturnahe Blumen sind nur etwas für Spartengärtnereien? »Wenn ich also in einem normalen Gartencenter eine Pflanze mit einer Biene Maja drauf kaufe, was kriege ich dann?«, frage ich.

»Das ist bei uns ein ausgesuchtes Sortiment, das aus bienenfreundlichen Blühpflanzen besteht. Also die gut als Bienenweide taugen. Die kennzeichnen wir im Verkauf mit dem Sympathieträger Biene Maja.«

»Und was heißt das in Bezug auf die verwendeten Insektengifte?«, will ich wissen.

»Das bedeutet, dass alle gesetzlichen Grenzwerte für zulässige Rückstände von Pflanzenschutzmitteln eingehalten wurden.«

Ich muss lachen. Biene-Maja-Pflanzen sind also um keinen Deut weniger giftig als die anderen Zierpflanzen auch. Jede von ihnen könnte Stoffe enthalten, die für Bienen tödlich sind. Im Nachhinein fühle ich mich betrogen. Das ist so wie über Jahre ein Auto zu fahren, das man einst gekauft hat, weil es als schadstoffarm gepriesen wurde, um dann festzustellen, dass die Abgaswerte manipuliert worden sind.

»Sie können also noch nicht einmal bei den als bienenfreundlich etikettierten Pflanzen garantieren, dass sie ohne Insektizide produziert wurden?«, bohre ich nach. »Nein, garantieren können wir das nicht. Denn das können wir nicht leisten«, antwortet Wittmann. Bei den Kräutern sei das etwas anderes, das seien schnellwachsende Pflanzen, die ließen sich einfacher auf Bioproduktion umstellen. Aber bei Stauden oder Zierpflanzen gehe das leider nicht.

»Geht doch«, sagt Klaus Bongartz. »Es ist schwieriger und kostspieliger, aber es geht. Wir haben uns als Gärtner nur so daran gewöhnt, dass wir jedes Problem mit irgendeinem Mittel wegspritzen können, dass wir erst wieder ganz neu denken lernen müssen.« Bongartz ist so etwas wie ein Pionier der Biostauden. Er hat schon damit angefangen, auf das Spritzen von Zierpflanzen zu verzichten, als er noch in der ganzen Branche dafür als Spinner belächelt wurde. Vor 30 Jahren war das. Heute ist er ein begehrter Berater in der Branche. Das Bundeslandwirtschaftsministerium bezahlt ihn dafür, dass er Gärtnereien darin schult, wie sie Schritt für Schritt auf die Gifte verzichten können. Seit fünf Jahren berät er zwanzig Leitbetriebe, wie sie ihre Pflanzenzucht auf Bio umstellen können. Und das ist gar nicht so leicht. Denn einfach die Chemie weglassen, das gehe nicht, sagt auch Bongartz. Dafür gebe es in den Monokulturen der

Großgärtnereien zu viele Schädlinge, Krankheiten oder Pilzbefall, das wirtschaftliche Risiko wäre zu groß. Er arbeitet stattdessen mit Pflanzenstärkungsmitteln: Bodenhilfsstoffe, Pflanzensäfte, ätherische Öle, Pflanzentees, homöopathische Mittel.

»Klingt wie Spa«, sage ich. Ich habe ihn auf seinem Handy auf Teneriffa erwischt, wo er gerade Urlaub macht. Im Hintergrund kreischt eine Möwe.

»Ja, deswegen war ich auch lange als Spinner verschrien«, antwortet Bongartz. »Die Kollegen haben gedacht, jemand, der Pflanzen mit Homöopathie und Knoblauch behandelt, kann nur verrückt sein.«

Knoblauchpräparate setzt er ein, um zu erreichen, dass Schädlinge ihre Wirtspflanze nicht wiedererkennen. Als Geruchsverwirrung sozusagen.

»Funktioniert das?« frage ich. »Lassen die sich so einfach in die Irre leiten?«

»Oh ja«, sagt Bongartz. Man müsse es nur regelmäßig machen, einmal die Woche. Gegen Mehltau spritzt er in Wasser aufgelöstes Backpulver. All das hat er in langen Jahren immer wieder ausprobiert, mit verschiedenen Substanzen herumexperimentiert, andere wieder verworfen. Bis er schließlich sehr erfolgreich wurde mit seinen Biostauden. Viele seiner Pflanzen waren sogar kräftiger und widerstandsfähiger als die mit Chemie gespritzten Kollegen. Als er vor fünf Jahren keinen Nachfolger für seinen Betrieb fand, beschloss er, den Laden dicht zu machen und seine Erfahrungen weiterzugeben. In der Branche, sagt er, sei das mit den Pestiziden ein Riesen-Thema. »Alle wissen, dass es mit der ganzen Chemie so nicht mehr lange weitergeht. Das haben viele verstanden«.

Doch die Umstellung ist nicht einfach. Damit ein Betrieb das Biolabel bekommt, darf er nicht nur keine Pestizide, Fungizide und Wachstumshemmer mehr verwenden, sondern er muss auch auf mineralischen Dünger und zum größten Teil auf Torf verzichten. Torf aber ist im Gartenbau noch so etwas wie die heilige Kuh. Angeblich geht es ohne ihn nicht. Doch der Torfabbau zerstört Ökosysteme und beschleunigt den Klimawandel. Hochmoore speichern weltweit doppelt so viel CO_2 wie Wald. Allein aus dem Baltikum werden für Deutschlands Gärten jedes Jahr mehrere Millionen Kubikmeter Torf importiert. Alternativen zum Torf gibt es schon: Vieles kann man auch mit Gartenkompost machen, und es wird mit nachwachsenden Torfmoosen experimentiert. Doch der Verzicht fällt selbst Hobbygärtnern schwer. Noch immer werden in Gartencentern und Baumärkten jedes Jahr zwei bis drei Millionen Kubikmeter verkauft – obwohl mittlerweile wohl jeder weiß, wie problematisch der Torfabbau ist.

Ein weiteres Problem für Gartenbaubetriebe, die auf Bio umstellen wollen, besteht darin, dass es bislang auf dem Markt kaum biologisch angebaute Jungpflanzen gibt. Woher nehmen, wenn schon die Setzlinge alle pestizidbelastet sind? Wieder selber aussäen wie früher, sagt Bongartz. Oder von bereits bestehenden Biobetrieben einkaufen. Und warten, bis sich endlich auch die ersten Jungpflanzenproduzenten entschließen, auf Pestizide und Kunstdünger zu verzichten: »Die ganze Branche muss umdenken und ihr Handwerk ganz neu lernen.«, erklärt er. Viele der Betriebe, die er berät, scheuen noch den Aufwand und das Risiko, ganz auf Bio umzusteigen und wollen erst einmal nur die Chemie reduzieren. »Auch schon gut«, sagt Bongartz. »Wichtig ist, das sich etwas bewegt. Wenn jetzt noch ein paar große Handelsketten einsteigen, dann kann der Hebel ganz schnell umgelegt werden.

Doch daran hapert es noch. Außer Pflanzen-Kölle bemüht sich bislang nur die Schnitt- und Topfblumenkette Blume2000 darum, pestizidreduzierte Ware anzubieten. »Warum steigen nicht noch mehr große Gartencenter um? Oder bieten zumindest Bioware mit an?«, frage ich Bongartz.

Das liege auch an den Kunden, bestätigt auch er. 15-20 Prozent mehr kostet eben der Mehraufwand. Die Leute seien aber noch nicht bereit, auch so viel mehr zu bezahlen. »In der Theorie sind alle für weniger Pestizide, aber in der Praxis kaufen sie dann doch lieber die Pflanze daneben, die billiger ist und vielleicht ein bisschen toller aussieht.«, sagt Bongartz.

»Glaube ich nicht!«, sage ich. »Bislang gibt es ja noch nicht mal die Wahlmöglichkeit.«

»So beißt sich die Katze in den Schwanz!«

»Eben«, sage ich.

Geht es nach Bongartz, dann soll Bio in der Blumenproduktion irgendwann wieder das Normale werden, und giftige Pflanzen die große Ausnahme. Zur Zeit unserer Großeltern war das schließlich auch so, sagt er. Damals habe man es auch hingekriegt, Pflanzen zu vermehren und zu züchten. Allerdings bedeutet das nicht – das ist Bongartz wichtig –, dass sich die Pflanzen-Zuchtbetriebe zurück in die Zeit der mittelalterlichen Kräutergärten katapultieren sollen. »Bioanbau bedeutet hochmoderne Technologie. Ohne Computer läuft da nichts«, erklärt er nicht ohne Stolz.

»Ich habe gehört, dass Pflanzen, damit sie klein und kompakt im Wuchs bleiben, von Biogärtnern gerüttelt oder gestreichelt werden. Stimmt das?« frage ich.

Bongartz lacht. »Das stimmt!«, sagt er. »Wurde wissenschaftlich bewiesen, dass das funktioniert! Bei uns geht es sehr liebevoll zu!«

Ich bin platt. Das mit dem Streicheln hatte ich irgendwo im Netz gelesen und es für einen schlechten Witz der Biogegner gehalten. Doch weit gefehlt! Die Humboldt-Universität, erzählt mir Bongartz, habe für Biogärtnereien schon vor Jahren einen eigenen Rüttelwagen entwickelt. Und Forscher in Heidelberg hätten einen Streichelwagen erfunden, der über die Kulturen fährt und kein Blättchen unberührt lässt. Am Anfang seien es noch Ledertücher gewesen, mit denen leicht über die Pflanzen gestrichen wurde, doch dann habe man feinen Lederabrieb auf den Pflanzen gefunden. Jetzt mache man das mit einem Luftreiz. »In manchen Betrieben in Dänemark fährt bis zu 16 mal am Tag der Streichelwagen durch die Gewächshäuser!«

Ich erfahre, dass die Methode auf die Beobachtung zurückgeht, dass Pflanzen am Strand oder auf Berggipfeln, wo sie viel Wind ausgesetzt sind, kompakter und niedriger wachsen als im Tal. Man hat herausgefunden, dass es nicht der Wind ist, der das Wachstum der Pflanzenzellen bremst, sondern der Vibrationsreiz. Mit dem regelmäßigen Streicheln und Rütteln werden chemische Wachstumshemmer in der Pflanzenproduktion überflüssig.

Vor meinem geistigen Auge erscheint das Bild von Topfblumen, die sich wohlig der täglichen Massage entgegenstrecken. Vielleicht, denke ich, sollte ich meine Pflanzen auch öfter streicheln.

Woran er derzeit denn gerade herumexperimentiere, frage ich ihn noch, bevor ich den Hörer auflege.

»Schafswolle«, antwortet er. »Gibt einen guten Enddünger. Und gibt's überall im Überangebot. Die Schäfer wissen gar nicht, wohin damit«.

Erst gerüttelt, dann gestreichelt, dann in Wolle gebettet. Biostaude müsste man sein.

Die Katzenminze habe ich weggeworfen.

KAPITEL 17

KATZENPLANSPIELE.
ODER: MAN KANN DOCH BARBAR SEIN UND TROTZDEM BLUMEN LIEBEN

Das Leben ist voller Widersprüche. So auch ich. Ich versuche, die Welt zu retten, indem ich ein paar Büsche pflanze und Samen verstreue – und bin doch Teil einer Konsumgesellschaft, die die natürlichen Ressourcen ausbeutet und die Umwelt immer mehr zerstört. Ich liebe Vögel, versuche das Vogelfutter dieser Welt zu mehren, und habe doch zwei freilaufende Katzen. Im Kreise meiner Vogelfreunde bin ich damit unten durch. Meine »Flugbegleiter«-Kollegin Johanna Romberg – nicht die Stewardess, sondern unser Vogelmagazin – hat für meine Katzenliebe gar kein Verständnis. Regelmäßig schickt sie mir wissenschaftliche Artikel, die mit erdrückender Beweislast belegen, was Katzen in der Vogelwelt anrichten. »Meine Katzen tun so was nicht«, bin ich dann geneigt zu sagen, genau wie meine Mücken ja auch nicht stechen. Was machen sie denn groß?

Sie fressen ihr Trockenfutter und verbringen 90 Prozent ihres Lebens schlafend auf unserem Sofa.

Leider stimmt das nicht. In den restlichen 10 Prozent ihrer Lebenszeit sind sie reißende Bestien und bringen immer wieder auch Vögel mit nach Hause, vor allem junge Meisen und Spatzen, einmal auch ein Rotkehlchen. Als Hobbyornithologin nehme ich ihnen das zwar persönlich übel, allein, es hilft nichts. Raubtier bleibt Raubtier. Ein Glöckchen um den Hals kommt für mich nicht in Frage. Ich liebe Vögel, aber einer Katze, in deren Natur es liegt, auf leisen Sohlen daherzukommen, ein dauerbimmelndes Objekt anzuhängen, erscheint mir eine besonders perfide Art von Psychoterror zu sein: ein Angriff auf das Wesen der Katze schlechthin. Außerdem macht es sie von einem freiheitsliebenden Renegaten, der sich gnädig dazu herablässt, seinen Wohnsitz in die Reichweite von gefüllten Futternäpfen in menschlichen Behausungen zu verlegen, zu einem spießigen Kleinbürger-Haustier. Nein, ein Glöckchen kommt nicht in Frage. Helfen soll es ohnehin nicht.

»Katzen sind die zweithäufigste menschenverursachte Todesursache bei Vögeln!«, mailt mir Johanna. Ich seufze und schicke ihr ein süßes Katzenvideo zu-

rück. Was soll man machen, wenn einem die Argumente ausgehen.

»Sehr hübsch. Aber weißt du, wie süß die Vogeljungen sind, die Katzen aus dem Nest holen?«, schreibt sie zurück. Sie ist unerbittlich.

»Was soll ich tun?« schreibe ich. »Tierheim? Giftspritze?«

Sie antwortet mit einem Totenkopf-Smiley.

Also gut. Es ist ja nicht so, dass ich untätig wäre. Jedes Jahr im Frühjahr, wenn draußen Brutzeit ist und die Vögel auf ihren Nestern sitzen, versuche ich, unsere Katzen in der Wohnung einzusperren. Leider ist es genau die Zeit, in der sie nach dem langen Winter ihr Couch-Potato-Dasein aufgeben und mit Macht nach draußen drängen. Schon nach zwölf Stunden Hausarrest erleiden sie einen Lagerkoller und führen sich auf, als säßen sie seit Monaten in Einzelhaft. Tagsüber rennen sie wie die Irren in der Wohnung herum. Nachts springen sie aus heiterem Himmel in unsere Gesichter – meistens dann, wenn wir gerade eingeschlafen sind und der Wecker in wenigen Stunden klingeln wird. Wenn wir sie aus unserem Zimmer schmeißen, kratzen sie an den Türen. Nichts kann nervtötender sein, als das Geräusch von Katzenkrallen, die stundenlang in der Nacht an der Schlafzimmertür schaben. Irgendwann gibt ein Familienmitglied, meistens der Bildhauer, auf und lässt die Katzen hinaus.

»Nicht! Denk an die Vögel!«, rufe ich dann mit vor Schlafmangel brüchiger Stimme.

»Deine Vögel können mich kreuzweise!«, brummt der Bildhauer. Zumindest vermute ich, dass er das sagt, denn ich habe Ohropax in den Ohren und höre nur ein wütendes Gemurmel. Merkwürdigerweise dämpfen die Ohrenstöpsel alles Mögliche ab, laute Explosionsgeräusche, vorbeifahrenden Schwerlastverkehr, dröhnende Partymusik, nur nicht das leise Geräusch kratzender Katzenkrallen an der Tür.

So dauert es meist nicht lange, bis wir wieder ein gerade flügge gewordenes Spatzenjunges im Wohnzimmer flattern haben. Mit einer unserer Katzen daneben, die, mit wippender Schwanzspitze und aufgestellten Ohren aus den Augenwinkeln noch die kleinste Bewegung ihres Opfers verfolgt. Wenn wir schnell genug sind, greifen wir uns die Katze und sperren sie ins Badezimmer, während Frida den Spatzen einfängt und zum Tierarzt bringt. Sie gab schon als kleines Kind ihr ganzes Taschengeld her, um die Vögel und sogar Mäuse verarzten zu lassen, die die Katzen angeschleppt hatten.

»So ist die Natur«, sagte ich, um sie zu trösten. »Es gibt eben Raubtiere und Beutetiere.« Aber Frida wollte davon nichts hören, und natürlich wusste ich selber, dass das Blödsinn war, denn Hauskatzen haben rein gar nichts mit Natur zu tun. Die Zahlen kannte ich genau, schließlich versorgten mich meine Orni-Freunde regelmäßig mit Artikeln zum Thema. Zwischen acht und zwölf Millionen freilaufende Hauskatzen leben Schätzungen zufolge in Deutschland, dazu kommen noch mal zwei Millionen verwilderte Katzen. Wenn jede Katze zur

Brutzeit nur zwei Vögel erbeutet, kann man sich leicht das alljährliche Gemetzel hochrechnen.

Dass es überhaupt Katzen in unserem Drittel-Ornithologenhaushalt gibt, hat mit einem schwachen Eltern-Moment zu tun. Frida hatte sich als kleines Kind nichts sehnlicher als eine Katze gewünscht, und sie lag uns damit ständig in den Ohren. Wir boten dagegen auf, was wir hatten: Zu wenig Platz, kein Freigang, wo soll das Katzenklo stehen, was machen wir im Urlaub, nur drinnen ist doch Quälerei, Oma hat eine Katzenhaarallergie, wie wäre es mit Fischen. Als wir dann in die Wohnung mit Gartenzugang umzogen, gab es bei Freunden von uns, die auf dem Land wohnten, gerade einen Wurf. Und was soll ich sagen? Alle guten Gegenargumente zerschmolzen in der warmen Frühlingssonne, in der die Katzenkinder auf dem Rasen herumtollten, dahin. Wir erlagen dem Charme dieser kleinen Vogelkiller haushoch. Und nicht nur eine, nein zwei mussten es sein. Damals dachte ich noch, dass es in der Stadt nicht so schlimm sein würde, Katzen zu halten, weil hier, mitten in Berlin, ohnehin nicht so viele Vögel brüteten, und wenn, dann vor allem häufige Allerweltsarten wie Meisen und Spatzen. Und insgesamt war vor zwölf Jahren, als die Katzen bei uns einzogen, die Welt ja noch einigermaßen in Ordnung. Nicht dass es damals nicht auch schon schlecht gestanden hätte um die Artenvielfalt. Flurbereinigung, Pestizideinsatz, Lebensraumvernichtung fand auch da schon seit Jahrzehnten in großem Maßstab statt, doch irgendwie konnte ich mir noch einreden, dass durch verbesserte Umweltschutz-maßnahmen und die Ausweisung von Naturschutzge-bieten doch irgendwann alles wieder gut werden würde. Es war die Zeit, bevor das Thema Insektensterben in aller Munde war und mir deutlich wurde, dass es nicht wieder besser werden würde, weil die Insekten auch aus den Naturschutzgebieten verschwinden. Und dass die Städte als Lebensraum immer wichtiger werden.

Jetzt lieben wir unsere Stubentiger natürlich. Ich würde mir sicher nicht noch einmal welche zulegen. Aber diese beiden haben Bestandsschutz. Ich bin zudem überzeugt, dass unsere Katzen weniger Jagderfolg haben als andere, weil sie, ehrlich gesagt, nicht sehr helle sind. Ich weiß nicht, wie es im Schnitt um die Intelligenz von Katzen bestellt ist, aber unsere, würde ich sagen, befinden sich, was kognitive Fähigkeiten angeht, eher im unteren Drittel. Beweisen kann ich das natürlich nicht. Aber zumindest drängt sich dieser Eindruck auf, wenn man ihnen dabei zusieht, wie sie immer wieder versuchen, eine Fliege zu erbeuten, die auf der anderen Seite der Fensterscheibe sitzt.

»Es reicht schon die Anwesenheit einer Katze in einem Garten, um das ökologische Gleichgewicht zu stören«, sagt Johanna dazu. »Sie lösen so viel Stress aus, dass schon allein deswegen Vögel nicht erfolgreich brüten können.« Ich kenne das Phänomen. Aus dem gleichen Grund geht auch in Gebieten, in denen Wölfe leben, der Verbiss von Rotwild an jungen Bäumen zurück. Es lebt sich einfach nicht mehr so ungeniert, wenn man potenzielle Killer als Nachbarn hat. Auch dann, wenn sie meistens auf dem Sofa liegen. Trotzdem finde ich, dass es ein lästiges Moment unserer dialektischen Katzendebatte ist, dass Johanna immer recht hat.

»Kann man nicht Barbar sein und trotzdem Blumen lieben?«, frage ich trotzig. Das ist, ich sage es lieber gleich, ein Zitat aus Asterix bei den Goten. Asterix-Zitate gehören in unserer Familie zur täglichen Kommunikation. Wir finden, dass es passende zu jeder Lebenslage gibt. Leider verstehen mittlerweile immer weniger Leute unsere unfassbar geistreichen Bonmots, was ein untrügliches Zeichen dafür ist, dass wir langsam aus der Zeit fallen. Zumal wir noch dazu nur die alten Hefte akzeptieren, die noch zu Lebzeiten von René Goscinny erschienen sind, und der ist 1977 gestorben. Frida ist natürlich damit aufgewachsen. Wir stehen als Eltern auf dem Standpunkt, dass man ohne Asterix nicht anständig groß werden kann. Sie hatte also keine Wahl. So leben und reden wir als Familie meistens unverstanden von der Welt vor uns hin, nur manchmal treffen wir auf einen einsamen Wanderer, der lacht.

Johanna gehört nicht dazu.

Vielleicht, denke ich, haben die Insekten in meinem Garten durch die Katzen sogar einen Schutzraum, in dem sie sich reproduzieren können. Um von dort aus weitere Trittsteine erreichen zu können. Die Trittsteine, die ich schließlich überall im Kiez für sie anlege. Von

Vögeln fressen lassen können sie sich dann ja anderswo.

Aber vielleicht ist der Schutzraumgedanke auch nur eine Schutzbehauptung, damit ich mir nicht weiter Gedanken machen muss darüber, wie viel Sinn es macht, Unkraut zu pflanzen, um Insekten zu retten und damit Vögeln ihr Futter zu bewahren, um dann zwei Katzen zu halten, die die Vögel fressen.

Was die Katzen angeht, versuche ich es schließlich mit einer neuen Methode. Im Internet bin ich auf sogenannte »Birdsbesafe-Collars« gestoßen. Es sind bunte Halskrausen in grellbunten Signalfarben. Diese, so die Versicherung der Hersteller aus Duxbury im US-Bundesstaat Vermont, würden Singvögel schon von Weitem warnen, wenn sich die Katzen anschleichen. Am äußeren Rand sind sie zudem mit einem Reflektorband versehen, welches die Katzen auch im Dunkeln leuchten lassen soll. Nachts sind alle Katzen grau, bis auf die mit den Birdbesafe-Collars. »Die Halsbänder verringern den Jagderfolg Ihrer Hauskatze um 87 Prozent«, verspricht die Website, die glückliche Katzen mit bunten Kragen auf saftigen Wiesen zeigt. Eine unabhängige US-amerikanische Science-Study habe in mehrjährigen Versuchsreihen ermittelt, dass die Halsbänder die Vogelmortalität durch Katzen signifikant senken. Ich frage mich zwar, ob die Kragen die Vögel nicht in erster Linie völlig verwirren: Bis sie erkennen, dass das merkwürdige Wesen, das da gerade auf sie zuspringt, eine Katze ist, sind sie gefressen. Aber egal, ich bestelle die Dinger.

Als das Päckchen aus Vermont ankommt, schlafen die Katzen wie die Engel auf dem Sofa und sehen aus, als könnten sie kein Wässerchen trüben. Ich nutze die Gunst der Stunde und lege ihnen ihre neuen Accessoires an, bevor sie das Weite suchen können. Die Halsbänder sind breiter, als ich dachte, und sehr farbenfroh.

»Ob damit was gewonnen ist?«, fragt der Bildhauer zweifelnd, als er nach Hause kommt und die beiden verstörten Tiere, ausstaffiert wie zwei Zirkustiger, durch die Wohnung laufen sieht. »Damit machen sich die Katzen doch zum Brot! Und ob die Vögel sterben, weil sie gefressen werden oder weil sie sich totlachen, macht für sie am Ende auch keinen Unterschied.«

»Die sind wissenschaftlich getestet!«, weise ich die Einwände entrüstet zurück. Aber ich muss zugeben, wenn es so etwas wie Katzenehre gibt, dann wird sie hier sträflich mit Füßen getreten. Es wundert mich nicht im Geringsten, dass die Katzen schon nach wenigen Tagen ohne ihre Halskrausen nach Hause kommen. Sie müssen sie irgendwie abgestreift haben. Wahrscheinlich werden sie in der Katzencommunity schwer gemobbt. Ein Halsband finde ich im Gebüsch im Garten, ein anderes bringt mir ein Nachbarskind: »Das habe ich im Park gefunden. Gehört doch euch, oder? Warum haben eure Katzen jetzt immer solche komischen Kragen an?«, fragt es.

»Damit sie keine Vögel mehr jagen«, antworte ich.

»Ist das zur Strafe?«, fragt das Kind, das es ganz offensichtlich für eine Bestrafung hält, so etwas anziehen zu müssen. Offenbar hat es so seine Erfahrungen gemacht. Manche Prenzlauer-Berg-Mütter kennen nichts, wenn sie ihrem Nachwuchs Kleidung kaufen. Vor allem die Mützen sehen manchmal aus, als seien sie extra gefertigt, um aus Kindern kleine Hofnarren zu machen. Aber dafür aus handgekämmtem Alpakahaar.

Ich bleibe hart. Sehr zu ihrem Leidwesen müssen unsere Katzen die Dinger tragen, zumindest das Frühjahr über. Immer wieder gelingt es ihnen, sich ihrer hippen amerikanischen Vogelschutzhalsbänder zu entledigen. Immer wieder sorge ich für Nachschub aus Übersee. Wenigstens bestelle ich nie die Modelle mit den Stars and Stripes darauf. So weit würde ich dann doch nicht gehen. Die Katzen nehmen trotzdem jedes Mal Reißaus, wenn sie mich mit neuen Clownskragen auf sie zukommen sehen. Ich bleibe unerbittlich. Was ist schon ein bisschen Katzenwürde gegen ein reines Ornithologengewissen?

KAPITEL 18

EIN KÖNIGREICH FÜR EINEN OHRWURM 2

Inzwischen ist es Oktober geworden, und in der Ohrwurmsache bin ich immer noch nicht weitergekommen. Frida hat als Tochter versagt, und auch unsere Freunde aus Templin enttäuschten mehrfach meine Erwartungen.

»Wo sind meine Ohrwürmer?«, fragte ich, als sie uns wieder einmal besuchten und mit leeren Händen dastanden. »Was will ich denn schon groß vom Leben, außer ein paar Ohrwürmern?«

»Frank hatte schon welche in einem Eimer gesammelt, aber ich habe sie wieder auf den Kompost geleert, weil ich dachte, es seien Küchenabfälle«, entschuldigte sich meine Freundin.

Frida wird zumindest vom schlechten Gewissen geplagt, denn sie schickt mir eine Nachricht, dass sie zwar keine Ohrwürmer gefunden habe, dafür aber andere Viecher, die ganz ähnlich aussehen und auch unter Steinen leben, und ob ich die haben wolle. Sie hat sogar herausgefunden, was es für Tiere waren: Schwarze Moderkäfer.

»Klingt sympathisch«, schreibe ich zurück. Ich glaube nicht, dass ich ihre Moderkäfer haben will. Schon der Name klingt nach Unterwelt. Beim ersten Googeln bestätigt sich meine Vermutung. Sie leben in Dreck und fauligem Laub und ernähren sich von Schnecken und Regenwürmern, die sie mit ihren Zangen in mundgerechte Stücke schneiden. Ihren Hinterleib können sie drohend aufrichten wie Skorpione und damit ein übelriechendes Sekret verspritzen. Wenn sie bedrängt werden, können sie auch Menschen schmerzhaft beißen.

»Nein, danke!« schreibe ich zurück. »Kein Bedarf!«

Seufzend lasse ich meinen Blick über meinen Garten schweifen, in dem das Ohrwurmbiotop längst vorbereitet ist: Der große tote Ast als Versteck war dekorativ platziert, dazu habe ich einen Laubhaufen und ein paar Pflaumen liegen lassen. Mit Blattläusen kann ich freilich erst wieder im Frühjahr dienen. Nein, daran würde es gewiss nicht mangeln. Doch die Zeit drängt. Ich weiß, dass Ohrwurmmütter gemeinsam mit ihren Eiern in Ritzen oder in Nestern im Boden überwintern. Es ist also wichtig, dass sie noch vor der Eiablage im späten Herbst bei mir einziehen.

Während meiner langen Wartezeit bin ich zur Expertin in Ohrwurm-Familienfragen geworden – dank Joel Meunier.

Es gibt etliche Insektenforscher, die sich mit Forficula auricularia, dem Gemeinen Ohrwurm beschäftigen. Doch der französische Biologe ist weltweit der einzige, der sich intensiv mit ihrem Sozialleben befasst. Er hat unzählige Ohrwurmgenerationen schlüpfen sehen, Tausende von Ohrwurmfamilien bei der Jungenaufzucht begleitet und jede innerfamiliäre Dynamik dokumentiert. Seit zehn Jahren tut er das schon. Lange hat er an der Universität Mainz geforscht, doch nach einiger Suche habe ich ihn schließlich in Tours aufgespürt, wo er an seiner Habilitation arbeitet. Natürlich handelt sie von Ohrwürmern. Zuletzt hat er herausgefunden, dass nicht nur Ohrwurmmütter ihre Jungen mit Nahrung versorgen, sondern dass auch Ohrwurmgeschwister aufeinander aufpassen, wenn die Mutter nicht da ist, und sich sogar gegenseitig füttern. Das ist schon in einer Durchschnittsfamilie des Homo sapiens ein selten beobachtetes Verhalten, im Reich der Insekten ist es noch erstaunlicher. Geschwister stehen meistens in Konkurrenz zueinander. Im besten Fall ignorieren sie sich, im schlechtesten Fall fressen sie sich gegenseitig auf. Dass sie einander helfen und das Futter teilen, wie die Ohrwurmbrüder und -schwestern, ist einzigartig in der Biologie.

»Na gut, manchmal fressen sie sich auch auf. Auch das kommt vor«, sagt Meunier. »Es gibt eben nette und weniger nette Geschwister. Wie es auch gute und schlechte Mütter gibt.«

»Bin ich eigentlich die erste Journalistin, die sich für Ihre Studien zum Familienleben der Ohrwürmer interessiert?«, frage ich ihn.

Er lacht. »Sie sind nicht die erste, aber die Presse hat mir auch nicht gerade die Bude eingerannt.«

Von Meunier erfahre ich, dass die Ohrwürmer tatsächlich beinahe die einzigen Insekten sind, die eine derart aufwendige Brutpflege betreiben. Natürlich gibt es hochentwickelte Formen der Kooperation bei staatenbildenden Insekten wie Ameisen, Bienen und Hummeln, die in den Nestern ihre Eier und Larven versorgen. Doch bei solitär lebenden Insekten kommt es kaum vor, dass sich die Mütter um die Eier und dann auch um ihre Babys kümmern. Außer bei den Ohrwürmern, erzählt mir Meunier, sei ihm so ein Verhalten nur noch von den Totengräbern bekannt. Das ist eine Aaskäferart, bei denen die Eltern kleine tote Tiere wie Mäuse oder Vögel als Nahrung für ihre Larven vergraben und diese in den ersten Tagen nach dem Schlupf auch aktiv mit einem Brei aus aufgelösten Leichenteilen füttern. Klingt nicht sehr appetitlich, ist aber fürs Überleben der Kleinen wichtig, weil sie zunächst noch nicht selbst an den toten Tieren nagen können. Also eindeutig ein weiteres Beispiel für elterliche Fürsorge im Insektenreich, zumal auch die Väter sich an der Kinderversorgung beteiligen. »Die Totengrabereltern tun dies jedoch nur für eine kurze Zeit. Ohrwurmmütter verbringen dagegen den ganzen Winter mit ihren Eiern und dann noch mal einige Wochen mit den geschlüpften Babys«, erklärt Meunier.

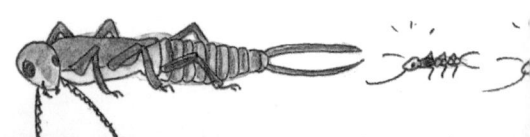

»Nur die Mütter?«, frage ich. »Was machen die Väter?«

»Die werden von den Müttern kurz vor der Eiablage vertrieben. Sonst würden sie die Gelege wohl fressen«, antwortet er.

Die Ohrwurmmütter dagegen verhalten sich in ihrer Fürsorge fast wie Vogeleltern. Sie behüten die Eier, und wenn der Nachwuchs im Frühjahr geschlüpft ist, bleiben sie erst ein, zwei Tage am Nest, um die Jungen zu hudern, dann gehen sie regelmäßig jagen, um die Babys mit Nahrung zu versorgen und zu füttern. Und sie beschützen die Ohrwurmkinder vor Fressfeinden, von denen es im Frühling nur so wimmelt: Vögel, Spinnen, Käfer, Raubinsekten aller Art.

»Sind sie denn damit erfolgreich?« frage ich. »Was kann so eine kleine Ohrwurmmutter tun?«

»Oh, sie ist sehr gut darin!«, sagt Meunier. »Sie hat nicht nur ihre Zangen am Hinterteil, sondern sie kann auch ein Sekret verspritzen, dass unangenehm riecht und Spinnen kurzzeitig erblinden lässt. An so einer wütenden Ohrwurmmutter kommt man als Räuber nicht so leicht vorbei!«

Ich muss zugeben, dass ich das extrem faszinierend finde. Wieso kümmern sich Ohrenkneifer so rührend um ihren Nachwuchs, andere Insekten aber nicht? Zumal, wie Meunier ebenfalls in seinen Experimenten herausgefunden hat, Ohrwurmkinder auch ganz gut alleine groß werden. Er hat frisch geschlüpfte Larven von ihren Müttern getrennt, und es stellte sich heraus, dass sie durchaus in der Lage sind, sich selbst zu versorgen. Zumindest, wenn das Nahrungsangebot ausreichend ist.

»Aber was hat das für psychische Folgen, wenn die Kleinen ohne Mutter aufwachsen?«, frage ich Meunier. »Sind sie dann als Erwachsene dauerhaft bindungsgestört? Werden sie zu asozialen Einzelgängern?«

»Die Frage haben wir uns auch gestellt«, antwortet er. »Und wir haben daher Experimente gemacht, in denen wir eine Gruppe Babys mit und eine andere Gruppe ohne mütterliche Fürsorge aufwachsen ließen. Und was wir herausgefunden haben, ist, dass Ohrwurmweibchen, die eine gute Mutter hatten, auch selber gute Mütter wurden. Die Tiere, die dagegen mutterlos aufwuchsen, wurden schlechte Mütter, die ihre Eier und Babys auffraßen oder sich selbst überließen.«

»Wow!«, sage ich. »Das ist ja wie bei uns Menschen! Bis auf das mit dem Auffressen vielleicht.«

»Und wie bei allen anderen Säugetieren auch!«, ergänze Meunier. »Die gleichen Experimente hat man mit Affen und selbst mit Mäusen gemacht. Mit dem gleichen Ergebnis. Das in der Kindheit erfahrene Elternverhalten hat Einfluss auf die eigenen sozialen Fähigkeiten.«

Ich nehme mir vor, meine Ohrwürmer, so ich denn je welche bekomme, im Auge zu behalten. Dass mir da keine Generationen von kleinen Psychopathen heranwachsen! »Aber wenn die Ohrwürmer, ob nun gestört oder nicht, sich auch ohne Mütter ernähren können, welchen Vorteil haben sie dann von ihrem so rührenden Familienleben?« hake ich dennoch nach.

Meunier seufzt. »Ja, das ist eine gute Frage. Dass wissen wir auch noch nicht so genau. Daran werde ich wohl die nächsten vierzig Jahre forschen«, erklärt er mir dann. »Vielleicht sind es ja auch die Mütter, die einen Vorteil davon haben. Nicht nur, dass sie ihre Gene mit größerer Wahrscheinlichkeit weitergeben, wenn sie ihren Nachwuchs beschützen und dadurch sicherstellen, dass mehr von ihnen überleben, sondern auch direkt. Möglicherweise produzieren die Kleinen irgendein mikrobiotisches Klima, das sie besser gegen Krankheiten schützt oder andere Vorteile bringt. Das sind jedenfalls alles Fragen, denen wir noch nachgehen werden«, kündigt er an.

»Haben Sie eigentlich schon mal einen Ohrwurm fliegen sehen?« frage ich ihn noch.

Immerhin hat er es in seinem Labor Jahr für Jahr mit bis zu viertausend Ohrwurmprobanden zu tun, wie er mir erzählt hat. Wenn also jemand in der Lage ist, zu bezeugen, dass die Ohrwürmer zu Recht zu den Fluginsekten gezählt werden, dann er.

»Ein einziges Mal in den ganzen zehn Jahren habe ich das erlebt!« lacht er. »Und es sah nicht sehr elegant aus. Es handelte sich um einen Ohrwurm, der an einer Fensterscheibe in der Falle saß, und der nach langem Hin- und Hergerenne schließlich davongeflogen ist. Aber es dauert so lange, bis die Tiere die Flügel entfaltet und danach wieder zusammengelegt haben, dass sie das nur im äußersten Notfall tun. Bei einem Brand zum Beispiel, oder bei einer Überschwemmung.«

In Zeiten des Klimawandels, denke ich, mit den zunehmenden Waldbränden und Starkregenereignissen, werden sie auf diese Fähigkeit wohl künftig öfter zurückgreifen müssen.

Während ich also weiter auf meine Freunde hoffe, überlege ich, ob es wohl auch möglich wäre, Ohrwürmer auf dem Dach anzusiedeln. Als zusätzlichen Trittstein sozusagen. Vielleicht würden sie dort nicht genug Nahrung finden? Ich könnte natürlich ab und zu ein paar alte Äpfel hinaufschmeißen. Doch für die Jungenaufzucht brauchen sie Blattläuse und andere Insekten. Einiges würde da oben schon herumkrabbeln, aber genug für einen Stall voll hungriger Ohrwurmkinder? Zur Not, denke ich, wird die Ohrwurmmutter sich eben die Mühe machen müssen, zur Futtersuche davonzufliegen. Dann würde sich irgendwann die Lebensweise urbaner Ohrwurmpopulationen noch stärker an die der Vögel angleichen. Die Evolution geht weiter. Auch Insekten müssen sich an neue Lebensräume anpassen.

Doch ohne Ohrwürmer bleibt das das alles graue Theorie. Dafür tauchen neue Mitbewohner bei uns auf. Meiner dankenden Ablehnung zum Trotz bringt Frida bei ihrem nächsten Wochenendbesuch doch ein paar schwarze Moderkäfer mit. Wohl in der Hoffnung, dass ich dann endlich Ruhe geben werde. Gebannt beugt sich die versammelte Familie über den Joghurteimer, den Frida mit ein paar alten Laubblättern zum fast artgerechten Moderkäfer-Transportbehälter umfunktioniert hat. Erstaunlich, sie sehen wirklich fast wie Ohrenkneifer aus, nur ein wenig martialischer. Mattschwarz, gepanzert, wehrhaft. Wie die böse Ausgabe der netten, kinderfreundlichen Ohrwürmer. Dark Knights der Insektenwelt. Ich bin unsicher, was ich mit ihnen tun soll. Nachdem ich gelesen habe, was die Käfer mit Schnecken und Regenwürmern anstellen, fürchte ich um die Weinbergschnecken, die seit einiger Zeit in meinem Garten leben. Zerstückelte Regenwürmer will ich auch nicht vor der Tür haben, und ich bin mir nicht sicher, was die gefräßigen Käfer noch alles erledigen werden an zartem jungen Trittsteinleben auf meinen sechs Quadratmetern. Mir gefällt die Vorstellung nicht, dass irgendwer in meinem Garten ein Terrorregime errichten könnte. Natürlich bin ich mir darüber im Klaren, dass diese Einstellung dem Gesetz der Natur nicht wirklich entspricht. Aber nach all meinen Mühen liegen mir die Sechsbeiner in meinem Garten offenbar mehr am Herzen als andere. Völlig absurd, wenn man bedenkt, dass ich keinerlei Skrupel hatte, die Blattläuse auf meinem Baum eigens importierten Killermaschinen auszuliefern. Und dass ich die ganze Insektengärtnerei ja eigentlich nur veranstalte, um mehr Proteine für die Vögel bereitzustellen. Mieser Charakter hin oder her, am Ende des Tages sind auch die Moderkäfer Vogelfutter. Oder sehe ich doch noch etwas anderes in ihnen? Letztlich, entscheide ich, geht es mir ja darum, die verlorene Vielfalt wiederherzustellen. Und da gehört auch der Moderkäfer dazu, so wie der Teufel zum Himmelreich. Aber vielleicht doch lieber im Park.

Doch all meine Überlegungen laufen am Ende ins Leere: Uns kommt eine kleine Havarie dazwischen. Nachdem wir die Moderkäfer ausgiebig betrachtet haben, nimmt der Tag seinen Lauf und ich lasse den Joghurteimer erst einmal in der Küche stehen – im Vertrauen darauf, dass die Plastikwände des Behältnisses glatt und damit ausbruchssicher sind. Wir haben Gäste zum Essen, der Abend wird lang und lustig, unterbrochen nur durch Harry, der im Hintergrund von seiner Bank aus krakeelt. Zum Nachtisch gibt es Weintrauben. Doch leider denkt einer unserer Freunde beim nächtlichen Aufräumen angesichts des Moderkäfereimers auf dem Küchentresen offenbar, es wäre ein Tischkompost und wirft die abgezuppelten Weintraubenstiele hinein. Kein völlig fernliegender Gedanke, denn Tischkompostbehälter kommen vor, während die Wahrscheinlichkeit, in einer deutschen Küche auf einen Eimer mit Moderkäfern zu stoßen, wohl in etwa bei 1:1.000.000.000 liegt.

Es geschieht, was geschehen muss. Der Weintraubenstängel ist die perfekte Trittleiter. Die Viecher nutzen die Gelegenheit zur Flucht. Wir sehen sie nie wieder. Seitdem leben wir mit dem ständigen Gefühl, dass sich in unserer Wohnung irgendwo Wesen der Unterwelt aufhalten, die ihr düster-morbides Eigenleben führen, sobald wir das Licht ausmachen. Schlafgästen erzählen wir lieber nicht, dass wir unsere Wohnung aus Versehen zum Biotop gemacht haben. Zum urbanen Trittstein für den schwarzen Moderkäfer.

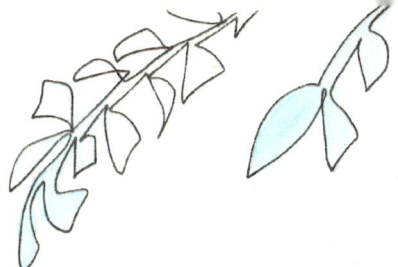

KAPITEL 19

BERLIN-BAD SAULGAU UND ZURÜCK

Es gibt eine Stadt, die genau das tut, was ich tue, nur viel, viel besser. Und zwar bereits seit über 25 Jahren. Während der Rest des Landes noch im ökologischen Dornröschenschlaf vor sich hindämmerte, haben im fernen Schwabenland ein Stadtgärtner aus dem Erzgebirge, der wegen seines Engagements für den Umweltschutz in der DDR in Ungnade gefallen war, und ein städtischer Angestellter angefangen, in ihrer Stadt systematisch alle kommunalen Flächen insektenfreundlich umzugestalten. Sie haben Parkrasenflächen in Blumenwiesen umgewandelt und städtisches Einheitsgrün in Beete mit blühenden Wildstauden und heimischen Gehölzen. Man kann auch sagen: Sie pflanzten und pflegten systematisch Unkraut. Sie sind meine Helden. Natürlich sagte ich ihnen das nicht, als ich ihnen gegenübersaß. Erst nach etwa zehn Minuten.

»Sie sind meine Helden!«, sage ich zu Thomas Lehenherr.

»Wie haben Sie das nur geschafft, die ordnungslie-
benden Schwaben zu überzeugen, ihre schönen Rhodo-
dendronbeete aufzugeben?«

Lehenherr ist seit 1992 Umweltbeauftragter der Stadt
Bad Saulgau und ich sitze in seinem kleinen Büro im
Rathaus. Der Mann mit dem feudalen Namen hat seine
Heimatstadt in den letzten zwei Jahrzehnten Stück für
Stück in eine blühende Metropole der Biodiversität verwandelt. In Jens Wehner, den es, als sein Ausreiseantrag
endlich bewilligt wurde, im August 1989 aus Freiberg
in Sachsen nach Bad Saulgau verschlug, fand er einen
kompetenten Mitstreiter. In seiner Heimatstadt hatte
Wehner gegen die systematische Vergiftung der Böden
durch die Bleiverhüttung protestiert und illegal städtische Flächen begrünt. Jetzt übernahm er die Leitung
der Stadtgärtnerei im Schwabenstädtchen. Die beiden
ergänzten sich offenbar perfekt. Für mich am allerwich-
tigsten: Sie haben gezeigt, dass es geht.

»Ich glaube, es traf sich gut, dass wir beide eher Ma-
cher sind«, antwortet Lehenherr. »Lange rumtheoreti-
sieren liegt uns nicht so. Und dass wir beide aber auch
ganz gut reden können, wenn es drauf ankommt. Psy-
chologie ist ja die halbe Miete.«

Nun gut, Bad Saulgau ist nicht Berlin. Der kleine Ort
nördlich des Bodensees hat 18.000 Einwohner, aber es
ist eine richtige Stadt mit 13 Stadtteilen, mit Neubau-
siedlungen und Altstadt, mit Einkaufszentren, Tankstel-
len, Gewerbegebiet und Parks. Nicht alles lässt sich auf
eine Großstadt übertragen. Aber vieles doch. Zum Bei-

spiel das mit der Sensendialektik. Ihretwegen bin ich überhaupt nur in den Zug gestiegen und habe die acht Stunden dauernde Reise auf mich genommen.

In der Woche zuvor war ich im Grünflächenamt des Bezirks Pankow. Untergrundgärtner und notorische Bombenwerfer wie ich haben ja eigentlich allen Grund, die Behörden zu meiden. Man weiß nie, wie sie reagieren, immerhin ist das, was ich tue, Sachbeschädigung. Und ich will auch keine schlafenden Hunde wecken, indem ich die städtische Aufmerksamkeit auf die Orte öffentlicher Vernachlässigung lenke, die mir als Tummelfeld zum Unkrautsäen dienen. Ich könnte sie erst auf die Idee bringen, doch noch ihrer Pflicht nachzukommen und dort, wo meine kostbaren Unkräuter wachsen, ihre traurigen immergrünen Bodendecker zu pflanzen. Aber ich war wütend, und das trieb mich ins Amt. Meine Wiesen-Witwenblumen-Wiese war wieder abgemäht worden. Ich hatte im Park eine perfekte Stelle gefunden, an der ich erfolgreich Knautien für meine Knautien-Sandbienen ausgesät hatte. Doch jedes Mal, wenn die Blumen in voller Blüte stehen, kommt der kommunale Rasenmäher. Ich wollte also um einen Mähaufschub für diese Stelle bitten. Und auch für einige andere. Und überhaupt mal vorsichtig testen, ob es nicht eine Möglichkeit gäbe, ganz offiziell einzelne Rasenflächen des Parks in Blumenwiesen umzuwandeln. Ich hatte sogar eine Liste dabei mit geeigneten Flächen. Schließlich hatte der Berliner Senat erst vor Kurzem eine »Strategie zum Schutz und zur Förderung von Bienen und anderen

Bestäubern« auf den Weg gebracht. In einigen Bezirken sind in diesem Jahr auf einzelnen Pilotflächen gemeinsam mit der Deutschen Wildtierstiftung Blumenwiesen angelegt worden, daneben wurde jeweils eine Infotafel und ein Insektenhotel aufgestellt. Berlin strebe an, eine pestizidfreie Kommune zu werden, heißt es in dem Papier, außerdem wurde ein »Handbuch gute Pflege« für die städtischen Gartenbaumitarbeiter verfasst, mit Hinweisen darauf, wie die Grünanlagen insekten- und vogelfreundlich gepflegt werden können. Verbindlich in der Anwendung ist das Handbuch aber nicht. Dass sich etwas tut und Konzepte geschrieben werden, ist schön, doch leider ist von einem Aufbruch noch nicht viel zu sehen. Jenseits der »Pilotflächen« herrscht weiterhin ödes Einheitsgrün in der Stadt.

»Haben Sie eine Sense?«, fragte mich der Mitarbeiter des Grünflächenamtes, als ich vorsprach.

»Eine Sense? Nein, wieso?«, fragte ich erstaunt zurück.

»Na, langes Gras kann man nur von Hand mähen. Und dafür haben wir nicht das Personal. Also wenn Sie eine Wildblumenwiese irgendwo anlegen wollen, gerne, aber dann müssen Sie die Fläche selbst mähen. Und das Mahdgut abtransportieren! Das müssten wir dann vertraglich festlegen, dass Sie sich darum kümmern!«

»Aber ist das Mähen nicht Ihre Aufgabe?«, wollte ich wissen. Und im Übrigen, sagte ich, sei ich ja gekommen, um das Amt zu bitten, eher weniger zu mähen. Zumindest an einigen Stellen, damit sich wieder ein bisschen

Wildwuchs etablieren könne. Ich erzählte ihm, ich hätte ein paar Flächen im Park gefunden, an denen sich ganz von selbst auf wunderbare Weise Knautia arvensis, die Wiesen-Witwenblume, angesiedelt habe, die für Insekten außerordentlich wertvoll sei.

»Das können wir nicht machen. Das muss gepflegt werden, und das ist zu aufwendig und zu teuer. Da fehlen uns die Leute«, erklärte er. Er sei sehr für Biodiversität, und ich würde bei ihm ja offene Türen einrennen, aber die Mittel der öffentlichen Hand seien eben leider beschränkt.

»Wie gesagt, wenn Sie eine Sense haben…«, rief er mir noch hinterher.

Seitdem lässt mich die Berliner Sensendialektik nicht los. Der Senat verabschiedet eine Bienenschutzstrategie, schreibt Konzepte, um Lebensraum für Insekten zu fördern, aber umgesetzt wird das nur, wenn die Bürger selber die Wiesen mähen? Vor meinem geistigen Auge erschien das Bild einer sensenschwingenden Bürgerwehr, pensionierte Studienräte und Arztgattinnen, die mit blanker Klinge und monotonem Gesang durch die Parks der Stadt ziehen. Unter anderem deswegen sitze ich nun im Rathaus von Bad Saulgau. Ich wollte wissen, wie das eine Stadt macht, die sämtliche Intensivrasenflächen – bis auf ein paar Liegewiesen und Sportplätze – in Blumenwiesen umgewandelt hat. Und über-

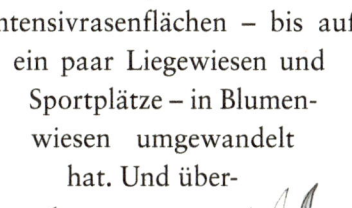

haupt wollte ich gerne sehen, wie so eine durch und durch insektenfreundliche Stadt aussieht.

Schon auf dem kurzen Weg vom Bahnhof zum Rathaus war der Unterschied überall zu sehen und zu spüren. Auf dem Dach der Johanneskirche prangt ein Storchennest, eines von 17 in der Stadt, wie mir Lehenherr jetzt erzählt, alles Zugezogene der letzten 20 Jahre. Es ist Oktober, und noch immer blüht es in den Straßen. Spielplätze und Parks sind mit heimischen Sträuchern und Stauden bepflanzt, selbst die Parkplätze und die Werbeflächen vor dem Supermarkt sind bienenfreundlich gestaltet. Die Innenflächen von Kreiseln, Verkehrsinseln und Straßenränder: Blumenwiesen und üppige, artenreiche Beete, auf denen jetzt im Herbst zum Teil noch die Samenstände stehen. Wer immer noch denkt, Unkraut sei unansehnlich, der wird hier eines Besseren belehrt. Sogar jetzt ist es hier noch schön. In den Staudenbeeten erkenne ich Bergminze, Steppensalbei, Alpen-Astern, Moschus-Malven, Storchschnabel, Fetthenne und wilde Rosen in allen Farbvarianten, dazwischen vieles andere, was ich noch nie gesehen habe. Ein paar späte Hummeln und Bienen sind noch unterwegs, ein letzter Kohlweißling und zwei Tagpfauenaugen flattern durch die Gassen der Altstadt. Auffällig sind die vielen Vögel. Es tschilpt und piepst überall, am Rand der vielbefahrenen Kaiserstraße fällt eine lärmende Gruppe Stieglitze ein und macht sich über Samen am Straßenrand her. Auf einem Beet an der mittelalterlichen Stadtmauer strecken meine Natternköpfe ihre trockenen Stängel in die Höhe.

Anders als überall sonst, wo sie als Unkraut am Straßenrand abgemäht werden, sind sie hier mitten im Beet platziert, geschmackvoll arrangiert mit Färberkamille, Dost und Wildrosen. Jetzt sind sie freilich verblüht, nur noch eine Andeutung der blauvioletten Pracht, die sich im Sommer hier entfaltet haben muss. Ich nutze die Gelegenheit und streife schnell noch ein paar Samen ab.

»Sie kommen zur falschen Jahreszeit«, hatte mir Lehenherr schon am Telefon gesagt. »Die Blumenwiesen sind jetzt leider fast alle schon gemäht.«

»Mit einer Sense?«, fragte ich zurück.

»Natürlich nicht«, sagte er. »Kommen Sie vorbei, dann zeige ich Ihnen alles.«

Wir sitzen in seinem kleinen Büro, und Lehenherr erzählt mir, wie alles anfing. Schon in den 90er-Jahren gab es die gleichen Diskussionen wie jetzt. Rückgang der Artenvielfalt, Zerstörung von Lebensräumen, Klimawandel, alles war schon da. Doch nichts geschah. Als Lehenherr, studierter Agrarwissenschaftler mit Aufbaustudium Umweltschutz, den Job des Umweltbeauftragten im Rathaus von Bad Saulgau angeboten bekam, vermutete er, dass das eher eine Alibistelle sein würde. Man wollte ein bisschen was fürs grüne Image machen, ansonsten sollte alles schön weitergehen wie bisher. Doch Lehenherr meinte es ernst mit der kommunalen Umweltpolitik und entwickelte ein »Konzept zur Umwandlung von Einheitsgrün in artenreiches Grün«, das der Stadtrat tatsächlich verabschiedete. In Jens Wehner von der Stadtgärtnerei fand er sofort Unterstützung.

Und so fingen sie an. Zunächst mit der Renaturierung der Fließgewässer. Die waren in den 70er-Jahren wie überall begradigt und in praktische Betonröhren verlegt worden, kein Busch und kein Baum wuchs an ihren Rändern. Jetzt mäandern sie zum großen Teil wieder fröhlich durch die Gegend, ihre Ufer wurden mit Hilfe von Schulklassen neu bepflanzt. Die Bäche im Gemeindegebiet wurden wieder mit Feuchtgebieten vernetzt, über 100 Tümpel neu gegraben und bepflanzt. Da kamen die Störche zurück. Dann fingen Lehenherr und Wehner in der Stadt an, sukzessive kommunale Grünflächen in Blumenwiesen umzuwandeln, Verkehrsinseln zu entsiegeln, Kreisel und Straßenränder zu bepflanzen. Um die Bevölkerung und den Stadtrat mit ins Boot zu holen, legten sie Schmetterlingsgärten und Lehrpfade an. Das war wichtig, erzählt Lehenherr, denn am Anfang waren nicht alle begeistert im traditionell konservativen Schwabenstädtchen. Belächelt wurden sie, und auch beschimpft. So eine Blumenwiese sieht erst ab dem zweiten Jahr schön aus, davor ist sie ganz schön lückig: Und dafür machen sie den schönen grünen Rasen mit den Stiefmütterchen kaputt! Im Herbst bleibt manches Gestrüpp stehen, als Überwinterungsmöglichkeit für Insekten: Wie ungepflegt sieht das denn aus! Und als in manchen Straßen einige Parkplätze für bepflanzte Hochbeete wegfallen mussten – Bienenweide und Verkehrsberuhigung in einem – gab es Beschwerden der Anwohner. Doch das hat sich bald gewandelt. Heute sind die Bad Saulgauer stolz auf ihre naturnahe Stadt.

Vor allem natürlich, seit es bundesweit und sogar international Preise regnet. Seitdem muss Lehenherr noch mehr reden, Vorträge halten und mit Power-Point-Präsentationen über Biodiversität in Bad Saulgau zeigen, was möglich ist in einer Stadt. Nicht ohne Stolz zeigt er mir am Bildschirm Fotos von Preisverleihungen, darauf immer wieder strahlende Bürgermeister, rechts und links eingerahmt von Lehenherr und Wehner. Es hat schon mehrere politische Wechsel im Stadtrat und im Amt des Bürgermeisters gegeben, doch Lehenherr und Wehner blieben. Und an der insektenfreundlichen Umgestaltung der Stadt hat keine Partei je gerüttelt. 2017 war die Umwandlung offiziell abgeschlossen. Seit 2011 darf Bad Saulgau den Titel »Landeshauptstadt der Biodiversität« in Baden-Württemberg tragen, 2019 gewann die Stadt den bundesdeutschen Biodiversitätswettbewerb »Stadtgrün Naturnah«, und brachte als Krönung kurz danach auch noch die Goldmedaille nach Hause beim größten europäischen Ökologiewettbewerb, dem »Entente Florale Europe«.

»Und sind Sie denn eine sehr reiche Kommune?«, will ich wissen. Ich denke an das Berliner Grünflächenamt. Arm, aber sexy.

»In Gegenteil, wir haben sogar viel Geld gespart.«, sagt er. »Die Flächen, um die wir uns heute kümmern, haben sich durch unsere Maßnahmen verdoppelt, aber wir haben noch das gleiche Personal wie vor 20 Jahren.«

»Wie kommt das?«, frage ich.

»Wir haben früher die Rasenflächen 20-25 mal im Jahr gemäht, jetzt mähen wir genau zweimal, einmal in Juni und einmal im Oktober. Die vielen Wechselbepflanzungen, Stiefmütterchen und was es alles gab, sind allesamt weggefallen, weil wir nur noch mehrjährige, dauerhafte Stauden haben. Wir haben früher palettenweise Mineraldünger verstreut, jetzt düngen wir fast gar nicht mehr, und wenn dann nur ein bisschen mit organischem Dünger. Und natürlich wenden wir keine Pestizide an.«

»Und wie machen Sie das mit dem Mähen?«, frage ich. »Müssen Sie das denn nicht alles mit der Hand mähen?«

Wir sind inzwischen in sein Auto gestiegen und fahren durch die Stadt. Lehenherr kennt hier jeden Kübel, jedes Beet, jeden Straßenrand. Er zeigt auf einen Blühstreifen an einer Kreuzung.

»Für die kleinen Flächen wie die da drüben nehmen wir den Balkenmäher. Das geht sehr gut. Die großen Wiesen im Park mäht der Bauer mit landwirtschaftlichem Gerät. Der formt dann Ballen draus und macht daraus Pferdeheu.«

Ein Balkenmäher? Lehenherr erklärt mir, was das ist: Ein mit Messerbalken bestückter Motormäher, den man vor sich herschiebt. Damit kann man insektenschonend auch kleine Blühstreifen, Straßengräben und unwegsames Gelände mähen. Das Mähgut muss dann zwar mit der Hand aufgenommen werden, aber da das nur zweimal im Jahr passiert, bedeutet es dennoch unterm Strich weniger Arbeit als vorher. Im Moment, fügt er hinzu, seien sie gerade dabei, zu erkunden, ob es ein Zusatzgerät gebe, mit dem man in einem Arbeitsgang das abgeschnittene Gras auffangen könne.

Sensende Freiwillige gibt es in Bad Saulgau jedenfalls nicht. Trotzdem beteiligen sich inzwischen viele Bürger ehrenamtlich an der Pflege der Flächen, erzählt mir Lehenherr. Wer sich um ein Wildblumenstaudenbeet in seiner Straße kümmert, im Sommer an heißen Tagen mal gießt und ab und an mal Unkraut zupft, erhält von der Stadt zum Dank Konzertkarten oder Eintrittskarten fürs Museum. Ortsansässige Unternehmen spenden für Baumalleen oder legen selbst Blumenwiesen oder Wildstaudenbeete auf ihrem Betriebsgelände an. Kindergärten und Schulen hängen Nistkästen auf. Doch insgesamt, erklärt er, brauchen die heimischen Pflanzen wenig Pflege und kommen auch mit Hitze und Trockenheit viel besser zurecht. Bei der Auswahl der Pflanzen wird darauf geachtet, dass zu jeder Jahreszeit etwas blüht. Weil sich herausgestellt hat, dass es bei ausschließlich heimischen Arten eine Blühpause im späten Frühling gibt, haben sie ihre Mischung ergänzt mit einem gewissen Anteil an insektenfreundlichen nichtheimischen Blumen wie Sonnenhut, Lavendel oder Phlox.

Wir fahren durch ein Wohnviertel aus den 60er-Jahren. In den Straßen haben Lehenherr und Wehner Mehlbeere und Malus gepflanzt, das sind heimische Wildobstbäume mit schmaler Krone. »Passen gut in die engen Straßen, müssen wir nicht beschneiden, und die

Vögel freuen sich. Ach ja, und wir bepflanzen nie eine Straße mit den gleichen Bäumen, sondern mit verschiedenen Arten, falls es zu Ausfällen kommt wie vor ein paar Jahren mit dem Ulmensterben, oder sich herausstellt, dass eine Art mit dem Klimawandel nicht zurechtkommt.«

»Und hat es denn was gebracht?«, unterbreche ich ihn. »Ich meine, in Bezug auf die Artenvielfalt und die Insekten? Haben die sich in der Stadt etabliert?«

»Es hat sie noch niemand gezählt«, sagt er. »Aber wir sehen es jeden Tag. Sie müssen mal an einem Sommertag durch die Stadt laufen. Es ist unglaublich, wie es hier summt und was hier alles herumfliegt! Wir hoffen, dass sich bald mal jemand findet, der ein systematisches Monitoring macht. Vielleicht seine Doktorarbeit über Bad Saulgau schreibt.«

Ich bin begeistert. Eine ganze Stadt voller Unkraut! Ich fühle mich wie ein Pilger, der am Ende seines frommen, entbehrungs- und arbeitsreichen Lebens das Glück hat, einmal Mekka besuchen zu dürfen. Natürlich gibt es auch Tierlibäume. Eine der ersten Maßnahmen von Lehenherr und Wehner bestand darin, einen Lehrpfad für heimische Gehölze anzulegen. Das sind gar nicht so viele, sagt er, etwa 100 Arten haben es nach der letzten Eiszeit geschafft, sich hier zu etablieren. Entlang einer einen Kilometer langen Straße stehen sie jetzt alle hübsch hintereinander aufgereiht, beschildert und geordnet nach Verwandtschaftsgrad. Bei der Kornelkirsche mache ich eine kurze Ehrenpause. Daneben gibt es auch einen Schauplatz mit heimischen Hecken, damit sich Gartenbesitzer anschauen können, was es noch gibt außer Kirschlorbeer und Thuja.

»Thuja in Bad Saulgau?«, frage ich.

»Ja, in den Neubaugebieten ist das leider auch bei uns in Mode. Und Schottergärten leider auch. Wir haben deswegen jetzt gerade eine Gartenfibel herausgebracht mit Tipps und Hinweisen für die naturnahe Gartengestaltung. Die wird bei jedem Baugesuch von der Stadt an die Bauherren mit herausgegeben.«

Wir fahren zur Kurklinik, dort hat Lehenherr einen Lehrpfad zum Thema Wasser eingerichtet. Man kann auf Stegen über das Schilf laufen, Schilder erläutern den Kreislauf des Wassers, Kinder können den Weg eines Wassertropfens auf einer Tafel interaktiv nachverfolgen. Vor zwei Jahren erst wurde die Anlage fertig, zeitgleich hat sich ein Biber angesiedelt, der seine Biberburg direkt zwischen die Stege gebaut hat. »Das ist ein Glück für uns, denn er hat hier alles gestaut und sorgt so für einen hohen Wasserstand«, freut sich Lehenherr. »Und er fällt noch dazu die Bäume, sodass hier nicht alles zuwächst«. Ich blicke vom Steg ins Wasser: Alles voller Fische. Allerdings sind sie orange.

»Ja, wir haben hier eine kleine Goldfischplage«, räumt Lehenherr ein. »Die hat mal jemand hier ausgesetzt. Haben sich prächtig vermehrt. Guppys gibt's hier auch in rauen Mengen. Aber die werden auch auf natürliche Weise dezimiert! Wir haben hier Eisvögel und Reiher.«

Wow. Wohl die ersten Eisvögel, die sich von Goldfischen ernähren. Auch das ist urbanes Leben. Muss jedenfalls ein sehr farbenprächtiges Bild abgeben, ein türkisfarbener Vogel mit einem orangenen Fisch im Schnabel.

Das Wasser staut sich dank der Biber bis zum angrenzenden Stadtwald, auch hier wird auf Biodiversität geachtet, Totholz nur an Wegen entfernt, es gibt einen Matschplatz für Kinder, im angrenzenden Feuchtgebiet brüten sogar die seltenen Nachtreiher.

»Mein Gott, Sie haben ja alles richtig gemacht!«, stöhne ich, als ich ihm zum Abschied die Hand gebe. »Das ist ja berufsschädigend für uns Journalisten!«

Er lacht. »Naja, wie haben auch 20 Jahre Vorsprung. Und Fehler haben wir hier auch gemacht. Aber draus gelernt. Und jetzt können wir das weitergeben. Viel Glück in Berlin!«

Ich laufe zurück zum Bahnhof. Auf einer Parkbank sitzt ein Bad Saulgauer Penner, malerisch eingerahmt von Bierflaschen, Beinwell und Sonnenhut. Ich muss an Harry denken, der mit schnödem Berliner Einheitsgrün Vorlieb nehmen muss. In den Gassen der Altstadt stehen überall schwere gusseiserne Kübel herum. Die neueste Idee der Bad Saulgauer Stadtgärtnerei: Die essbare Stadt. Die Kübel sind bepflanzt mit heimischen Gewürzpflanzen und Wildgemüse. Jeder darf ernten, was er will. Ich pflücke mir eine späte Walderdbeere. Und erstarre: In meiner Hand zappelt ein Ohrwurm.

Vor lauter Freude lasse ich ihn beinahe fallen. Ich schließe blitzschnell meine Faust um Erdbeere und Wurm und überlege. Wie kriege ich den nach Berlin? Und gibt es noch mehr? Ich krame in meiner Tasche und finde eine meiner Butterbrottüten, die ich zum Samensammeln immer dabeihabe. Vorsichtig lasse ich den Ohrwurm hineingleiten und stochere mit einem Stock in der Erde des Kübels herum. Tatsächlich, ich werde fündig. Noch drei weitere Ohrwürmer kann ich erbeuten. Ich hoffe, die Bad Saulgauer nehmen mir den Diebstahl nicht übel. Vermutlich haben sie noch ein paar mehr von den Tieren. Ich schaue auf die Uhr: Noch ein bisschen Zeit, bis der Zug geht. Schnell betrete ich einen Laden und kaufe mir einen Joghurtbecher und einen Plastiklöffel, verschlinge den Inhalt und wasche den Becher im Bad Saulgauer Stadtkanal aus. Behutsam schüttele ich die Ohrwürmer aus der Tüte in den Becher, lege als Wegzehrung eine Erdbeere und als Versteck ein paar Blätter dazu und mache mich auf den Weg zum Zug. Acht Stunden lang wache ich sorgfältig über meinen Schatz. Es ist spät, als ich nach Hause komme. Der Bildhauer ist noch wach, er sitzt vor dem Fernseher und schaut eine Science-Fiction-Serie.

»Wie war's?«, fragt er.

»Ich war im Paradies, und es war sehr schön.«, erzähle ich. »Und zu Weihnachten wünsche ich mir einen Balkenmäher.«

Aber das ist nicht ganz ernst gemeint. Eigentlich wünsche ich mir hundert Balkenmäher für die Stadt Berlin. Und einen Thomas Lehenherr und einen Jens Wehner dazu.

KAPITEL 20

WENN DIE LILIENHÄHNCHEN LEISE SINGEN

Das Jahr neigt sich dem Ende zu, und mit dem Fallen der letzten Blätter kommen wieder die Momente der Ernüchterung. Ich fürchte sie, denn sobald ich anfange, ernsthaft darüber nachzudenken, was ich tue, müsste ich eigentlich den Spaten in den Boden rammen und dort für immer verrosten lassen wie das Schwert des Artus in seinem Stein. Die Rückkehr aus Bad Saulgau ins triste Berliner Einheitsgrün hat mir einen Dämpfer versetzt.

Gegenüber wurde gerade wieder eine Fläche mit immergrünen Bodendeckern bepflanzt, die auch ein wunderbares Staudenbeet hätte werden können. Warum, frage ich mich, kann nicht Berlin zumindest ein bisschen Bad Saulgau sein? Dabei kann ich die Grünflächenämter in den Bezirken ja sogar verstehen. In den letzten 20 Jahren wurde im Berliner öffentlichen Dienst so viel Personal abgebaut, dass es vielerorts gerade mal möglich ist, den Stillstand zu verwalten. Die Bezirke waren besonders betroffen, hier wurde die Zahl der Mitarbeiter seit 1998 glatt halbiert – erst vor Kurzem wurde der Spargürtel etwas gelockert und die Kurve geht wieder leicht nach oben. Das schönste Insektenschutzaktionsprogramm nützt wenig, wenn nicht auch Mittel bereitgestellt werden, um es umzusetzen.

Dennoch wird in den Ämtern vielfach auch einfach so weitergemacht, wie es immer gemacht wurde. Was dort fehlt, mehr als Geld und Personal, ist Fantasie. Es mangelt an Vorstellungskraft, dass vieles auch anders sein könnte. Veränderung geht immer von einzelnen Menschen aus, die sich nicht abfinden wollen, davon bin ich überzeugt. Man muss einfach irgendwo anfangen. Oder etwas unterlassen. Weniger ist manchmal mehr, wenn es um Insekten geht. Weniger Ordnung und mehr Mut zu Kruschecken. Warum sollten Stadt und Wildnis nicht zusammenpassen? Wer sagt, dass es nicht urbane Parallelwelten geben kann, wie in dem Zeichentrickfilm »Bernhard und Bianca«, wo im Gebäude, in dem oben die UN-Vollversammlung der Menschen tagt, unten die Mäuse ihre Jahresversammlung zur Rettung von Kindern in Not abhalten? In den Großstädten könnten neben vielbefahrenen Straßen rechts und links Säume mit blühenden Unkräutern angelegt werden, auf denen ebenso quirliger Verkehr herrscht wie auf den geteerten Bahnen in der Mitte. Nur auf sechs Beinen statt auf zwei oder vier Rädern. Die Parks könnten zu grünen Erholungsräumen für Menschen und Insekten werden: Liegewiesen neben Blumenwiesen, dazwischen Obstbäume und Tierlibäume statt der immer gleichen grünen Sträucher. Dass in den wachsenden urbanen Räumen auch neue Wohnungen gebaut werden müssen, ist klar. Aber warum nicht die Bewilligung von Neubauprojekten und Gebäudesanierungen mit der Auflage verknüpfen, dass an und auf dem Gebäude Wohn- und Lebensräume auch für nichtmenschliche Stadtbewohner wie Vögel, Fledermäuse und Insekten mitgeplant werden müssen? Bauvorschriften zum Erhalt der Biodiversität sollten so selbstverständlich werden wie Vorschriften zum Brandschutz.

Es ist immer noch Pflanzzeit, aber ich kann mich nicht aufraffen, irgendetwas zu tun. Lustlos pflanze ich noch zwei Weißdornbüsche im Park gegenüber. Ein paar Meisen fliegen vorbei, beim Graben stoße ich auf einen Engerling. Ein Junikäfer vielleicht? Sorgfältig verbuddele ich ihn wieder da, wo ich ihn gefunden habe. Harry sitzt auf seiner Bank und schaut mir beim Graben zu. Fast gutmütig sieht er aus, wohlwollend nahezu. Jedenfalls beleidigt er mich nicht. Wer weiß, denke ich, vielleicht versteht er mich ja. Vielleicht ist er ein ehemaliger amerikanischer Banker, der ausgestiegen ist aus der Szene, weil er es nach der Finanzkrise nicht mehr ertragen hat, die Menschen zu betrügen. Der keine faulen Finanzpakete mehr an Rentnerinnen verkaufen wollte, um hinterher alles, was stinkt, in Bad Banks abzuschieben und sich vom Staat retten zu lassen. Vielleicht ist er der eigentlich Weise unter uns. Der alles gesehen und alles durchschaut hat und sich nun durch strategisches Trinken den Profitzwängen der kapitalistischen Wachstumsgesellschaft entzieht.

Eigentlich sieht er auch mehr aus wie ein Wiedergänger von Karl Marx und nicht wie Harry Rowohlt, wie wir immer dachten. Karl Marx, der neben der sozialen Frage auch schon die ökologische Zerstörung durch den Kapitalismus kritisiert hat. Dass beides eng zusammenhängt, liegt auf der Hand. Überall auf der Welt sind Menschen auf der Flucht, deren Lebensgrundlage durch den Raubbau an der Natur zerstört wurde. Wir folgen in blindem Glauben einer Ökonomie, die die Grundlagen ihrer eigenen Existenz konsumiert. Und die Kosten dafür mit den verheerenden Umweltfolgen ohne Skrupel auf die ärmsten Länder der Welt verlagert. Wir im reichen Westen leben nicht über unsere Verhältnisse, sondern über die Verhältnisse der anderen, schrieb dazu der Soziologe Stephan Lessenich in seinem Buch »Neben uns die Sintflut«.

Vielleicht würde auch Karl Marx heute im Park sitzen und trinken.

Während ich letzte Hand an diesen Text lege, lodern in Australien seit Monaten die Buschfeuer, die sich zu unkontrollierbaren Feuerstürmen entwickelt haben. Menschliche Opfer gibt es bislang gottlob nur wenige, dafür umso mehr tierische. Wissenschaftler schätzen, dass bisher mindestens 1,25 Milliarden Tiere ihr Leben ließen, Insekten und Amphibien nicht mitgezählt. Den durch Umweltzerstörung und Krankheiten ohnehin schon stark dezimierten Koalas könnte das den Rest geben – so wie vielen anderen kleinen Beuteltierarten auch, die nur in Australien heimisch sind.

Im vergangenen Sommer flimmerten die Bilder des brennenden Amazonas durch unsere Wohnzimmer. Filmaufnahmen eines verzweifelten Indigenen, der neben den verkohlten Überresten seines Dorfes saß, ließen mich nicht los. Nicht nur die Menschen, auch die Vögel verloren ihre Lebensräume, zahllose Frösche, Schlangen und Säugetiere verbrannten, ebenso Milliarden von Insekten, jedes für sich ebenso einzigartig wie die Ameisengrillen und Aaskäfer, die Kuckucksbienen und Gelbrandkäferlarven, die ich hier kennengelernt habe. Ich war über Wochen wie gelähmt. Dort wurden vor unseren Augen gerade unzählige Tier- und Pflanzenarten für immer ausgelöscht. Viele davon höchstwahrscheinlich, bevor sie überhaupt von Biologen je beschrieben werden konnten. Und das sind nur die ökologischen Katastrophen, die wir wahrnehmen, weil die Fernsehkameras darauf gerichtet sind. In weiten Teilen der Welt geht das große Sterben völlig unbeachtet vonstatten, ohne Nachrufe zur besten Sendezeit.

Die Nachrichten bestürzten mich tief. Was für einen Sinn macht es, fragte ich mich, hier ein bisschen Unkraut zu pflanzen, wenn dort die Welt untergeht? Bislang war ich immer davon überzeugt, dass sich die Natur wieder erholen würde, wenn wir nur endlich anfingen, sie zu schützen. Doch jetzt könnte es sein, sagen Wissenschaftler, dass bald ein Point-of-no-Return erreicht ist, der die Ökosysteme insgesamt kollabieren lässt. Das gilt für Australien und den Regenwald ebenso wie für die Natur in Deutschland, wenn die Insekten weiter verschwinden.

Ausgerechnet der Bildhauer machte mir Mut. »Das Leben ist sowieso frei von Sinn«, sagte er. »Es gibt keine Bedeutung in der Welt, außer der, die wir selber für uns in sie hineinlegen. Wenn es für dich einen Unterschied macht, ob ein paar mehr Ohrwürmer auf der Welt leben, dann hat das auch eine Bedeutung.«

Wir hatten schon öfter über die Frage diskutiert, ob die Natur einen Selbstzweck hat. Er ist der Auffassung, dass es ohne uns Menschen egal ist, ob sie existiert. »Nimm eine wunderbare intakte Landschaft, nebelverhangene Berge, Wasserfälle, unberührte Natur, Vögel, Pflanzen, Insekten. Aber alles das spielt keine Rolle, wenn es keinen Menschen gibt, der ihre Schönheit bewundern kann.«, erklärte er. »Natur ohne ein Bewusstsein, das sie wahrnimmt, ist irrelevant.«

»Menschen sind auch Teil der Natur. Und zwischen dem Bewusstsein eines Ohrwurms und dem eines Menschen ist der Unterschied nur graduell!«, antwortete ich.

Ohne uns wären Millionen von Tieren und Pflanzen auf unserem Planeten besser dran, daran besteht kein Zweifel. Unter den vielen Spezies auf der Welt, die in Jahrtausenden ihre ökologischen Nischen besetzt haben, ist es nur die eine, Homo sapiens, die gerade völlig über die Stränge schlägt und jedes Maß verloren hat. Sie beansprucht sämtliche natürlichen Ressourcen der Welt für sich alleine, und sie ist dabei, damit alles, inklusive sich selbst, zugrunde zu richten.

Trotzdem hat die Theorie des Bildhauers etwas Tröstliches. Denn selbst wenn Natur nur dann Relevanz hätte, wenn sie von jemandem bewusst wahrgenommen wird, dann wäre noch nicht alles verloren. Noch gibt es Menschen, die ihre Schönheit bewundern. Denen das Herz aufgeht, wenn sie durch einen Frühlingswald gehen, durch den die ersten warmen Sonnenstrahlen goldene Lichtschneisen schlagen. Und die auch dazu fähig sind, in den vier Augenpaaren einer Springspinne oder im mattschwarz schimmernden Körper eines Moderkäfers Schönheit zu entdecken. Sie müssen das nur noch in konkretes Handeln umsetzen. Vieles passiert ja schon: In Bayern haben die Menschen per Volksentscheid die Politik zu mehr Bienen- und Artenschutz gezwungen, und in anderen Bundesländern laufen ähnliche Volks-

begehren. Es gibt viele Menschen mit einer großen Naturverbundenheit, die sich in Umweltschutzorganisationen engagieren. Die Urban-Gardening-Bewegung hat weltweit großen Zulauf erfahren. Bei den Europawahlen haben die Grünen – die einzige Partei, die sich konsequent für eine nachhaltige Landwirtschaft einsetzt – in Deutschland ein Fünftel der Stimmen bekommen. Dass wir eine ökologischere Landwirtschaft brauchen, steht außer Frage. Aber wir brauchen auch andere Gärten, artenreiche und lebendige, die diesen Namen wieder verdienen.

Ein paar Tage nach unserem naturexistentialistischen Gespräch im Sommer saßen wir auf dem Balkon, als ich auf einmal ein Geräusch wahrnahm. Es war schon die ganze Zeit dagewesen, doch erst jetzt drang es in mein Bewusstsein. Ein monotones, wellenförmiges Vibrato, wie von Zikaden in einem italienischen Olivenhain – nur viel, viel leiser.

»Hörst du das?«, fragte ich den Bildhauer. Er nickte. Und auf einmal wusste ich, was es war: Es war der Gesang der Lilienhähnchen. Die kleinen roten Käfer sandten geheime Botschaften in die Welt hinaus. Nachrichten über den Zustand einer Lilie, oder vielleicht war es auch nur die reine Lebensfreude. Mir wurde warm ums Herz. Und ich wusste: Auch wenn ich die großen Katastrophen nicht aufhalten kann, kann ich doch nicht anders, als im Kleinen weiterzumachen.

Denn es ist für mich von Bedeutung, ob ein paar mehr Wildbienen in meiner Umgebung Nahrung und vielleicht sogar einen Nistplatz finden können. Es macht einen Unterschied, ob ein paar Hummeln weniger im Spätsommer verhungern. Und dass ein paar Mauersegler mehr über die Dächer fliegen, weil sie genügend Futterinsekten finden, um ihre Jungen großzuziehen. Vor allem macht es einen Unterschied, ob sie im nächsten Jahr noch da sind oder nicht.

Meine Trittsteine jedenfalls leben. Im Laub unter der Terrasse haben letzten Winter zwei Igel überwintert, erstaunlich für einen Sechs-Quadratmeter-Trittstein mitten im Prenzlauer Berg. Sie müssen aus dem Park gegenüber gekommen sein, doch auch der ist nicht sehr groß, und drum herum ist nichts als Asphalt. Igel wandern auf der Suche nach Nahrung viel herum, habe ich gelesen, sie können dabei große Entfernungen zurücklegen. Sie müssen lange durch die Straßen gelaufen sein, um zu uns zu finden. Unter den Holzdielen der Terrasse hat sich zudem ein Hummelstaat eingerichtet. Bis in den Oktober hinein flogen die Tiere ein und aus. Späten Nektar und Pollen für sie hatte ich auf meiner Parzelle genug: Bergastern und Glockenblumen, Steppensalbei und Herbstanemonen blühten noch lange, und meine Wiesen-Witwenblume auf dem Balkon bot sogar noch Ende November einsam ihre zartvioletten Blüten zur Bestäubung an. Da waren selbst die hartgesottenen, kälteresistenten Hummeln schon verschwunden.

Auf der Dachterrasse blühten im Sommer fünf große Natternköpfe nebeneinander, eine Pracht in Plastikwannen mit Sand und Kies. Ich habe sie mit Mohn und Margeriten eingerahmt, es sieht fast so malerisch aus wie in Bad Saulgau. Mindestens zehn verschiedene Wildbienenarten habe ich schon an ihnen beobachtet. Nur die Natternkopf-Mauerbiene mit der blauen Bauchbürste war noch nicht da. Dass ausgerechnet sie mich hängen lässt! Aber Natur lässt sich eben nicht vorausberechnen. Dafür kam ich neulich hinzu, als sich gerade zwei Schwalbenschwänze und ein Distelfalter gleichzeitig zu einem Snack auf den blauen Blüten niederließen. Es war ein schönes Bild von lebendiger Stadtnatur, wie ich sie mir vorstelle: die drei großen Falter auf einem blühenden Natternkopf, auf einem Dach mitten in Berlin, im Hintergrund die Skyline des Alexanderplatzes mit dem Fernsehturm. Stolz zeigte ich meiner Familie auf meinem Handy etwa fünfzig Fotos, alle mit nicht erkennbaren verwackelten Schmetterlingen darauf.

Auf dem Gründach eine Etage höher habe ich heimische Magerwiesenpflanzen ausgesät, alles Arten, die auf den fetten Güllewiesen keine Chance mehr haben. Dort stehen jetzt die beiden ersten fertigen Exemplare meiner Wildbienen-Plattenbauten. Ich bin gespannt, ob sie im nächsten Frühjahr bezogen werden. Die restlichen Wohnsilos werde ich im Winter im ganzen Kiez hochziehen, damit sie bezugsfertig sind, wenn im März die ersten Pelzbienen fliegen. Günstiger Wohnraum in der

Hauptstadt, den der Immobilienhype noch nicht erreicht hat. Ich fragte mich lange, ob sich oben auf dem Dach wohl außer den Bienen und anderen flatterhaften Bestäubern auch bodenlebende Insektenarten dauerhaft ansiedeln würden. Zumindest hatte ich noch nichts entdeckt, was dort herumgekrabbelt wäre. Doch als ich neulich im Abendlicht über das Dach blickte, sah ich überall über den Pflanzen fein gesponnene Spinnfäden aufblitzen. Und als ich mich bückte und suchte, fand ich tatsächlich auch Ameisen und kleine schwarze Käfer, die zwischen den Pflanzen herumkrabbelten. Vielleicht sind sie mit dem Totholzast eingewandert, den ich dort abgelegt habe. Oder sie sind mir zugeflogen. Wie die Stieglitze, die im Herbst in den Gräsern sitzen und die Samen fressen, während die Halme unter ihrem Gewicht gefährlich hin und her schwanken. Krähen kommen regelmäßig vorbei und verstecken irgendwelche Dinge da oben. Misstrauisch blicken sie sich um, bevor sie mit dem Schnabel sorgfältig ihre Schätze vergraben. Als ich einmal nachschaute, was es war, fand ich einen alten welken Pommesfrites zwischen Heidenelke und Fetthenne im Substrat. Kein Zweifel, auch hier oben ist ein Lebensraum entstanden. Ein Trittstein fast in den Wolken, zwischen Schornsteinen und Fernsehantennen. Neulich kam eine Freundin vom NABU vorbei, um mich in der Frage zu beraten, wo ich am besten Mauersegler-Kästen anbringen könnte. Durch den Ausbau von Dachgeschossen und die Wärmedämmung von Fassaden gehen immer mehr Brutplätze für sie verloren.

»Die Geranie da unten im Hof ist
aber nicht sehr bienenfreundlich«,
belehrt sie mich zur Begrüßung, als
ich ihr die Tür öffne.

In meinem Kopf erscheint das Bild unseres Haus-
meisters. »Die hat eine soziale Funktion«, antworte ich
kryptisch. »Sie genießt Sonderschutzstatus.«

Auch bei uns in der Familie hat sich einiges verändert.
Frida macht jetzt doch ihren Führerschein. Aber das
Auto des Bildhauers ist Geschichte. Wir hatten im Sommer eine Kollision mit einem jungen Rehbock. Zum
Glück wurden wir nicht verletzt, aber weder der Bock
noch das Fahrzeug überlebten den Zusammenprall. Er
brauche kein neues Auto, erklärte der Bildhauer daraufhin zu meinem Erstaunen. Autofahren sei nicht
mehr zeitgemäß. Seitdem fährt er Fahrrad. Für Stein-
transporte mietet er sich jetzt einen Transporter.

»Und Led Zeppelin?« fragte ich ihn, als er neulich
wieder etwas verschwitzt mit dem Fahrrad von der Arbeit nach Hause kam.

»Was?« fragte er zurück und zog einen Kopfhörer-
stecker aus seinem rechten Ohr. Jimmy Pages Gitarre
tönte durch den Flur.

Ich lächelte ihn an: »Schon gut.«

Die Bad Saulgauer Ohrenkneifer sind in meinem Beet
ihrer Wege gezogen. Ob sie noch rechtzeitig vor dem
Winter eine Familie gegründet haben, habe ich nicht er-

fahren. Aber ich hoffe, dass jetzt irgendwo dort in einer warmen Ritze aufmerksame Ohrwurmmütter ihre Eier bewachen: kleine, mattweiß schimmernde Kügelchen, in denen die Hoffnung einer neuen urbanen Population von Forficula auricularia, dem Gemeinen Ohrwurm, heranwächst.

Von meinen Tierlibäumen im Park haben nur drei den heißen Rekordsommer 2018 überlebt. Ich habe in diesem Herbst ein paar neue gepflanzt, diesmal an für mich leichter zugänglichen Plätzen, dazu mehrere Weißdornbüsche, die mit Trockenheit besser zurechtkommen. Das Wildblumen-Müll-Stillleben neben dem Supermarkt wurde eingeebnet, das Grundstück ist nun eine riesige Baugrube. »Hier entstehen 200 hochwertige Eigentumswohnungen«, steht auf einem Schild. Doch an vielen anderen Stellen im Kiez und in der Stadt sind tatsächlich kleine blühende Unkrautinseln entstanden. Ich weiß nie, wie lange sie Bestand haben werden, ob sie im nächsten Monat vielleicht schon wieder zertrampelt oder abgemäht sind: die Margeriten und wilden Möhren am Straßenrand, die feingezeichneten violetten Moschus-Malven neben dem Briefkasten oder die schwarzblauen Akeleien und gelben Löwenmäulchen im Park. Doch einmal erblüht, werden sie sich aussäen und, Ritze für Ritze, ihre asphaltdominierte Umgebung zurückerobern. Und es gibt immer mehr Menschen, die sich daran erfreuen. Vor Kurzem sah ich einen Mann, der auf einer meiner aufgehübschten Verkehrsinseln Samen sammelte. Ich winkte ihm zu und freute mich.

Auf Andrena hattorfiana, die Schöne, wartete ich diesen Sommer vergebens. Meine Knautienwiese im Park ist zum Schauplatz eines Wettkampfs mit der Parkverwaltung geworden. Zweimal wurde sie bereits abgemäht, zweimal habe ich trotzig nachgesät. Um der Gartenbaufirma das weitere Mähen zu erschweren, setzte ich zuletzt zwei Tierlibäume mitten auf die Fläche. Wollen doch mal sehen, wer sich hier am Ende durchsetzt. Für alle Fälle habe ich mir für nächstes Jahr schon eine Ersatzfläche ausgeguckt: Einen verwilderten Friedhof mit viel Potenzial für Guerillagärtner. Irgendwann wird sie kommen, die Knautien-Sandbiene mit den rosa Plüschsocken, da bin ich sicher.

Ich laufe durch den Park nach Hause. Es ist schon dämmrig, Harry-Karl hat aus seinem Fundus einen Schlafsack und eine Decke gezogen und liegt lässig auf seiner Bank, auf den Ellenbogen gestützt. »Taboulé!« ruft er laut, als ich mit meiner Schaufel an ihm vorbeigehe. Ich nicke ihm zu, und er folgt mir mit den Blicken, bis ich in unserem Hof verschwunden bin.

Wenn morgen die Welt untergeht, wird er immer noch da sein und trinken. Und ich werde Unkraut pflanzen.

Aus der Weihnachtsbäckerei:
Familienrezept für Unkrautsamenbomben

Zutaten:

- Samen von heimischen Unkräutern, selbst gesammelt oder bei einem Biowildblumenversand bestellt (z.B. Syringa, Wildpflanzenversandgärtnerei Strickler, Bingenheimer Saatgut, Naturgarten-Samen aus Leipzig. Weitere Bezugsquellen finden sich auf der Website von Naturgarten e.V.)
- Torffreie Gartenerde oder Kräuteranzuchterde
- Betonit-Katzenstreu ohne Duftstoffe
- Wasser

Man nehme einen Eierbecher voll Samen und mische ihn mit zehn Eierbechern Erde. Alsbald füge man acht Eierbecher Katzenstreu hinzu. Alles ordentlich vermengen, dann mit ein wenig Wasser zu einem Knetteig verarbeiten. Aus der Masse forme man walnussgroße Kugeln und lege sie auf ein Backblech. Die fertigen Samenbomben im Backofen bei niedrigster Temperatur und leicht geöffneter Ofentür backen, oder noch besser, weil klimafreundlicher, drei Tage an der Luft trocknen lassen. Wer mehr Samenbomben herstellen möchte, kann die Mengen entsprechend erhöhen. Weihnachtlich verpacken. Die Bomben halten mehrere Jahre.

Abwurf: Auf Verkehrsinseln, an Straßenrändern, im Park, in Nachbars Garten. Bester Zeitpunkt dafür ist im September/Oktober oder im März. Je nach Saatgut auf Lichtverhältnisse und Untergrund achten. Nicht verbuddeln! Die Bomben lösen sich im Regen langsam auf und das Unkraut kann sprießen. Es braucht etwas Geduld, denn die mehrjährigen Arten blühen erst ab dem zweiten Jahr.

Es lebe die Revolution!

Tod den Petunien, Friede den Unkräutern!

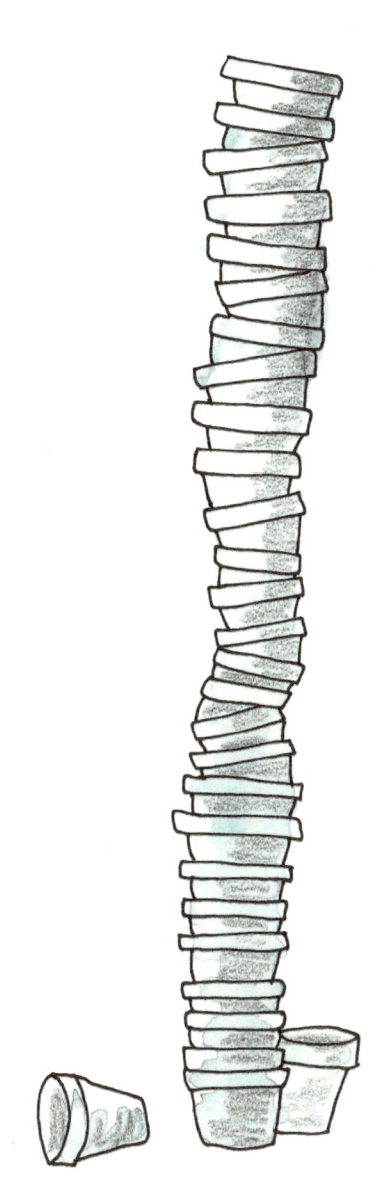

Bildnachweis

Beute? Wer hier wen beobachtet, liegt im Auge des Betrachters

Stadtbiotop hochkant

Blüten bis in den Herbst: Wildnis in Töpfen auf meinem Balkon

Unkraut oder Zierde?
Feinstrahl in voller Blüte

Blühender Mittelstreifen in Berlin

Ein kleiner Natternkopf hat den
Rasenmäher überlebt

Ritzenwildnis auf dem Balkon der
Bundespressekonferenz in Berlin

Der Budding-Mäher.
Damit fing alles Übel an

Ökologisch nutzlos:
Erlegte Forsythie in einem
Schweizer Vorgarten

Blühender Tierlibaum mit
Beleg-Tierli (Kornelkirsche)

Gärten des Grauens: Schottergarten bei Hannover

Die Schöne in rosa Plüschsocken:
Die Knautien-Sandbiene,
natürlich auf einer Knautie

Gruselmonster der Unter-
wasserwelt: Gelbrandkäferlarve
mit Beute

Melancholisches Lilienhähnchen,
ganz kurz vor dem ersten
Gesangston

Am Natternkopf kann es schon
mal zum Stau kommen. Nattern-
kopf-Mauerbienen-Pärchen in der
Einflugschneise

Aktenfresser: Ein Papierfischchen
in seinem natürlichen Umfeld

Vier Augen, acht Beine, zwei Paar Sonnenbrillen: Jotus karllagerfeldi

Familienleben bei Ohrwurms:
Ohrwürmer sind Helikopter-
eltern

Die kleinste Grille Europas:
Ameisengrille zockelt mit
Peergroup davon

Tête-à-Tête:
Natternkopf und Hummel

Prinzessinnenblaue Augen am Straßenrand:
Wegwarte in Berlin

Urbanes Stillleben mit Abflussrohr und Wilder Möhre

Hobbygärtner lieben ihn, Insekten hassen ihn: Kirschlorbeer,
die sinnloseste Pflanze in deutschen Gärten

Vorher- Nachher-Effekt in Bad Saulgau:
Dieselbe Straßenecke mit Einheitsgrün …

… und mit Blumenwiese